新编21世纪
高等职业教育精品教材

经贸类通用系列

经济学基础

主　编　许树华
副主编　顾丽姝　邬利丽

JINGJIXUE
JICHU

U1020423

中国人民大学出版社
·北京·

图书在版编目（CIP）数据

经济学基础 / 许树华主编. -- 北京 : 中国人民大学出版社，2024.5

新编 21 世纪高等职业教育精品教材. 经贸类通用系列

ISBN 978-7-300-32293-3

Ⅰ.①经… Ⅱ.①许… Ⅲ.①经济学－高等职业教育－教材 Ⅳ.①F0

中国国家版本馆 CIP 数据核字（2023）第 210771 号

新编 21 世纪高等职业教育精品教材・经贸类通用系列

经济学基础

主　编　许树华

副主编　顾丽姝　邬利丽

Jingjixue Jichu

出版发行	中国人民大学出版社		
社　　址	北京中关村大街 31 号	**邮政编码**	100080
电　　话	010－62511242（总编室）		010－62511770（质管部）
	010－82501766（邮购部）		010－62514148（门市部）
	010－62515195（发行公司）		010－62515275（盗版举报）
网　　址	http://www.crup.com.cn		
经　　销	新华书店		
印　　刷	北京七色印务有限公司		
开　　本	787 mm×1092 mm　1/16	**版　　次**	2024 年 5 月第 1 版
印　　张	15	**印　　次**	2024 年 5 月第 1 次印刷
字　　数	307 000	**定　　价**	46.00 元

版权所有　侵权必究　　印装差错　负责调换

PREFACE

前言

党的十九大以来，党中央、国务院推出了一系列职业教育改革发展的重大举措，主要集中在《国家职业教育改革实施方案》《职业教育提质培优行动计划（2020—2023年）》《关于推动现代职业教育高质量发展的意见》3个文件里。这3个文件的内在逻辑是，从深化改革到提质培优，再到高质量发展，这3个阶段既相互衔接又逐级递进，明确了“十四五”期间职业教育改革发展的政策框架。2021年4月召开的全国职业教育大会强调：坚持立德树人，坚持“岗课赛证”综合育人机制。党的二十大报告中明确提出“三教”（职业教育、高等教育、继续教育）的协同和“三融”（职普融通、产教融合、科教融汇）的概念。

为了适应高职高专教学改革的不断深化和经济学发展的进程，使高职高专的教学更加契合职业教育的教学规律，我们编写了本教材，其主要特色如下：

1. 以马克思主义为指导，坚持问题导向，鼓励学生运用批判性的思维方法辩证地看待传统理论权威，促进学生形成具有中国特色和当代风格的经济学直觉和思维方法，丰富学生对于中国特色社会主义市场经济的认识。结合新时代中国特色社会主义伟大实践和党的二十大精神，将价值塑造、知识传授和能力培养三者融为一体，向学生介绍能够解释中国经济、发展中国经济、服务中国经济的经济学原理知识体系，引导学生将社会主义核心价值观内化为精神追求、外化为自觉行动，培养学生为中国经济发展与社会建设服务的远大理想和扎实的专业能力。例如，项目一增加了社会主义经济制度内容，项目九融入了中国“十四五”经济社会主要发展指标和高质量发展的内涵与特征等内容，项目十增加了我国就业和失业问题的特点，项目十一加入了我国建设更高水平对外开放型经济新体制等知识点。

2. 落实2021年全国职教大会提出推动“岗课赛证”综合育人的要求，对接经济师职业技能等级证书考试，根据2023年经济师考试大纲，将经济学基础相关考点自然融入教材内容，这是本教材有别于现有教材的最大特点。同时，本教材相关内容也为某些高职赛项储备了理论知识。例如，项目十一“了解经济开放与国际收支”对应“互联网＋国际经济与贸易”比赛。

3. 提供相应课程资源，开展项目教学，推动现代信息技术与教育教学深度融合，提高课堂教学质量。为了便利教学，将部分学习资源（微课视频、案例、扩展阅读）以二维码形式呈现在相关内容旁，学生可扫码获取。此外，本书另配有教学课件、课程标准、习题、答案等教学资源，供教师教学使用。

本教材由云南开放大学（云南国防工业职业技术学院）许树华担任主编，云南开放大学顾丽姝和邬利丽担任副主编。本教材共十二个项目，许树华编写项目一、项目二、项目九；天津工业大学鲍丽达编写项目三；邬利丽编写项目四、项目五；云南开放大学张毅春编写项目六、项目七；湖南生物机电职业技术学院李婕编写项目八、项目十一；顾丽姝编写项目十、项目十二。本教材可供高职高专和远程开放教育财经类各专业选用。

本教材在编写过程中得到了中国人民大学出版社编辑的大力支持，同时参阅了部分已出版的国内外经济学优秀教材、著作和相关资料，恕不能详尽说明，仅在参考文献中有所呈现，在此一并感谢!

在本教材即将付梓之际，需要说明的是，虽然编者竭力使教材做到视野开阔、资料丰富、论述精辟、语言简洁，但是由于水平有限，难免存在有待进一步完善之处，期望广大同人和读者提出宝贵意见。我们的联系方式是：1085736390@qq.com，读者可通过本邮箱与本书编者进行交流。

编者

CONTENTS

目 录

项目一

认识经济学

素养目标：帮助学生明确经济学研究什么问题，如何研究并解决问题，促进学生更加全面地理解马克思主义政治经济学及其中国化发展。

知识目标

1. 掌握经济学研究的对象与方法；
2. 掌握微观经济学与宏观经济学的概念及相互关系；
3. 掌握实证分析与规范分析方法。

技能目标

能判断经济行为的机会成本，具有创新精神与实践能力。

经济师考点

1. 资源配置的含义及方式；
2. 社会主义基本经济制度的内涵；
3. 社会主义收入分配制度的内涵；
4. 社会主义所有制结构的内涵；
5. 社会主义市场经济体制的内涵。

知识图谱

- 认识经济学
  - 经济学的萌芽和发展
    - 中国古代经济思想
    - 亚当·斯密的古典经济学
    - 马克思主义政治经济学
    - 凯恩斯的宏观经济学
    - 萨缪尔森的新古典综合派
  - 经济学产生的基础和研究的内容
    - 资源稀缺性与选择
    - 经济学与资源配置
    - 经济学与资源利用
    - 社会主义经济制度
      - 社会主义基本经济制度的内涵
      - 社会主义收入分配制度
      - 社会主义所有制结构
      - 社会主义市场经济体制
  - 经济学的主要内容
    - 微观经济学
    - 宏观经济学
    - 微观经济学与宏观经济学的区别与联系
  - 经济学的研究方法
    - 实证分析法
    - 规范分析法

项目导读

经济学是什么?

课程导学

1970 年诺贝尔经济学奖获得者萨缪尔森（Paul A. Samuelson）把经济学定义为：**“经济学研究的是一个社会如何利用稀缺的资源生产有价值的商品和劳务，并将它们在不同的人中间进行分配的学科。”** 19 世纪，英国著名经济学家马歇尔认为 **“经济学是一门研究人类生活事务的学问”**。自古以来，人们就为各类经济问题所困扰，比如，居民如何做出消费决策？企业如何做出生产决策？为什么存在收入差距？为什么有的年份失业率比较高，有的年份会发生金融危机？等等。实际上，所有的经济问题都源于资源的稀缺，经济学正是为了解决这些经济问题而产生的。如何合理地配置和利用有限的资源，是人类社会永恒的问题。本项目从资源的稀缺性入手，介绍西方经济学的研究对象、主要内容、研究方法和学习的意义。

任务一 初识经济学

一、经济学的萌芽

“经济”这一概念出现在 3 000 多年前，古希腊的哲学家、历史学家色诺芬（前 440 年左右—前 355 年）于前 387 年—前 371 年写了《经济论》一书，在书中最早使用了“经济”一词，它的原意是“家庭管理”。色诺芬强调，家庭管理应该成为一门学问，这门学问研究的是主人如何管理好自己的财产，使财富不断增加。

我国古代汉语中的“经济”一词，具有“经邦济世”“经国济民”的含义。

中国历史上，工商、经济的几度繁荣和持续发展，使得有关商品、货币、价格等方面的思想层出不穷，并涌现出了很多先行于西方经济学说的理论要素。例如，在商品经济和价格思想方面，范蠡作为司马迁《史记·货殖列传》中的首位商人传主，其以计然为师。计然（春秋时期宋国人，著名谋士、经济学家）在人类历史上第一次提出了经济发展的周期规律性，他根据当时积累起来的天文、气候和农学知识，以五行之说与长期的农业丰歉经验相结合，揭示了农业收成是有周期起伏的，丰收灾年交替出现这一规律。“六岁穰，六岁旱，十二岁一大饥”，即每逢 6 年一个中收期，12 年一个大收期，歉收期亦然。据此，计然以短期波动、长期循环的眼光来看待未来不同年份的农业产量增减趋势，指出了“论其有余不足，则知贵贱。贵上极则反贱，贱下极则反贵”① 的供求变化与价格涨落规律。范蠡则以“待乏”“积著”为准则运筹商业经济活动，进而富冠天下。西方国家最早试图将周期性的经济危机归因于农业丰歉的理论，其代表是英国经济学家杰文斯于 1875 年提出的太阳黑子说经济周期理论，比范蠡的经济循环论整整晚了 2 000 多年。中国古代经济思想形成了经济学知识的某些要素，但还未形成一门独立的学科。

二、现代经济学的产生与发展

现代经济学作为一门独立的学科，是随着资本主义生产方式的产生、发展而逐步形成的。英国经济学家亚当·斯密被公认为现代经济学的创始人。1776 年，斯密发表《国民财富的性质和原因的研究》（简称《国富论》），标志着现代经济学的诞生。经济学在发展过程中逐渐分为两大体系：马克思主义政治经济学和西方经济学。而经济学家对于经济学理论的不同见解，使得西方经济学学派林立。这里介绍以下几个主要经济学流派。

---

① 司马迁．史记．北京：中华书局，1982：3256.

（一）亚当·斯密的古典经济学

亚当·斯密提出的经济理论被后人称为古典经济学。《国富论》的主要观点是：生产领域的劳动创造价值，商品是财富的代表；广泛的社会分工和贸易是增进国民财富的根本；自由竞争的市场经济是充分有效率的，因此政府没有必要干预经济。

古典经济学揭示了市场经济的重要特征，尤其是斯密“看不见的手”的理论，迄今仍是现代微观经济学理论的重要基石。斯密在《国富论》中表述了使他欣喜若狂的伟大发现（著名经济学家萨缪尔森把这一发现与牛顿的伟大发现相提并论）：动机良好的法令和干预手段，不能帮助经济制度运转，不要计划，利己的润滑油会使经济齿轮奇迹般地增产运转，市场这只“看不见的手”会解决一切。他说：“每个人都在力图应用他的资本，来使其生产能够得到最大的价值。一般地说，他并不企图增进公共福利，也不知道他所增进的公共福利为多少。他所追求的仅仅是他个人的安乐，仅仅是他个人的利益。在这样做时，有一只‘看不见的手’引导他去促进一种目标，而这种目标绝不是他所追求的东西。由于追逐他自己的利益，他经常促进了社会利益，其效果要比他真正想促进社会利益时所得到的效果大得多。”“看不见的手”指的是个人利益，是市场价格机制。

后来的经济学家发现，这是人们对市场经济描绘中最经典、最清楚的一段文字。亚当·斯密的思想非常精彩而深刻。在他的思想的指引下，英国的经济首先得到发展，然后是西欧，之后是美国。斯密的思想统治了资本主义世界100多年。在这么长的时间里，人们用他的经济思想来管理一个国家，政府不干预经济，让经济自由发展，政府只做“守夜人”。

（二）马克思主义政治经济学

1867年出版的《资本论》是马克思经济理论中最厚重、最丰富的著作，被誉为“工人阶级的圣经”，是马克思对所处时代和世界的深入考察，是马克思对人类社会经济发展规律的深刻把握。马克思、恩格斯在批判地吸收资产阶级古典经济学的基础上，用毕生的精力，运用唯物辩证法深入地研究资本主义的经济关系，创立了科学的劳动价值理论、剩余价值理论、资本运行理论、剩余价值分配理论等，构建了马克思主义政治经济学的科学体系。马克思主义政治经济学代表当时作为独立力量登上历史舞台的无产阶级的利益，对资产阶级古典经济学作了根本改造，主要表现在：（1）第一次明确提出政治经济学的研究对象是人与人之间的社会生产关系，创造了生产力与生产关系矛盾运动的历史唯物主义分析方法，并据此进行社会经济分析；（2）首创了生产商品的劳动二重性学说，创立了科学的劳动价值论；（3）建立了科学的剩余价值理论，发现了资本积累的一般规律和历史趋势；（4）揭示了资本主义为社会主义所代替的必然性，并预见了未来的社会主义和共产主义社会的一些基本特征。①

---

① 逄锦聚，洪银兴，林岗，刘伟．政治经济学．5版．北京：高等教育出版社，2014：2.

（三）凯恩斯的宏观经济学

1929 年，一场空前的世界性经济危机爆发了。危机首先从美国开始，股市崩盘、企业破产、银行倒闭、工人失业，然后波及整个资本主义世界，各国都陷入经济大萧条中。这时人们不禁要问：斯密那只“看不见的手”哪儿去了？他不是说国家不用管，经济就可以自动发展吗？怎么现在经济不能发展了？怎么失业问题解决不了了？怎么银行都倒闭了？怎么股市都崩盘了？经济怎么才能恢复呢？

这时，英国又出现了一位经济学家——约翰·梅纳德·凯恩斯。凯恩斯在 1936 年出版了一本名叫《就业、利息和货币通论》的书。这本书是经济学史上一个里程碑，它标志着宏观经济学的诞生。凯恩斯说，那只“看不见的手”解决不了经济危机问题，要用“看得见的手”解决经济危机问题。

所谓“看得见的手”，就是国家干预经济生活。国家通过财政政策和货币政策等手段来调控经济。凯恩斯认为，资本主义社会之所以发生经济危机，是因为整个社会有效需求不足。有效需求包括消费需求和投资需求，这两者又受到边际消费倾向递减、资本边际效率递减和流动偏好三个“基本心理规律”的制约。凯恩斯认为，边际消费倾向递减引起消费需求不足，资本边际效率递减和流动偏好引起利率偏高导致投资不足。由于有效需求不足，社会就业量不能达到充分就业的水平，于是生产过剩经济危机的出现不可避免。在解决资本主义社会的经济问题时，光靠“看不见的手”是不能解决失业问题的，供给不会自动创造需求，经济不可能自动达到均衡。必须靠“看得见的手”，即借助于国家干预，通过政府扩张的财政政策和货币政策等宏观调控手段刺激社会总需求，解决资本主义有效需求不足的矛盾，才能使经济摆脱衰退。

凯恩斯主义盛行的年代，政府正是通过制定和调整税率政策、利率政策、政府本身的货币支出来影响居民的消费支出、投资支出和政府支出的总体水平，进而调控经济的。当出现失业和经济萧条时，政府会增加财政支出（公共工程、政府订购、转移支付）、减少税收、降低利率；同时增加货币供应量，降低存贷利率，使储蓄减少、消费增加，贷款上升、投资增加。如果出现经济高涨，政府的税率政策则向相反的方向调整。

正是从凯恩斯开始，西方国家的经济在他的理论指导下开始复苏，美国从富兰克林·罗斯福总统开始，采用了凯恩斯的国家宏观调控理论，建了很多基础设施，修了很多铁路，铺了很多公路，使美国经济走出了大萧条的泥潭，步入了快车道。

这时，人们看问题已经从微观转向了宏观，从个量转向了总量，国家大规模干预经济生活的历史从凯恩斯主义开始，他的思想带来了资本主义经济的又一次繁荣。美国、英国和整个西方国家从经济衰退中走了出来，出现了从 20 世纪 40 年代到 70 年代经济的蓬勃发展。

第二次世界大战后，主要资本主义国家的政府都奉行凯恩斯理论，以此制定经济政策，对经济进行宏观调控。但随着经济的发展，到 20 世纪 70 年代，资本主义国家出现了高失业与高通货膨胀并存的现象，即所谓“滞胀”。在这种情况下，各种反凯恩斯主义的经济学说纷纷建立，如货币主义、供应学派、合理预期学派等。凯恩斯的追随者也认为凯恩斯理论有重大缺陷，试图补充和发展凯恩斯主义。如美国的新古典综合派，他们把新古典经济学的微观经济理论和凯恩斯宏观经济理论综合在一起，形成一套既有宏观又有微观，既强调政府对经济的调节作用又保留市场机制的自发调节作用的折中主义理论体系。

（四）萨缪尔森的新古典综合派

第二次世界大战结束后，以美国经济学家萨缪尔森等人为代表，将凯恩斯的宏观经济学与新古典经济学的市场均衡价格理论结合在一起，形成了新古典综合派。由微观经济学和宏观经济学这两部分构成的新古典综合派的经济学理论体系是经济学的主流经济体系，其代表人物是经济学家**萨缪尔森**。**萨缪尔森**曾将数学分析引入经济学，并于 1970 年获得诺贝尔经济学奖。

任务二　了解经济学产生的基础和研究的内容

一、经济学产生的基础

任何一门学科的产生和发展都不是偶然的，而是源于人类社会实践活动的需要，经济学尤其如此。**经济学就是研究各种稀缺资源在可供选择的用途中进行配置以便更好地满足人们欲望的科学。**它产生的基础包括三个方面的内容：欲望的无限性、资源的稀缺性以及由此产生的选择。

（一）欲望的无限性

经济学家将欲望定义为人对生活资料和服务的不间断的需求。欲望是人类一切经济活动的原动力。欲望的主要特点是无限性与多层次性。美国心理学家马斯洛在 1943 年将人的需要分为五个层次：生理需要、安全需要、社交需要、尊重需要、自我实现需要。不同层次的需要，由低到高，依次产生，当某个层次的需要得到满足以后，又会产生较高层次的需要。早在 300 多年前，清初胡澹庵所编辑的《解人颐》中的一首打油诗《南柯一梦西》形象地描绘了人的需要的四层次：温饱、感情、财产、地位，并指出：生命不息，欲望不止。

南柯一梦西

（二）资源的稀缺性

一般来讲，经济学家通常把资源分成四大类：土地、劳动、资本和企业家才能。**土地（Land）**是指一切自然资源，包括耕地、矿产、森林、水和未改良的土地；**劳动（Labor）**是指生产过程中所使用的人的体力和智力资源；**资本（Capital）**是指生产出来的工具，并用于生产过程的物质产品，资本还包括人力资本，它是人们从教育和在职培训中得到的知识与技能；**企业家才能**

(Entrepreneurship) 是指某些人所具有的组织土地、劳动以及资本等资源用于生产商品、寻找新的商业机会，以及开展新的商业模式的特殊才能。这些**资源相对于人类社会的无限欲望而言，总是有限的、不足的，这种资源的相对有限性就是稀缺性。**

在现实生活中，我们经常能感受到资源的相对稀缺性。每个人都面临稀缺问题，社会也面临稀缺问题。稀缺是经济学研究的本源，如果资源要多少有多少，就不需要经济学。**经济学是为解决人类经济活动中经常面临的欲望的无限性与资源的稀缺性之间的矛盾而产生的。**

(三) 资源运用中的选择性

所谓选择，是指资源的配置，即如何利用既定的资源去生产量多质优的经济物品，以便更好地满足人类的需要。例如：学生大学毕业要权衡一下，找工作还是继续深造？劳动者领到了工资、奖金要筹划一下，多少用于日常开销，多少用于储蓄？企业经常要决定是否应该生产一种新产品，开辟一个新市场？这些其实都是选择的问题。因为稀缺迫使人们做出选择，因此，经济学又被称为“选择的科学”。

(四) 机会成本

稀缺迫使人们做出选择，任何选择都是有代价的。“天下没有免费的午餐”，有选择就有放弃，有所得就一定有所失，鱼和熊掌不能兼得。

机会成本

机会成本是指把既定资源投入某一特定用途所放弃的其他可能用途中获得的最大收益。从经济学角度来看，一种选择的机会成本是为了这个选择所放弃的其他选择可能带来的最大收益。所以，当人们面临权衡取舍时，要比较可供选择的方案的成本和收益。理性经济人会选择机会成本低、收益高的方案。

(五) 生产可能性曲线

生产可能性曲线是指一个社会用其全部资源和当时的技术所能生产的各种产品和劳务的最大数量的组合。

资源配置和生产可能性曲线

假设一个社会把其全部资源用于种植大豆和小麦，可以生产出的产量有A、B、C、D、E五种组合，如表1-1所示。

表1-1　生产可能性组合　单位：亿斤

可能性	A	B	C	D	E
产出小麦	0	48	62	70	75
产出大豆	50	40	30	10	0

表1-1显示，若该社会只种植大豆，产量将为50亿斤，若将大豆的产量降至40亿斤，那同时还能获得48亿斤的小麦。因此，获得48亿斤小麦的机会成本即减少的10亿斤大豆供给。换言之，增加10亿斤大豆的机会成本即48亿斤小麦。

如果在坐标系中将小麦和大豆的生产可能性组合用点连接起来，形成一条曲线，即 AE 曲线，如图 1-1 所示，这条曲线上的任何一点表明在现有资源条件和技术条件下，社会能够达到的两种产品最大的产出组合，所以，这样的曲线被称为生产可能性曲线。

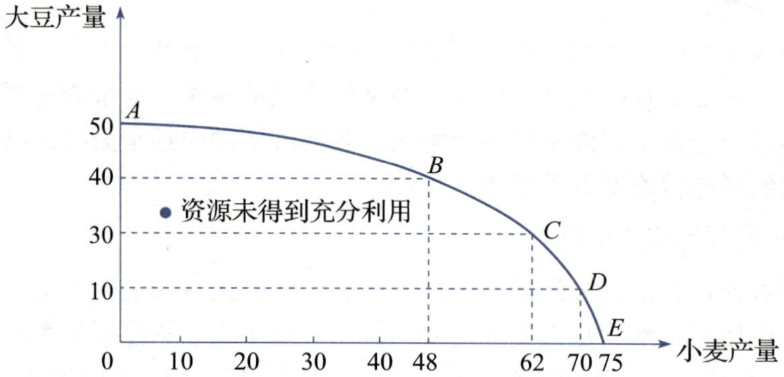

图 1-1　生产可能性曲线

二、经济学解决的基本问题

根据研究对象的不同，经济学分为微观经济学和宏观经济学，微观经济学侧重研究稀缺资源配置问题，宏观经济学则侧重研究稀缺资源利用问题。

经济师考点

资源配置的含义及方式

（一）资源配置的基本问题

资源配置是经济学的重要研究对象。狭义的资源就是自然资源；广义的资源也叫经济资源或生产要素，包括自然资源、劳动力和资本，还有企业家才能、知识、数据等。资源配置是指一个地区、一个国家，甚至全球范围内，社会对其所拥有的各种资源在其不同用途之间的分配。资源配置的实质，就是马克思所提出的社会总劳动时间在各种产品生产上如何分配的问题，或按一定的比例分配社会劳动的问题。将经济资源有效地分配到社会生产的不同部门是人类社会生产活动的首要任务。一般认为，资源配置方式主要有两种：一种是市场调节方式，另一种是政府调节方式。任何经济社会都要面对三个基本问题：生产什么产品和服务以及生产多少产品和服务？如何生产这些产品和服务？为谁生产这些产品和服务？

（1）生产什么？生产多少？一个企业根据市场需求和自身的资源优势决定生产什么产品，产品的规格和种类，产品的市场定位；一个地区根据人们收入水平的提高、消费结构的变化决定产业结构的调整；一个国家要从全社会可持续发展的目标出发，兼顾人们长远利益与当前利益、局部利益与全局利益的关系，提出适当的产业政策。这些都是在回答生产什么、生产多少的问题。

（2）如何生产？主要是指选择何种生产方式的问题，包括用怎样的生产资源，采用何种技术、工艺、手段来生产。一般来说，同一种产品，在不同的国家，或在同一国家的不同经济发展时期，人们可以选择不同的生产方式（劳动密集型方法、资本密集型方法和技术密集型方法）进行生产。当我国经济发展和人们收入水平相对较低，劳动力还相对便宜时，发展劳动密集型产业，或产品的生产技术手段采用劳动密集型，将是企业和地区经济主体的必然选择。

（3）为谁生产？为谁生产，简单地说是产品如何分配问题。社会按照怎样的原则进行分配，分配的结果会出现怎样的收入差距，国家如何调节收入差距，这些问题从再生产的角度看，对生产资源的配置至关重要。

总之，在人们经济活动中，由资源的稀缺性和选择性引发的这三大基本问题被称为资源配置问题。如何进行资源配置，人们提出了很多原则，形成了各种经济学说。

案例
中国制造业
转型升级

（二）资源利用的基本问题

在现实中，人类社会往往面临这样一种矛盾：一方面资源是稀缺的，另一方面稀缺的资源还得不到充分的利用。当出现失业时，意味着经济资源的闲置和浪费。所以，经济学家不仅研究资源配置问题，还研究资源利用问题。**资源利用问题是指人类社会如何更好地利用现有的稀缺资源，使之生产出更多的物品。**资源利用包括三个问题：

（1）为什么资源得不到充分利用？如何解决失业，实现充分就业？

（2）经济水平和产量为什么会波动？如何实现经济增长？

（3）货币如何影响经济社会？如何对待通货膨胀或通货紧缩问题？

由以上内容可以看出，稀缺性不仅引起了资源配置问题，而且还引起了资源利用问题。前者由微观经济学解决，后者则是宏观经济学的课题。正因为如此，许多经济学家把经济学定义为"研究稀缺资源配置和利用的科学"。

三、经济学的主要内容

西方经济学研究的基本问题包括资源配置与资源利用问题，由此经济学被分为微观经济学和宏观经济学。

（一）微观经济学

微观经济学研究的对象是单个经济单位的经济行为，通过研究单个经济单位的经济行为和相应的经济变量单项数值的决定来说明价格机制如何解决社会资源的配置问题。例如，单个企业如何把有限资源分配在各种商品的生产上以取得最大利润；单个家庭或消费者如何把既定收入分配在各种商品的消费上以取得效用最大化。微观经济学研究的内容包括均衡价格理论、消费者行为理论、生产者行为理论、市场结构理论、生产要素价格理论和市场失灵与微观经济政策理论。微观经济学的中心理论是价格理论，研究方法是个量分析。

为什么价格理论是微观经济学的中心理论？在市场经济中，家庭和厂商的行为要受价格的支配，生产什么和生产多少、如何生产以及为谁生产都由价格来决定。价格像一只看不见的手，调节着整个社会的经济活动，从而使整个社会资源的配置实现最优化。因此，价格理论是微观经济学的中心理论，其他内容则围绕这一核心理论。正因为如此，微观经济学也被称为市场经济学或价格理论。

（二）宏观经济学

宏观经济学是以整个国民经济为研究对象，通过研究经济中各有关总量的决定及其变化来说明资源如何才能得到充分利用。例如，一国的国民收入是由哪些因素决定的？失业和通货膨胀是怎样产生的？如何维持和促进一国的长期经济增长？宏观经济学的研究内容包括国民收入决定理论、失业与通货膨胀理论、经济周期与经济增长理论、宏观经济政策和开放经济理论。宏观经济学的中心理论是国民收入决定理论，研究方法是总量分析。

为什么国民收入决定理论是宏观经济学的中心理论？国民收入决定理论是宏观经济学的核心，它可以回答国民收入取决于哪些因素，这些因素又是怎样决定国民收入水平等问题的。该理论主要包括封闭条件下的国民收入（简单国民收入决定模型）、利率与国民收入决定（IS-LM 模型）、价格水平与国民收入决定（总需求-总供给模型）三个部分。作为宏观经济学的核心，它为分析各种宏观经济问题提供了一项重要的分析工具，宏观经济学中的失业、通货膨胀、经济周期和经济增长等问题均可以运用国民收入决定理论进行分析。

（三）微观经济学和宏观经济学的关系

微观经济学和宏观经济学作为经济学基础的两部分主要内容，二者在研究对象、解决的问题、研究方法、中心理论等方面存在区别，如表 1－2 所示。

表 1－2　微观经济学和宏观经济学比较

比较项目	微观经济学	宏观经济学
研究对象	单个经济单位	整个国民经济
解决问题	资源配置	资源利用
中心理论	价格理论	国民收入决定理论
研究方法	个量分析	总量分析

虽然微观经济学和宏观经济学存在着差别，但是两者的目的都是实现社会经济福利的最大化。为了达到这一目的，既要实现资源的最优配置，又要实现资源的最优利用。微观经济学和宏观经济学从不同的角度分析社会经济问题，二者是相互联系、相互补充的，微观经济学是宏观经济学的基础，它们共同组成经济学的基本原理。

社会主义经济制度

四、社会主义经济制度

在资源稀缺的约束条件下，经济运行过程中资源配置和利用的机制主要有三种制度：计划经济制度、市场经济制度和混合经济制度。各个国家根据自身的经济发展阶段和情况，选择相适应的经济制度。作为社会主义国家，我们在这里主要学习社会主义经济制度。

经济师考点

社会主义基本经济制度的内涵

（一）社会主义基本经济制度的内涵

在社会生产关系中，生产资料所有制处于核心地位。生产资料公有制是社会主义经济制度的基础。社会主义全民所有制是全体社会成员联合起来共同占有生产资料的公有制形式，由国家作为全体人民的代表对全民所有的生产资料行使所有权。“以公有制为主体、多种所有制经济共同发展，以按劳分配为主体、多种分配方式并存，社会主义市场经济体制”的社会主义基本经济制度既体现了社会主义制度的优越性，又同我国社会主义初级阶段社会生产力的发展水平相适应，是党和人民的伟大创造，是习近平新时代中国特色社会主义经济思想的重要组成部分。

（二）社会主义收入分配制度的内涵

经济师考点

社会主义收入分配制度的内涵

社会产品或国民收入的分配是社会基本经济制度的重要内容。在社会主义基本经济制度中，以公有制为主体、多种所有制经济共同发展的所有制结构处于核心地位，决定了我国必须实行以按劳分配为主体、多种分配方式并存的收入分配制度。以按劳分配为主体就是以公有制为主体在分配方式上的体现，多种分配方式并存则体现了多种所有制经济的共同发展。按劳分配的内涵包括两个方面：一是各尽所能，就是有劳动能力的社会成员都必须参加社会劳动；二是用等量劳动换取等量报酬。需要强调的是，实行按劳分配，就意味着承认物质利益原则和合理的收入分配差距。居民通过持有股票、债券等资产而获得的收入属于按资产分配，或叫财产性收入。

（三）社会主义所有制结构的内涵

经济师考点

社会主义所有制结构的内涵

生产资料公有制是指全体社会成员或部分社会成员共同占有生产资料的一种所有制形式，包括全民所有制和集体所有制以及混合所有制中的国有成分和集体成分。在现阶段，国有经济即社会主义全民所有制经济。集体所有制经济是指生产资料在一定的集体经济组织内部归劳动者共同所有，由集体经济组织对所占有的生产资料行使所有权，包括农村集体经济组织、城镇集体所有制、股份合作制等各种形式的合作经济。在社会主义所有制结构中，公有制经济的主体地位主要体现在三方面：一是公有资产在社会总资产中占优势；二是国有经济控制国民经济命脉，对经济发展起主导作用；三是满足全体人民的共同需要，保障全体人民的共同利益，实现共同富裕。

非公有制经济主要包括个体经济、私营经济和外资经济等多种形式，还包括混合所有制经济中的非公有成分。个体经济是以个人或家庭成员的劳动为基础，它属于非公有制经济。私营经济是指企业资产属于私人所有，存在雇佣劳动关系的一种非公有制经济形式。区分个体经济和私营经济的一个关键点在于是否存在雇佣劳动关系。

混合所有制经济是国有资本、集体资本和非公有资本等交叉持股、相互融合的一种经济形式。以中外合资、合作方式形成的外资经济属于混合所有制经济形式，其中所包含的国有经济或集体经济部分属于公有制经济的范畴。所以不能简单地认为外资经济就完全是非公有制经济。

（四）社会主义市场经济体制的内涵

市场经济就是以市场调节作为资源配置的主要方式的一种经济体制。市场对资源配置起决定性作用，就是通过价格机制、供求机制、竞争机制等市场机制对资源配置发挥决定性作用。社会经济制度不同，市场经济的特点也不同。社会主义市场经济就是以市场在资源配置中起决定性作用和更好发挥政府作用的一种市场经济体制。社会主义市场经济是建立在社会主义经济制度基础之上的，其存在的制度基础是社会主义初级阶段的经济制度。市场经济与社会主义制度的结合，是社会主义市场经济体制产生和存在的基础。社会主义市场经济体制是社会主义基本经济制度的重要组成部分，既要遵循市场经济体制的一般规律，还要体现社会主义基本制度的要求，这就是既要使市场在资源配置中起决定性作用，还要更好地发挥政府的作用，处理好市场与政府的关系，推动有效市场与有为政府的更好结合。有效市场，就是要充分发挥市场在资源配置中的决定性作用；有为政府，就是要更好地发挥政府的作用，发挥好政府在弥补和解决市场失灵方面的重要作用，履行好政府在经济调节、市场监管、社会管理、公共服务和生态环境保护等方面的职能。

经济师考点

社会主义市场经济体制的内涵

中国40多年取得的巨大进步，主要是依靠改革开放。改革就是用社会主义市场经济体制取代原来的计划经济体制。如今，民营经济比较发达的珠江三角洲、长江三角洲，是中国富裕且有活力的地区，这是社会主义市场经济体制效率高于计划经济体制效率的生动反映。

市场经济体制虽然效率较高，但是也存在着一定的缺陷，即存在着“市场失灵”的现象。比如，竞争的压力会造成环境的污染和恶化；竞争的不完全性或垄断造成效率的降低；国防、治安和义务教育等公共物品不会在供求作用下生产出来，等等。正因为如此，现实中实行市场经济制度的国家，都不同程度地引入了政府的干预和调节，以克服市场机制本身所存在的缺陷。

案例

小岗村改革——点燃中国改革开放的星星之火

任务三　学习经济学的研究方法及意义

经济学要用一定的方法来研究资源配置和资源利用问题，其中最基本的方法就是实证分析和规范分析方法。根据研究方法的不同，把经济学分为实证经济学和规范经济学。

一、实证分析方法和规范分析方法

实证分析方法是指企图超脱或排斥一切价值判断，只研究经济本身的内在规律，并根据这些规律分析和预测人们经济行为的效果的方法。它要回答“是什么”的问题，而不对事物的好坏做出评价。

例1：政府采取什么样的政策将会降低失业率？什么样的政策将会防止发生通货膨胀？

例2：如果政府对消费者征收10%的消费税，社会商品销售额就会下降7%。

规范分析方法是以一定的价值判断作为出发点，提出某些分析、处理经济问题的标准，树立经济理论的前提，以此作为经济政策的依据的方法。它说明的是“应该是什么”的问题，即价值判断问题。

例 1：政府应该更关注通货膨胀还是应该更注重降低失业率？

例 2：一名动物权利保护者说：人人都不应该购买皮大衣。

实证经济学与规范经济学尽管存在着差异，但二者之间不是绝对的相互排斥。规范经济学要以实证经济学为基础，而实证经济学也离不开规范经济学的指导。一般来说，越是具体的问题，实证分析的成分就越多；而越是高层次、带有决策性的问题，则越具有规范性。在对经济现象分析的过程中，这两种分析方法需要结合起来运用。

二、实证分析的工具

（一）均衡分析法

均衡是物理学中的名词。当一物体同时受到方向相反的两个外力作用，且这两种力恰好相等时，该物体会由于受力相等而处于静止状态，这种状态就是均衡。经济均衡是指经济体系中各种力量处于平衡时的状态：各个经济决策主体（如消费者、厂商等）所做出的决策正好相容，并且在外界不变的情况下，每个人都不愿意再调整自己的决策，从而不再改变其经济行为。均衡分析法就是研究各种经济变量如何趋于平衡的方法。如当大米的市场价格为 2 元/斤时，大米的供给量与需求量恰好相等，既没有不足，也没有剩余，此时，大米的价格就既没有上涨的空间，也没有下跌的可能，我们把这种市场状态称为均衡。

（二）边际分析法

边际分析法是利用边际概念对经济行为和经济变量进行数量分析的方法。所谓边际，就是额外或增加的意思，即所增加的下一个单位或最后一个单位。在经济学分析中，边际是指对原有经济总量的每一次增加或减少。严格地说，边际是指自变量发生微小变动时，因变量的变动率。如“边际效用”指的是每增加一个单位的商品消费所带来的总效用的增量。“边际”就是一阶导数，边际分析实质上就是将微分学引入了经济学。

在边际分析法下，经济学家在进行选择时总是遵循这样的原则：当某项经济活动（如生产、消费）的边际收益大于边际成本时，人们会扩大这种活动；反之，则会减少这种活动，直到边际收益等于边际成本。边际分析的应用，使经济理论精密化，推动了经济学的发展，因此被人们称为“边际革命”。

（三）经济模型分析方法

经济现象不但错综复杂，而且变化不定，难以像自然科学那样，在实验室内进行实验。为了便于研究，经济学往往舍去一些比较次要的因素，专门研究普遍性、决定性的因素之间的因果关系，形成经济模型。经济模型是对经济现实的概括，将有助于人们对经济规律的理解和认识。例如，利用经济模型我们可以预测，在其他条件不变的情况下，若原材料的价格上升 10%，厂商的产量将会下降多大幅度。

经济模型可以采用语言文字、几何图形、数学符号三种表达方式，它们各有自己的特点：语言文字运用逻辑推理，可以细腻到所需要的任何程度；几何图形运用线条反映因素之间的联系，简明而直观；数学符号运用数学定理，比较严谨，而且可以处理任意多个因素之间的关系。

三、为什么要学习经济学

学习经济学是为了能像经济学家一样思考经济现象和经济问题。经济学家是如何评说学习经济学的意义的？

美国第一位获得诺贝尔经济学奖的著名经济学家保罗·萨缪尔森认为："政治经济学是最古老的艺术，最新颖的科学。""没有受过一些经济学训练的人，对一国经济问题都无从思考起，就如聋者要去欣赏交响乐一样。给他一个助听器，他可能仍然缺乏足够的才华，但至少可以意识到音乐究竟是怎么一回事！"

美国著名经济学家 N. 格雷戈里·曼昆 29 岁即成为哈佛大学历史上最年轻的终身教授之一，从 2003 年 3 月起，曼昆出任小布什总统经济顾问委员会主席。他对经济学的看法是："在我 20 年的学生生涯中，最令我兴奋的课程是在上大学一年级时所选的连续两个学期的经济学原理。可以毫不夸张地说，这门课程改变了我一生。""经济学将使你更精彩地参与经济。在你的日常生活中，你要做出许多经济决策。当你是学生时，你要决定在学校学习多少年。一旦你参加了工作，你要决定把多少收入用于支出、多少用于储蓄，以及把你的多少储蓄用于投资。有一天，你会发现你要管理一家小企业或一个大公司，而且你要决定对你的产品制定多高的价格。学习经济学本身不会使你富有，但它将提供一些有助于你努力致富的工具。"

英国著名经济学家约翰·梅纳德·凯恩斯谈经济学："经济学并没有提供一套立即可用的完整结论。它不是一种教条，只是一种方法、一种心灵的器官、一种思维的技巧，帮助拥有它的人得出正确结论。""经济学家的思想无论是否正确，其力量之大都超过对他们的普遍理解。事实上，世界总是受这些思想统治的。许多自以为不受任何理论影响的实践家都往往是某个已故经济学家的奴隶。"

拓展阅读

人物小传

1. 亚当·斯密的故事

2. 马克思的故事

3. 凯恩斯的故事

学习经济学有什么意义？

第一，经济学有助于你了解你生活的世界。有许多经济问题会引起你的好奇心。为什么市中心的房价高？为什么航空公司往返机票价格低？为什么有时通货膨胀，有时通货紧缩？这些问题恰恰是经济学课程可以帮助你回答的。

第二，经济学使你更理性地参与经济活动。在日常生活中，你要做出许多经济抉择，是升学还是就业？多少收入用于支出？多少收入用于储蓄？多少收入用于投资？学习经济学本身不会使你富有，但它将给你提供一些有助于致富的手段。

第三，经济学使你更好地理解经济政策的潜力与局限性。为什么我们国家要加入世界贸易组织（WTO）？为什么我们要实行再就业政策？等等。这些问题不仅是决策者们的事，也是老百姓牵挂的事。因此，经济学可以运用到生活中的许多方面。以后无论你是企业管理者还是政府官员，抑或你就是一个普通的消费者，你都会为学习过经济学而感到欣慰。

即测即评

扫一扫　练一练

项目二

掌握需求和供给理论

素养目标：结合供给侧结构性改革背景，培养学生将微观视角与宏观视野相结合的大局意识，树立为中国经济发展与社会建设服务的远大理想。

知识目标

1. 了解价格是市场经济中影响资源配置的关键因素；
2. 掌握影响需求和供给的因素；
3. 掌握需求量的变动与需求的变动的区别；
4. 掌握供给量的变动与供给的变动的区别；
5. 掌握需求定理和供给定理；
6. 掌握供求因素对均衡价格和均衡数量的影响；
7. 掌握需求价格弹性的含义与计算、需求价格弹性与总收益的关系；
8. 理解需求收入弹性和供给弹性；
9. 熟悉均衡价格以及弹性理论在经济决策中的应用。

技能目标

深入思考，掌握经济学均衡价格和均衡数量、需求弹性的计算，学会分析经济政策的理论根据。

经济师考点

1. 需求的含义；
2. 影响需求的基本因素；
3. 需求函数、需求规律和需求曲线；
4. 需求量的变动与需求的变动的区别；
5. 供给的含义；
6. 影响供给的主要因素；

7. 供给定理；
8. 供给量的变动与供给的变动的区别；
9. 均衡价格的含义和均衡数量的决定；
10. 供求定理的内涵；
11. 均衡价格理论的应用；
12. 均衡价格模型的应用；
13. 需求价格弹性的定义及计算方法；
14. 需求价格弹性的类型；
15. 需求价格弹性与总收益的关系；
16. 需求收入弹性的概念和计算；
17. 需求交叉弹性的含义和计算；
18. 供给价格弹性的概念及计算公式。

知识图谱

- 需求和供给理论
  - 需求理论
    - 需求的含义
    - 影响需求的基本因素
    - 需求函数、需求曲线
    - 需求定理
    - 需求量的变动与需求的变动的区别
    - 弹性理论、需求价格弹性、需求收入弹性、需求交叉弹性
  - 供给理论
    - 供给的含义
    - 影响供给的基本因素
    - 供给函数、供给曲线
    - 供给定理
    - 供给量的变动与供给的变动区别
    - 供给价格弹性
  - 均衡价格理论
    - 均衡价格的形成
    - 供求定理
    - 均衡价格理论的应用
      - 支持价格
      - 限制价格

项目导读

“双十一”交易火爆的原因

价格是市场经济中影响资源配置的一个关键因素，社会上的生产者和消费者都是根据价格信号来做出自己的生产和购买决策的，而价格的决定和变化则是需求与供给相互作用的结果。经济学界流传很广的一句谚语是：“如果想要让一只鹦鹉成为经济学家，最简单的办法就是教它学会需求与供给这两个单词。”

自2009年开始，阿里集团都会在每年的11月11日举行大规模的消费者感恩回馈活动。回顾历年“双十一”，其成交额呈几何级增长。2009年，淘宝在11月11日发起“品牌商品五折”活动，当天销售额0.52亿元；2010年同一天，销售额是上一年的18倍，增至9.36亿元；2012年，天猫与淘宝的“双十一”购物狂欢节实现191亿元的成交额，超越美国2012年网络星期一创造的单日120亿元纪录，成为全球最大的购物狂欢节。表2-1列出了2009—2022年“双十一”阿里巴巴单日交易额。

表2-1　2009—2022年“双十一”阿里巴巴单日交易额　　单位：亿元

年份	2009	2010	2011	2012	2013	2014	2015	2016	2017	2018	2019	2020	2021	2022
交易额	0.52	9.36	33.6	191	362	571	912.17	1 207	1 682	2 135	2 684	3 329	5 403	5 571

“双十一”交易如此火爆的重要原因是**价格便宜**！价格影响供求，供求也影响价格。但值得注意的是，2022年“双十一”销售额增速明显放缓。一方面，受疫情的影响需求减少，“双十一”也已陷入疲态；另一方面，受多平台电商崛起的影响，天猫和淘宝传统电商份额在被蚕食，直播电商成为新的趋势。事实证明，中国并不缺内需，只是要求刺激内需的手段发生变化。供给与需求是使市场经济运行的力量，它们决定了每种物品的产量以及出售的价格。供给与需求是价格理论乃至经济学理论中最重要的概念，从一定意义上说，学会需求与供给原理就等于找到了进入经济学殿堂的钥匙。如果你想知道某个事件或政策对经济的影响，你就应该先考虑它将如何影响供给和需求。本项目将讨论供求如何决定价格，以及利用价格如何配置经济的稀缺资源。

任务一　理解需求理论

一、如何理解需求

（一）需求的含义

1. 需求（Demand）定义

经济师考点

需求的含义

需求是指消费者在某一特定的时期内，在每一个价格水平下，有能力购买并且愿意购买的某一商品的数量。需求要具备两个条件：一是购买欲望；二是购买能力。二者缺一不可。

2. 需求的分类

需求可以分为个别需求和市场需求。在一定时间内，某一消费者对某种商品的需求称为个别需求；所有消费者对这种商品的需求称为市场需求。对微观经济学来说，研究市场需求更重要。所以本项目主要介绍市场需求。

（二）影响需求的基本因素

经济师考点

影响需求的基本因素

影响需求的基本因素

1. 商品本身的价格

一般来说，一种商品价格越高，需求量就越小；相反，价格越低，需求量就越大。

2. 相关商品的价格

当一种商品本身的价格保持不变，而和它相关的其他商品的价格发生变化时，这种商品本身的需求量也会发生变化。相关商品包括互补品和替代品。

（1）互补品：指两种商品互相补充共同满足人们的同一种欲望，完成同一消费功能。如电脑和软件、电动车和电池等。

互补品价格与需求量之间关系：一种商品的价格提高，其互补品的需求量就会减少。相反，一种商品的价格降低，其互补品的需求量就会增加。例如：新能源汽车的价格不变而动力电池的价格上升时，动力电池的需求量会减少，新能源汽车的需求量也会因此而减少。

原理应用：为什么商家钟情于捆绑式销售?

解析：捆绑式销售模式被越来越多的商家所推崇，成为经常被使用的销售技巧。例如：楼房与车位捆绑销售；机票与酒店房间捆绑销售；手机与电话卡捆绑销售；洗衣机与洗衣液捆绑销售。能够进行捆绑式销售的产品大都具有互补性，通过捆绑式销售既可以降低厂商的销售成本、实现品牌形象的相互提升，也能给消费者带来超值体验。

（2）替代品：指两种商品可以互相替代来满足同一种欲望。如茶叶与咖啡。

替代品价格与需求量之间关系：一种商品的价格提高，其替代品的需求量就会增加。相反，一种商品的价格降低，其替代品的需求量就会减少。例如：当牛肉的价格不变而猪肉的价格上升时，猪肉的需求量会减少，猪肉的替代品如牛肉的需求量就会增加。

3. 消费者的偏好

消费者对某种商品的偏好程度会对该种商品的需求量产生影响，偏好程度越高，需求量就越大；相反，偏好程度越低，需求量就越小。消费者的偏好受文化因素、心理因素、示范效应、广告效应等的影响。例如，东方人比西方人更偏爱喝茶，东方国家的人均茶叶的需求量大于西方国家。在某一时间的某一地区内，由于受到示范效应的影响，就可能引导一个消费群体的消费偏好，就会形成时尚性的市场需求状态。

广告效应是企业通过广告影响消费者的行为，引导或推动一种消费时尚。当然，广告能否变为消费时尚，取决于企业对消费者心理及其他特征的了解。

4. 消费者的收入水平和分配平等程度

收入水平的提高，收入分配趋向平等，会使需求增加；反之，收入水平下降，社会分配不平等，会导致需求减少。在我国，城镇居民的收入水平比20世纪80年代显著提高，人们对汽车、旅游等消费品或服务的需求明显增加。但并不是收入增加后人们对所有商品的需求都增加。货币收入对需求的影响要区分商品的不同特性。对大部分商品而言，消费者的收入愈高，对它们的需求就愈大；反之则愈小。如家用电器。而对另一部分低档商品而言，随着收入水平的提高，对它们的需求反而下降。如低档化纤服装、黑白电视机等，在城镇居民收入有较大提高时，对其需求就会下降。经济学家把前者称为正常品，后者称为劣等品。对正常品的需求与价格之间是正向（比）关系，对劣等品的需求与收入是反向（比）关系。

5. 消费者对未来的预期

若消费者预期某种商品的价格会上升，什么涨买什么，就会增加对该商品的现期需求量；反之，便会持币待购，会减少对该商品的现期需求量。例如，你正在计划买房子，听说房子的价格将会在几个月内下降，于是，你决定等几个月以后再买；或者，你听说价格预期会在几个月内上涨，那么，你有可能现在就买房子。

6. 人口数量和结构的变动

一般来讲，人口数量的增减会使需求发生同方向变动。人口结构的变动主要影响需求的结构，如人口老龄化的国家，对时髦服装、滑雪等刺激性运动项目的需求会减少，而对保健品和老年常用药的需求会增加。

案例

国家宏观调控房地产的政策效应分析

7. 政府的经济政策

政府会通过采取一些鼓励需求或抑制需求的政策来调节需求。例如，政府提高存款利率会使储蓄增加，减少当前需求；而实行消费信贷制度则会鼓励消费，增加当前需求。例如：补贴、贷款消费、降低利率等政策会刺激消费；若对奢侈品征税，则会减少人们对该类商品的需求。

（三）需求的表示方式

1. 需求函数（Demand Function）

经济师考点

需求函数

如果把影响需求的各种因素作为自变量，把需求量作为因变量，则可以用函数关系表示影响需求的因素与需求量之间的关系，这种函数称为需求函数。用公式表示如下：

$$Q_d = f(a, b, c, d, \cdots, n)$$

式中：Q_d——某种商品的需求量；

a，b，c，d，…，n——影响需求量的因素。

在影响商品需求量的众多因素中，商品的价格是最重要的。假定其他影响因素不变，只考虑商品本身的价格变化对该商品需求量的影响，则需求函数可表示为：

$$Q_d = f(P)$$

式中：P——某种商品的价格。

若需求曲线是一条直线，则需求函数可写为：

$$Q_d = a - bP \quad (a, b \text{ 为常数})$$

2. 需求表（Demand Schedule）

商品的需求表是指表示某种商品的不同价格与相对应的需求数量之间对应关系的数字序列表格。例如，某一时期某一市场一个月内白菜的市场需求可以用表 2-2 所示的市场需求来表示。

表 2-2 白菜的市场需求表

价格数量组合	价格（元/斤）	需求量（斤）
A	1	700
B	2	600
C	3	500
D	4	400
E	5	300
F	6	200
G	7	100

从表 2-2 中可以清楚地看出商品价格与需求量之间的关系。当商品价格为 1 元/斤时，商品的需求量为 700 斤；当价格上升为 2 元/斤时，需求量下降为 600 斤；当价格进一步上升为 3 元/斤时，需求量下降为 500 斤，以此类推。

3. 需求曲线（Demand Curve）

经济师考点

需求曲线

商品的需求曲线是根据需求表绘出的用来表示需求量与商品价格之间对应关系的曲线。或者说，需求曲线是以几何图形来表示商品的价格和需求量之间的函数关系的曲线。如图 2-1 所示，横轴 OQ 表示商品的数量，纵轴 OP 表示商品的价格，曲线 D 为根据表 2-2 绘制的一条需求曲线。由于价格下降，需求量增加，所以需求曲线向右下方倾斜，即它的斜率为负值。

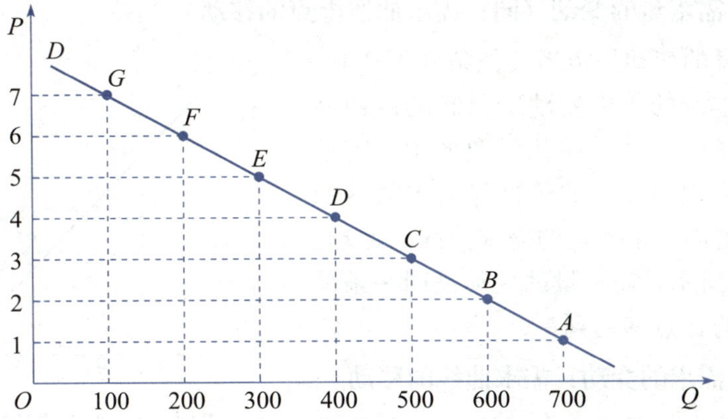

图 2-1 白菜的需求曲线

经济师考点

需求规律

（四）需求定理（Law of Demand）

需求定理是说明商品本身价格与需求量之间相互关系的理论。**其基本内容是：在影响需求的其他因素不变的情况下，商品的需求量与价格之间呈反方向变动，即需求量随商品本身价格的上升而减少，随商品本身价格的下降而增加。**

必须注意，需求定理是一般的正常商品的规律。某些特殊的商品在特定经济形势下，与需求定理相矛盾的现象也是存在的，主要的特殊商品和例外情况有：

（1）炫耀性商品。炫耀性商品是用来显示人的社会身份与地位的商品，这类商品的需求量与价格之间呈同方向变动。只有商品的价格比较高时，购买者才能满足炫耀自己社会身份和地位的心理需求，而不在于该商品的实际价值如何。例如，高档珠宝首饰、豪华型轿车等，价格上升，其需求会增加；价格下降，其需求反而减少。

（2）**吉芬商品。**这类商品是低档生活必需品，这类商品的价格上升，其需求量反而增加。1845 年，英国经济学家吉芬发现在爱尔兰发生大灾荒时，马铃薯的价格上升，需求量反而增加。这种价格上升、需求量增加的现象被称为“吉芬之谜”。主要是因为在经济萧条时期，普通居民生活水平普遍下降，马铃薯价格虽然上升，价格水平比正常年景要高出许多，但它是相对低等的食物，价格比其他食物的价格要低得多。因此，当时大多数低收入者在生活消费中只能吃马铃薯，而少吃其他食物。

（3）在投机性市场（例如证券和期货市场），人们有一种“买涨不买跌”的心理，这与人们对未来价格的预期及投机的需要有关。

经济师考点

需求量的变动与需求的变动的区别

二、需求量的变动与需求的变动

在西方经济学文献中，很注意区分需求量的变动和需求的变动这两个概念。两者都是商品需求数量的变动，但引起变动的因素是不相同的，而且这两种变动在几何图形中的表示也是不相同的。

（一）需求量的变动（同一需求曲线上点的移动）

需求量的变动是指当其他条件不变时，由某商品本身的价格变动所引起的该商品的需求数量的变动。在几何图形中，需求量的变动表现为商品的价格与需求数量的组合点沿着同一条既定的需求曲线的运动。如图 2－2 所示，需求量的变动是同一条需求曲线上的 a 点移动到 b 点。

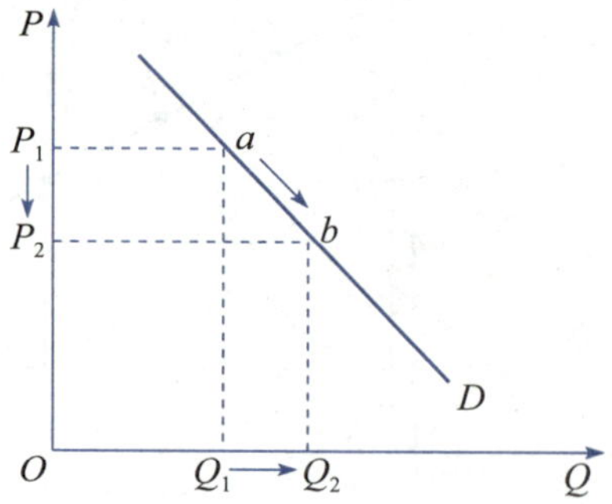

图 2－2　需求量的变动

（二）需求的变动：需求曲线的移动

需求的变动是指在某商品本身价格不

变的条件下，由于其他因素变动所引起的该商品的需求数量的变动。这里的其他因素变动是指消费者收入水平变动、相关商品的价格变动、消费者的偏好变动或消费者对商品的价格预期的变动等。在几何图形中，需求的变动表现为需求曲线的位置发生移动。需求减少，需求曲线向左移；需求增加，需求曲线向右移，如图 2－3 所示。

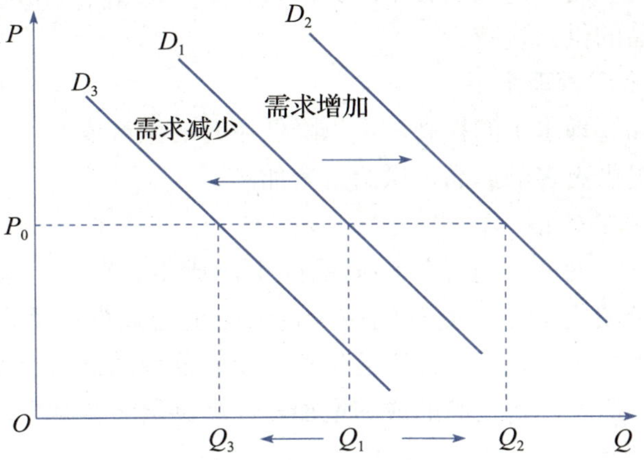

图 2－3　需求的变动

任务二　理解供给理论

一、如何理解供给

市场是由需求和供给两个方面构成的。需求构成市场的买方，供给构成市场的卖方，需求与供给一起构成经济学分析的基本前提。我们利用与分析需求相似的方法分析供给理论。

（一）供给的含义

1. 供给（Supply）

供给是指生产者（厂商）在一定时期内，对应于某一商品不同的价格水平愿意并且能够提供的商品的数量。供给的定义说明：第一，供给是供给能力与供给欲望的统一；第二，供给包含商品价格和与之对应的供给量两个变量。

经济师考点

供给的含义

2. 个人供给和市场供给

供给分为**个人供给**（Individual Supply）和**市场供给**（Market Supply）。个人供给是指单个厂商对某种商品的供给；市场供给是指该商品市场所有个人供给的总和，即与每一可能的售价相对应的每个厂商供给量的总和。

（二）影响供给的主要因素

经济师考点

影响供给的主要因素

1. 商品本身的价格

由于厂商的目标是追求利润最大化，在其他条件既定的条件下，如果某种商品价格上升，厂商就会投入更多的生产资源用于该商品的生产，从而使其供给量增加；反之，则厂商就会将生产资源转移于其他相对价格较高的商品的生产，从而该商品的供给量减少。

2. 生产技术和管理水平

生产技术和管理水平的提高，可以降低原有的生产成本，使厂商在同一价格水平下可以提供更多的产品，供给量增加。

3. 生产要素的价格

生产要素价格的变化直接影响商品的生产成本。在其他条件不变的情况下，生产要素价格上升，厂商利润减少，供给也会减少；反之，则供给会增加。例如葡萄酒的生产，若葡萄酒的价格不变，葡萄的价格上涨或工人工资上涨，则意味着厂商生产葡萄酒的成本增加，产品供给将会减少。

4. 相关商品的价格

当一种商品的价格不变，其他相关商品的价格发生变化时，该商品的供给量也会发生变化。当某商品的替代品涨价时，该商品的生产厂商会转向替代品的生产，使该商品的供给量减少；当某商品的互补品涨价时，该商品随之涨价，厂商会增加这种商品的供给量。

替代品之间：一种商品的价格上升，消费者对另一种商品的需求就会增加，从而引起这种商品的价格上升，厂商的利润增加，进而供给增加；一种商品的价格下降，消费者对另一种商品的需求就会减少，从而引起这种商品的价格下降，厂商的利润减少，进而供给减少。即一种商品的价格与其替代品的供给呈同方向变动。

互补品之间：一种商品的价格上升，消费者对另一种商品的需求就会减少，引起这种商品的价格下降，厂商的利润下降，因而供给减少；一种商品的价格下降，消费者对另一种商品的需求就会增加，引起这种商品的价格上涨，厂商的利润增加，因而供给增加。即一种商品的价格与其互补品的供给呈反方向变动。例如，计算机的价格下降，人们对软件的需求增加，引起软件商品生产的增加；燃油汽车的价格下降，引起汽油需求量的增加，汽油供给增加，加油站供给增加；汽油的价格上升，则引起对燃油汽车需求量的下降，从而燃油汽车供给减少。

5. 政府的相关经济政策

政府有时为了达到其调控宏观经济的目的，会推出一些新的经济政策或对原有的政策进行改革，这时会对市场上的商品的价格产生冲击。假设政府补贴粮食生产，对于农民所生产的水稻，每亩补助 100 元。由于补贴之故，在每一价格上的水稻供给量会增加。

6. 生产者对未来的预期

如果厂商预期某种商品的价格将上涨，就会囤积居奇，待价而沽，从而当期该商品的供给会减少；反之，如果预期价格将下跌，则会大量抛售，使当期该商品供给增加。

7. 气候因素

对于农产品，气候变化对其供给影响很大，尤其是自然灾害会造成产量的大幅减少。

（三）供给的表示方法

1. 供给函数（Supply Function）

如果将供给量作为因变量，将影响供给量的各种因素作为自变量，则可以用函数关系来表示供给量与其影响因素之间的依存关系。这种函数称为供给函数，用公式表示为：

$$Q_s = f(a, b, c, d, \cdots, n)$$

式中：Q_s——供给量；

a，b，c，d，…，n——影响供给的因素。

由于价格对供给量的影响是最重要的，假定其他因素不变，只考虑价格对供给量的影响，则供给函数可简化为供给价格函数：

$$Q_s = f(P)$$

式中：P——价格。

若供给曲线为一条直线，则供给函数可写为：

$$Q_s = -a + bP \text{（}a, b\text{ 为常数）}$$

式中：P——价格；

Q_s——供给量。

2. 供给表（Supply Schedule）

商品的供给表是指表示某种商品的不同价格与相对应的供给数量之间对应关系的数字序列表格。仍以白菜为例，其市场供给如表 2-3 所示。该表清楚地表示了商品的价格和供给量之间的关系。

表 2-3　白菜的市场供给表

价格数量组合	价格（元/斤）	供给量（斤）
A	1	100
B	2	200
C	3	300
D	4	400
E	5	500

续表

价格数量组合	价格（元/斤）	供给量（斤）
F	6	600
G	7	700

3. 供给曲线（Supply Curve）

商品的供给曲线是描述一种商品供给量与价格之间相互依存关系的图形。 如图 2－4 所示，图中的横轴 *OQ* 表示商品数量，纵轴 *OP* 表示商品价格。曲线 *S* 为根据表 2－3 绘出的一条供给曲线。它表示在不同的价格水平下生产者愿意而且能够提供出售的商品数量。供给曲线向右上方倾斜，是因为在其他条件相同的情况下，价格越高意味着供给量越多。

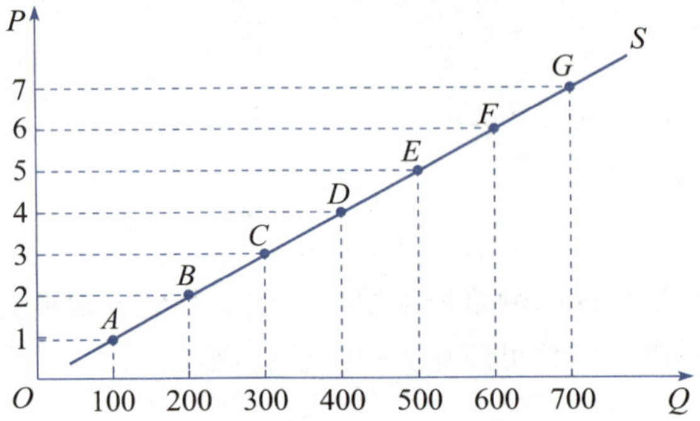

图 2－4　白菜的供给曲线

经济师考点

供给定理

（四）供给定理（Law of Supply）

供给定理是说明商品本身价格与供给量之间相互关系的理论。其基本内容是：在其他条件不变的情况下，某商品的供给量与该商品的价格之间呈同方向变动，即供给量随商品本身价格的上升而增加，随商品本身价格的下降而减少。和需求定理一样，供给定理也是以“假设其他条件不变”为前提的，离开这一前提，供给定理也就不能成立。

供给定理是一般的正常商品的规律，这一规律也有例外情况：

（1）某些商品的供给量是固定的，如名画、古玩，即使出售价格再高也无法增加其供给数量，因而其供给曲线是一条与横轴垂直的线，如图 2－5（a）所示。

（2）某些厂商在大规模生产时平均成本锐减，这时商品价格虽有所下降，但厂商仍愿意提供更多的商品。此类商品往往是那些可适于机械化大批量生产的高技术产品，如小汽车和电视机的生产等，这类商品的供给曲线是向右下方倾斜的，如图 2－5（b）所示。

（3）劳动的供给有其特殊性，当工资开始提高时，劳动的供给会增加，当工资水平上升到一定程度后，劳动者感到对货币的需要并不迫切了，这时工资再提高，劳动者也不会再供给更多的劳动量，而对休闲、娱乐和旅游更感兴趣，因而劳动供给曲线是一条向后弯曲的曲线，如图 2-5（c）所示。

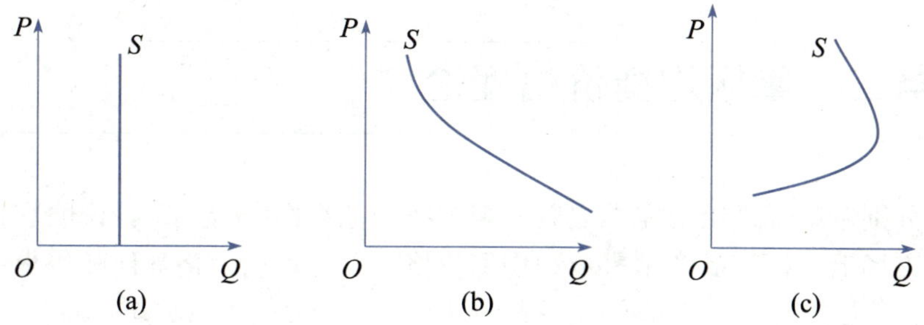

图 2-5　供给定理的例外情况

二、供给量的变动与供给的变动

经济师考点

供给量的变动与供给的变动的区别

供给量的变动和供给的变动都是供给数量的变动，它们的区别在于：（1）引起这两种变动的因素不相同；（2）这两种变动在几何图形中的表示不相同。

（一）供给量的变动

供给量的变动是指在其他条件不变时，由某商品本身的价格变动所引起的该商品供给数量的变动。在几何图形中，供给量的变动表现为同一供给曲线上点的移动。如图 2-6 中，当某种商品的价格为 P_1 时，供给量为 Q_1，当价格由 P_1 上升到 P_2 时，供给量由 Q_1 增加到 Q_2，在供给曲线上表现为从 a 点向 b 点移动。供给曲线上的点向右上方移动表示供给量的增加，向左下方移动表示供给量的减少。需要指出的是，这种变动虽然表示供给数量的变化，但是并不表示整个供给情况的变化。因为，这些变动的点都在同一条供给曲线上。

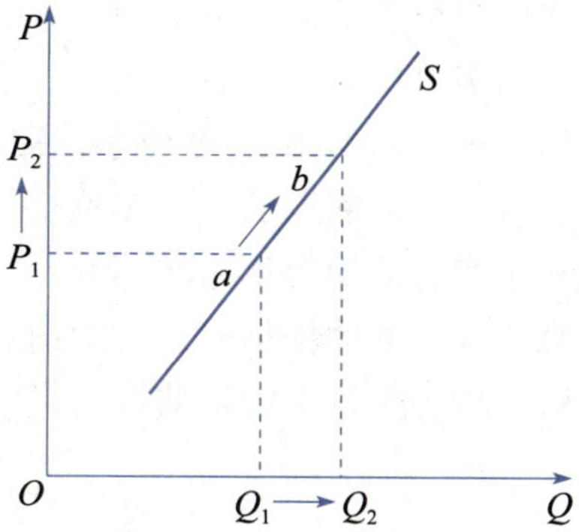

图 2-6　供给量的变动

（二）供给的变动

供给的变动是指在某商品价格不变的条件下，由于其他因素变动所引起的该商品的供给数量的变动。这里的其他因素变动可以是生产成本的变动、生产技术水平的变动、相关商品价格的变动和生产者对未来的预期的变化，等等。在几何图形中，供给的变动表现为供给曲线的位置发生平行移动。如图 2-7 所示，供给曲线向左移动时供给量减少，供给曲线向右移动时供给量增加。

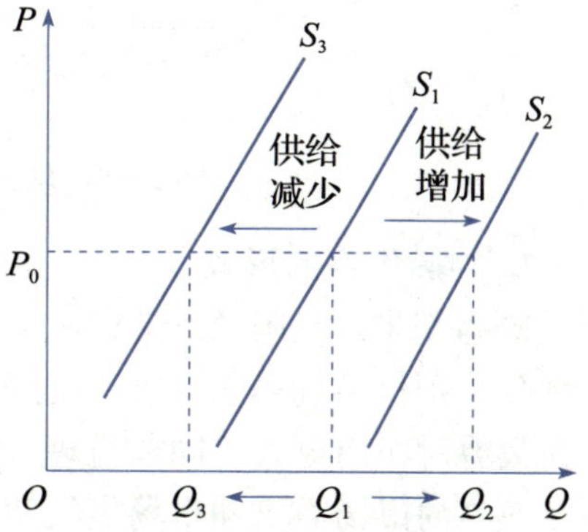

图 2-7　供给的变动

任务三 掌握均衡价格理论

在分别考察了供给与需求之后，现在我们把它们结合起来，说明它们将如何决定市场上一种商品的销售量和均衡价格，以及均衡价格如何随供求关系而变动。

一、均衡价格的决定

(一) 什么是均衡价格 (Equilibrium Price)

1. 均衡价格的含义

经济师考点

均衡价格的含义和均衡数量的决定

一种商品的均衡价格是指该商品的市场需求量和市场供给量相等时的市场价格。在均衡价格水平下的相等的供求数量被称为均衡数量。

均衡价格和均衡数量是由供求均衡决定的，即供求均衡点决定了均衡价格和均衡数量。如图 2-8 所示，需求曲线 D 和供给曲线 S 相交于 E 点，E 点为均衡点。在均衡点 E，均衡价格 $\overline{P}=4$ 元，均衡数量 $\overline{Q}=400$。消费者的购买量和生产者的销售量是相等的。这种状态便是一种使买卖双方都感到满意，并愿意持续下去的均衡状态。均衡点以上需求曲线与供给曲线所夹区域为供给过剩区，均衡点以下需求曲线与供给曲线所夹区域为供给短缺区。

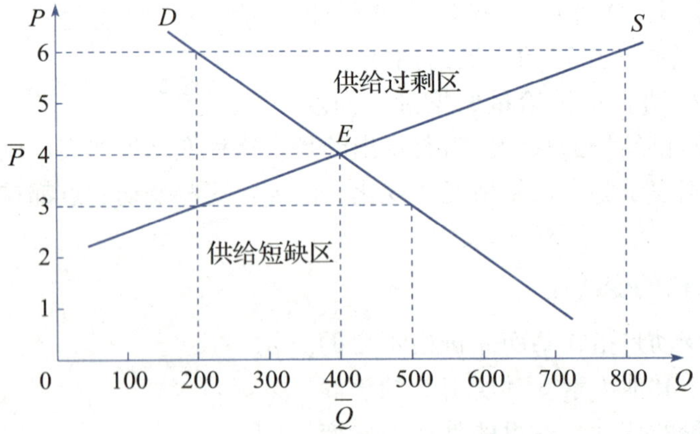

图 2-8 均衡产量和均衡价格的决定

2. 均衡价格的形成

19 世纪末，英国经济学家阿尔弗雷德·马歇尔（Alfred Marshall，1842 年—1924 年）把供给和需求比作一把剪刀的两个刀片。我们很难说究竟哪一个刀片在裁剪时作用更大。同样道理，价格是由市场的供给和需求所共同决定的，是在商品的市场需求和市场供给两种相反力量的相互作用下自发形成的。

仍用图 2-8 来说明均衡价格的形成。当市场价格高于均衡价格为 6 元时，商品的需求量为 200 单位，供给量为 800 单位。这种供给量大于需求量的商品过剩的市场状况，一方面会使需求者压低价格来得到他要购买的商品量，另一方面，又会使供给者减少商品的供给量。这样，该商品的价格必然下降，一直下降到均衡价格 4 元的水平。与此同时，随着价格由 6 元下降为 4 元，商品的需求量逐步地由 200 单位增加到 400 单位，商品的供给量逐步地由 800 单位减少到 400 单位，从而实现供求量相等的均衡数量 400 单位。

相反地，当市场价格低于均衡价格为 3 元时，商品的需求量为 500 单位，供给量为 200 单位。这种需求量大于供给量的商品短缺的市场状况，一方面，迫使需求者提高价格来得到他所要购买的商品量，另一方面，又使供给者增加商品的供给量。这样，该商品的价格必然上升，一直上升到均衡价格 4 元的水平。在价格由 3 元上升为 4 元的同时，商品的需求量逐步地由 500 单位减少到 400 单位，商品的供给量逐步地由 200 单位增加到 400 单位，最后达到供求量相等的均衡数量 400 单位。

可见，商品的均衡价格表现为商品市场上需求和供给这两种相反的力量共同作用的结果，它是在市场的供求力量的自发调节下形成的。而均衡价格形成后，一旦市场价格背离均衡价格，由于供求的相互作用，则有自动恢复到均衡的趋势。

（二）均衡价格的变动

马歇尔指出，均衡只是一种永远的趋势。在现实世界中，很少真正达到均衡，而多半是处在走向均衡的过程中。一种商品的均衡价格是由该商品的市场需求曲线和供给曲线的交点所决定的。因此，需求曲线或供给曲线的位置的移动都会使均衡价格发生变动。如果均衡价格不变，非价格因素变化，就会引起需求和供给的变化（曲线移动），那么，需求和供给的变动必然会引起均衡点的移动，从而导致均衡价格和均衡数量的移动。

由于影响均衡的因素太多、太复杂，因此，当分析某个事件如何影响一个市场时，我们按照以下三个步骤进行：

第一，确定该事件是使供给曲线移动还是使需求曲线移动，或者是使两条曲线都移动。

第二，确定曲线是向右移动还是向左移动。

第三，用供求图形来考察这种移动对均衡价格和均衡数量的影响。

现在我们以冰激凌市场为例，根据以上三个步骤分析以下事件对均衡价格、均衡数量的影响以及它们涉及的分别是“需求点移动”还是“需求曲线移动”：（1）消费者收入变化对冰激凌需求的影响；（2）发生地震、冰雹等自然灾害对冰激凌供给的影响；（3）收入变化和自然灾害同时发生对冰激凌市场的影响。

1. 供给不变，需求变动对均衡价格的影响

在供给不变的情况下，消费者收入增长，对冰激凌需求增加，会使需求曲线向右平移，从而使得均衡价格和均衡数量都增加；消费者收入减少，对冰激凌需求减少，会使需求曲线向左平移，从而使得均衡价格和均衡数量都减少。

如图 2－9 所示。

在图 2－9 中，既定的供给曲线 S 和最初的需求曲线 D_1 相交于 E_1 点。在均衡点 E_1，均衡价格为 P_1，均衡数量为 Q_1。在其他条件不变的情况下，如果消费者收入增长，则对冰激凌的需求增加，需求曲线向右平移至 D_2 的位置，D_2 与 S 相交于 E_2 点。在均衡点 E_2，均衡价格上升为 P_2，均衡数量增加为 Q_2。反之，如果消费者收入下降，则对冰激凌的需求减少，需求曲线向左平移至 D_3 的位置，D_3 与 S 相交于 E_3 点。在均衡点 E_3，均衡价格下降为 P_3，均衡数量减少为 Q_3。

2. 需求不变，供给发生变动对均衡价格的影响

在需求不变的情况下，供给增加会使供给曲线向右平移，从而使得均衡价格下降，均衡数量增加；供给减少会使供给曲线向左平移，从而使得均衡价格上升，均衡数量减少。如图 2－10 所示。

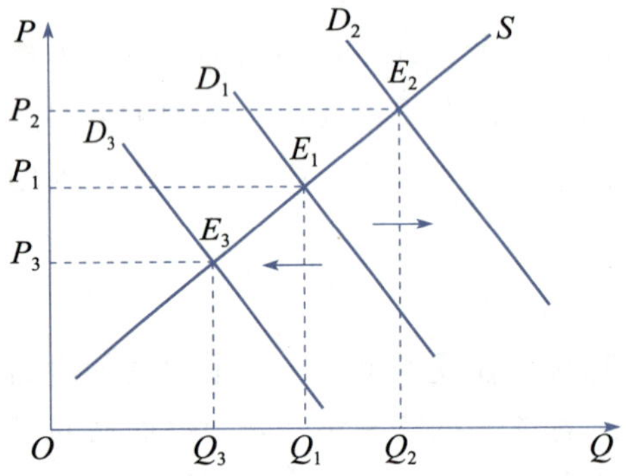

图 2－9　需求的变动和均衡价格的变动

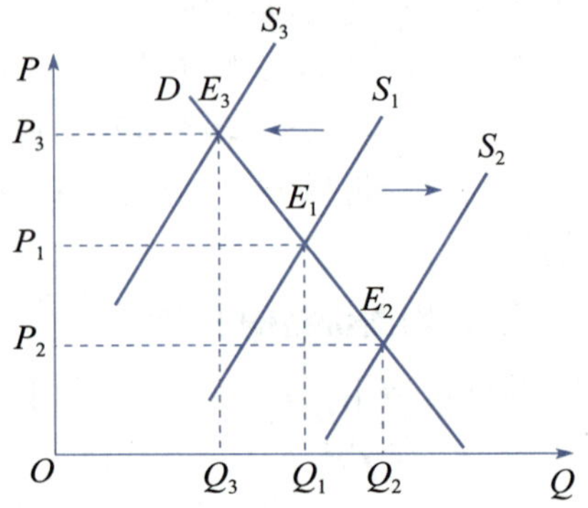

图 2－10　供给的变动和均衡价格的变动

在图 2－10 中，既定的需求曲线 D 和最初的供给曲线 S_1 相交于 E_1 点。在均衡点 E_1，均衡价格和均衡数量分别为 P_1 和 Q_1。供给增加使供给曲线向右平移至 S_2 的位置，并与 D 相交于 E_2 点。在均衡点 E_2，均衡价格下降到 P_2，均衡数量增加到 Q_2。相反，供给减少使供给曲线向左平移至 S_3 的位置，且与 D 相交于 E_3 点。在均衡点 E_3，均衡价格上升到 P_3，均衡数量减少到 Q_3。

显然，地震、冰雹使冰激凌厂商减少了产量，使供给减少，引起供给曲线向左移动，在需求不变的条件下，均衡价格上升，均衡数量减少。

3. 需求和供给同时发生变动对均衡价格的影响

（1）需求和供给同时增加或同时减少对均衡价格的影响如图 2－11 所示，其中：

如图 2－11（a）所示，需求上升的幅度大于供给，均衡价格和均衡数量同时上升；

如图 2－11（b）所示，需求上升的幅度小于供给，均衡价格下降，均衡数量上升；

如图 2－11（c）所示，需求上升的幅度等于供给，均衡价格不变，均衡数量上升。

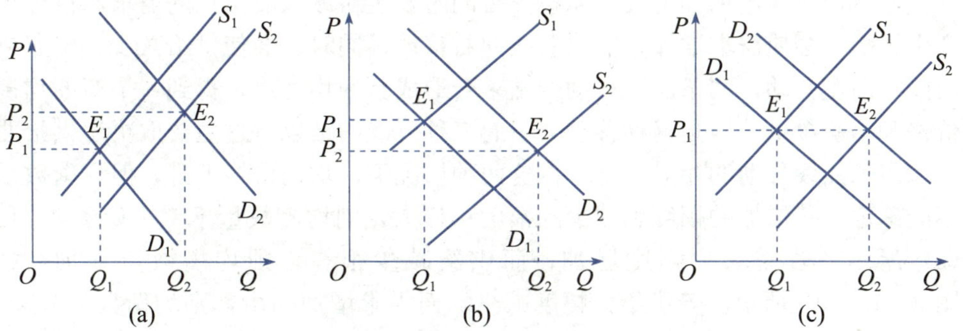

图 2-11　需求和供给同方向同时变动对价格的影响

(2) 需求和供给反方向同时变动对价格的影响如图 2-12 所示，其中：

如图 2-12 (a) 所示，需求上升，供给下降，两者变化量相等，均衡价格上升，均衡数量不变；

如图 2-12 (b) 所示，需求下降，供给上升，两者变化量相等，均衡价格下降，均衡数量不变；

如图 2-12 (c) 所示，需求上升的幅度大于供给下降的幅度，均衡价格和均衡数量同时上升；

如图 2-12 (d) 所示，需求上升的幅度小于供给下降的幅度，均衡价格上升，均衡数量下降。

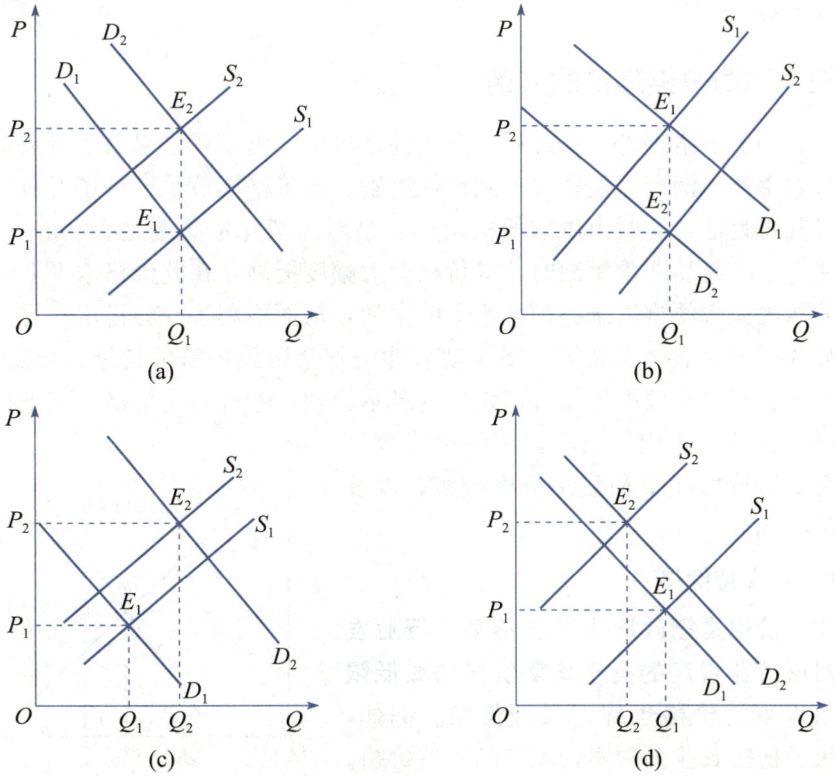

图 2-12　需求和供给反方向同时变动对价格的影响

显然，收入增加和地震、冰雹灾害同时发生对冰激凌市场的需求和供给均产生影响，会使需求增加，需求曲线向右移动，同时，会使供给减少，引起供给曲线向左移动，两条曲线移动的结果会形成新的均衡点，得到一个新的均衡价格和均衡数量，但是这种移动会引起三种可能的结果，这主要取决于供给曲线和需求曲线移动的相对大小。在这两种情况下，均衡价格上升，但均衡数量不能确定。若增加的幅度和减少的幅度一样大，则均衡数量不变，如图 2 - 12（a）所示。若需求大幅度增加，而供给减少很少，则均衡数量增加，如图 2 - 12（c）所示。若供给大幅度减少，而需求增加很少，则均衡数量减少，如图 2 - 12（d）所示。

二、供求定理

经济师考点

供求定理的内涵

从上述关于需求与供给变动对均衡的影响分析可以得出**供求定理**的基本内容，即在其他条件不变的情况下：（1）需求变动分别引起均衡价格和均衡数量同方向变动。即需求增加，均衡价格提高，均衡数量增加；需求减少，均衡价格下降，均衡数量减少。（2）供给变动分别引起均衡价格反方向变动和均衡数量同方向变动。即供给增加，均衡价格下降，均衡数量增加；供给减少，均衡价格上升，均衡数量减少。（3）需求和供给同时增加或同时减少引起均衡数量同方向同时变动，而均衡价格则有上升、不变和下降之分。（4）需求和供给反方向同时变动，根据各自变动幅度的不同，均衡价格和均衡数量有上升、不变和下降之分。

三、均衡价格理论的应用

均衡价格理论的应用

根据均衡价格理论，在纯粹的竞争性市场中，由市场供求关系所决定的价格调节着生产与消费，使资源得到最优配置。但价格调节是在市场上自发进行的，有其盲目性，有时由供求所决定的价格对经济并不一定是有利的。例如，当某些生活必需品严重短缺时，其价格会大幅度提高，在此价格水平上收入水平低的居民家庭便难以维持最低水平的生活，从而不利于社会稳定。另外，像农产品这样的生活必需品的价格波动会冲击整个国民经济的持续、稳定发展。因此，政府有必要根据均衡价格理论的基本原理，通过制定价格政策来抵消这些市场机制的负作用，政府常用的价格政策主要有支持价格政策和限制价格政策，以及进行税收调节。

（一）支持价格

经济师考点

均衡价格理论的应用

支持价格是指政府为了支持某一行业发展而对该行业规定的高于均衡价格的最低限价，所以支持价格也称为最低价格。例如，政府为了扶持农业，常实行农产品支持价格。支持价格所产生的后果可用图 2 - 13 来表示。

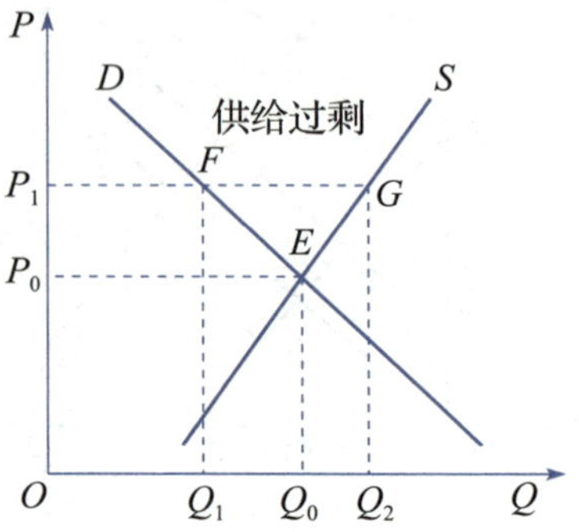

图 2 - 13　支持价格

从图 2-13 可以看到，该商品市场的均衡价格为 P_0，均衡数量为 Q_0，实行支持价格 P_1 后，由于 $P_1>P_0$，这时市场需求量为 Q_1，市场供给量为 Q_2，由于 $Q_2>Q_1$，即供给量大于需求量，产品出现过剩，其过剩量为 Q_2-Q_1，即 FG。为维持支持价格，这些过剩商品不能在市场上卖掉。此时，政府可采取的措施有两种：

一是政府收购过剩商品，或用于储备，或用于出口。在出口受阻的情况下，收购过剩商品必然会增加政府财政支出。

二是政府对该商品的生产实行产量控制，规定将生产的数量控制在 Q_1，使供求平衡，并对减少产量的生产者进行补贴。

（二）限制价格

限制价格是指政府为了限制某些物品价格的上涨而规定的低于市场均衡价格的最高价格。其目的是稳定经济生活和社会秩序。限制价格政策一般在战争或灾荒年使用，如对生活必需品实行限制政策，可以保护消费者利益，安定民心。限制价格所产生的后果可用图 2-14 表示。

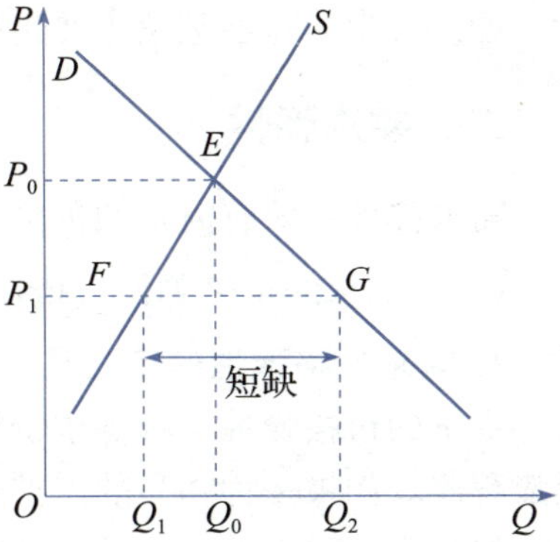

图 2-14 限制价格

从图 2-14 可以看到，该商品市场的均衡价格为 P_0，均衡数量为 Q_0，实行限制价格 P_1 后，由于 $P_1<P_0$，市场价格下跌，这时市场需求量为 Q_2，市场供给量为 Q_1，由于 $Q_2>Q_1$，即供给量小于需求量，该产品出现短缺，其短缺量为 Q_2-Q_1，即 FG。为了维持限制价格，解决商品短缺，政府一般采取配给制，发放购物券。

但配给制只能适应于短时期内的特殊情况，长期将引起严重的不利后果。这主要表现在：第一，价格水平低不利于刺激生产，从而会使产品长期存在短缺现象；第二，价格水平低不利于抑制消费，从而会在资源缺乏的同时又造成严重的浪费；第三，配给制会产生黑市交易、寻租活动，从而引起社会风尚败坏。

正因为上述原因，一般经济学家都反对长期采用限制价格政策，一般只在特殊时期迫不得已而用之。

经济师考点

均衡价格模型的应用

任务四 掌握弹性理论

一、弹性的一般概念

弹性（Elasticity）是因变量的相对变动对于自变量的相对变化的反应程

度。经济学中的弹性是指经济变量之间存在函数关系时，因变量对自变量变动的反应程度，是衡量买者与卖者对市场条件变动反应大小的指标。其大小可以用两个变量变动的百分比之比即弹性系数来表示。即：

$$\text{弹性系数}=\frac{\text{因变量变动的百分比}}{\text{自变量变动的百分比}}=\frac{\dfrac{\text{变动后的因变量}-\text{变动前的因变量}}{\text{变动前的因变量}}\times 100\%}{\dfrac{\text{变动后的自变量}-\text{变动前的自变量}}{\text{变动前的自变量}}\times 100\%}$$

经济学中的弹性理论主要包括需求弹性和供给弹性。

二、需求弹性

需求的价格弹性及分类

需求弹性主要有需求的价格弹性、收入弹性和交叉弹性三种类型。

（一）需求的价格弹性（Price Elasticity of Demand）

1. 需求价格弹性的定义及计算方法

经济师考点

需求价格弹性的定义及计算方法

需求的价格弹性又称需求价格弹性，是指一种商品需求量对其价格变动的反应程度。如果一种物品的需求量对价格变动的反应大，可以说这种物品的需求价格是富有弹性的。如果一种物品的需求量对价格变动的反应小，可以说这种物品的需求价格是缺乏弹性的。

经济学家用需求量变动的百分比除以价格变动的百分比来计算需求价格弹性系数。这就是：

$$\text{需求价格弹性系数}(E_d)=\frac{\text{需求量变动的百分比}}{\text{价格变动的百分比}}=\frac{\dfrac{\text{变动后的需求量}-\text{变动前的需求量}}{\text{变动前的需求量}}\times 100\%}{\dfrac{\text{变动后的价格}-\text{变动前的价格}}{\text{变动前的价格}}\times 100\%}=\frac{\Delta Q_d/Q_d}{\Delta P/P}$$

例如，假定冰激凌的价格从 2 元上升到 2.2 元，使你购买的冰激凌从每月 10 个减少为 8 个。我们计算出的需求价格弹性系数是：

$$\text{需求价格弹性系数}(E_d)=\frac{(8-10)\div 10\times 100\%}{(2.2-2)\div 2\times 100\%}=-\frac{20\%}{10\%}=-2$$

在这个例子中，需求价格弹性系数是－2，反映了需求量变动的比例是价格变动比例的两倍。由于一种物品的需求量与其价格负相关，所以，数量变动的百分比与价格变动的百分比符号总是相反的。在这个例子中，价格变动的百分比是正的 10%（反映了上升），而需求量变动的百分比是负的 20%（反映了减少）。由于这个原因，需求价格弹性系数一般为负数。在本书中，我们遵循一般做法取绝对值，需求价格弹性的绝对值越大，意味着需求量对价格越敏感。

经济师考点

需求价格弹性的类型

2. 需求价格弹性的五种类型

不同商品的需求价格弹性系数是不同的，同一商品在不同价格范围，其需求价格弹性也不一样。根据商品需求价格弹性系数的大小，将需求价格弹性分为五种类型。

（1）$E_d>1$，需求价格富有弹性。它表示需求量变动的比率大于价格变动的比率，则需求价格弹性系数大于 1，需求价格是富有弹性的。比如说，价格上升 10%使得需求量下降 20%（$E_d=2$）。日常生活的奢侈品（汽车、旅游等）与享受性劳务多属于这一类。需求价格富有弹性的商品，其需求曲线比较平坦，如图 2－15（a）所示。

（2）$E_d<1$，需求价格缺乏弹性。它表示需求量变动的比率小于价格变动的比率，则需求价格弹性系数小于 1，需求价格是缺乏弹性的。比如说，价格上升 10%使得需求量下降 4%（$E_d=0.4$）。日常生活的必需品如粮、油、盐等，石油、电等多数属于此类。需求价格缺乏弹性的商品，其需求曲线比较陡峭，如图 2－15（b）所示。

（3）$E_d=1$，需求价格单位弹性。它表示需求量变动的比率等于价格变动的比率，则需求价格弹性系数等于 1。比如说，价格上升 10%使得需求量下降 10%（$E_d=1$）。需求价格单位弹性的商品，其需求曲线为直角型双曲线，如图 2－15（c）所示。

（4）$E_d=\infty$，需求价格完全弹性。其需求曲线与横轴平行。它表示在既定价格水平下，需求量是无限的。如货币商品（黄金、白银等）。比如说，黄金价格为 420 元/克时，银行愿意购买销售者的全部产品，但是当价格为 423 元/克时则银行一件也不愿意买。价格变动很小的百分比导致需求量产生非常大的百分比变动（从全部购买变成一件也不买）。需求变动的百分比非常大，经济学家通常称之为“无穷大”，如图 2－15（d）所示。

（5）$E_d=0$，需求价格完全无弹性。其需求曲线是与纵轴平行的垂线。它表示无论价格怎样变化，需求量都不会变动，例如胰岛素、救心丸等，如图 2－15（e）所示。

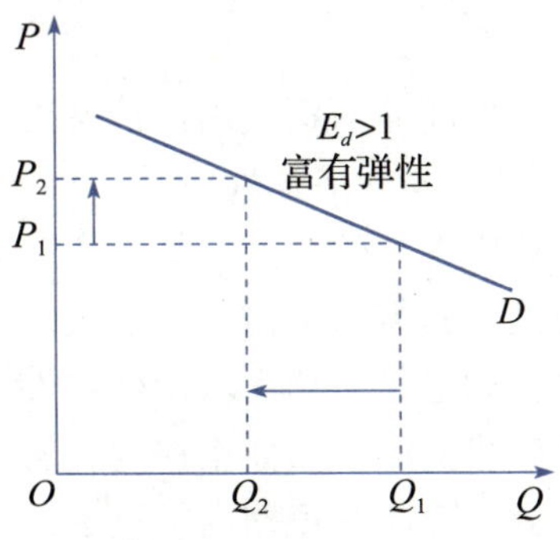

(a)富有弹性的需求：弹性系数大于1

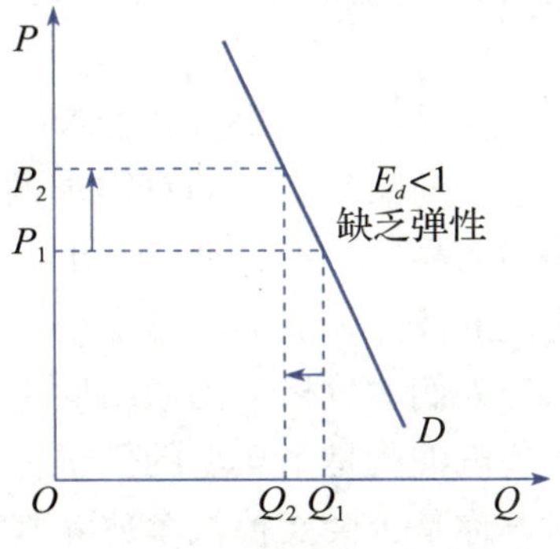

(b)缺乏弹性的需求：弹性系数小于1

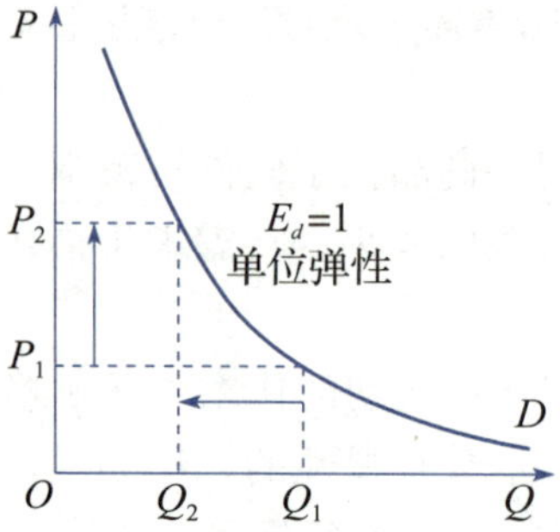

(c)单位弹性的需求：弹性系数等于1

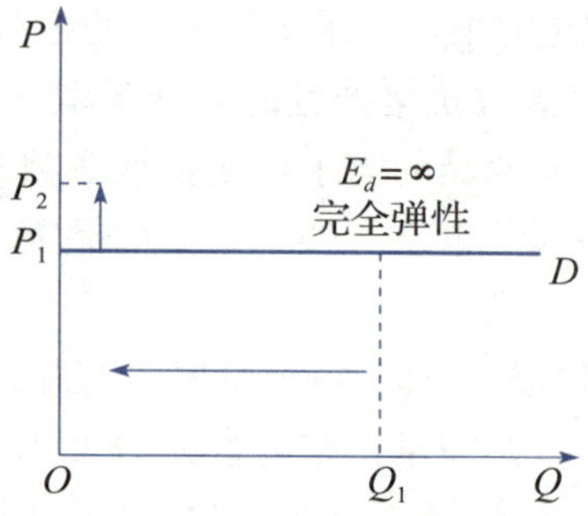

(d)完全弹性的需求：弹性系数无穷大

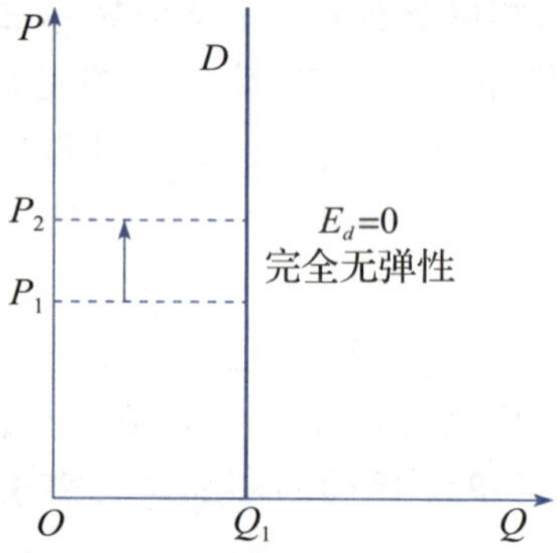

(e)完全无弹性的需求：弹性系数等于零

图 2－15　需求价格弹性的五种类型

3. 需求价格弹性的影响因素

需求价格弹性的大小主要取决于下列因素：

（1）消费者对商品的需求强度。一般而言，消费者对生活必需品的需求强度大，受价格变化的影响较小，因而需求价格弹性小；而消费者对奢侈品的需求强度小，受价格变化的影响较大，因而需求价格弹性大。

（2）商品的替代品数目和可替代程度。一般来说，一种商品的替代品越多，可替代程度越高，其需求价格弹性就越大。反之，则需求价格弹性越小。

（3）商品消费支出占消费者收入的比重。如果商品消费支出占消费者收入的比重小，商品价格变动对需求的影响就小，则需求价格弹性就小，如牙膏、盐之类的商品；反之，消费支出占消费者收入的比重大的商品，如汽车、高档珠宝之类的商品，商品价格变动对需求的影响大，其需求价格弹性也大。

（4）人们对价格变动做出反应时间的长短。这也是影响需求价格弹性的一个因素，汽油就是个典型的例子。当汽油价格突然上涨，而你正在驾驶着汽车旅行时，你是否会卖掉汽车放弃旅行？一般不会。因此在短期内，汽油的需求可能非常缺乏弹性。然而长期看，你可以根据汽油的较高价格调整自己的行为。你可以购买小型的节能型汽车、骑自行车、乘火车、搬到离工作单位较近的地方居住或与其他人共用汽车。对于许多物品来说，调整对其的消费模式意味着在长期内的需求价格弹性比短期内的高。

（5）商品用途的广泛性。一般来说，一种商品的用途越广，其需求价格弹性就越大；用途越窄，其需求价格弹性就越小。

此外，地域差别、消费习惯、商品质量、售后服务等因素也会影响需求的价格弹性。

4. 需求价格弹性与总收益的关系

经济师考点

需求价格弹性与总收益的关系

每逢节假日，我们看到商场里很多琳琅满目的商品都贴上打折的标签，不少商家希望通过降价促销来增加销售收入，这一做法是不是适用于所有商品呢？要想得到答案，需要了解需求价格弹性与总收益的关系。

总收益是指厂商出售一定量的商品所得到的全部收入，也就是商品销售量与其价格的乘积。其公式为：

$$TR=P\cdot Q$$

式中：TR——总收益；

P——价格；

Q——与需求量相一致的销售量。

假设需求量也就是销售量，不同的商品，其需求价格弹性不同，价格变动引起的销售量（需求量）的变动不同，从而总收益的变动也就不同。下面主要分析需求价格富有弹性的商品和需求价格缺乏弹性的商品，其价格变动与总收益变动的关系。

（1）需求价格富有弹性的商品，其价格变动与总收益变动的关系。

假定，电视机的需求价格富有弹性。如 $E_d=2$，每台电视机的价格为 2 000 元，销售量为 100 台，这时，总收益是：2 000 元×100 台＝200 000 元。

如果，每台电视机的价格从 2 000 元下降到 1 800 元，下降幅度为 10%。由于 $E_d=2$，销售量便会增加到 120 台［根据弹性系数公式求出需求量的变动率为 20%；$Q_2=Q_1\cdot(1+20\%)=120$ 台］。这时，总收益是：1 800 元/台×120 台＝216 000 元。

两相比较，后者虽然每台电视机的价格下降了，但总收益却增加了 16 000 元。

反过来看，如果电视机的价格提高 10%，那么，销售量会减少 20%。这时，总收益是：1 800 元/台×80 台＝144 000 元。

两相比较，虽然后者每台电视机的价格提高了，但由于需求价格富有弹性，导致需求量减少，以至于需求量减少的比例大于价格上升的比例，使总收益减少了 56 000 元。

结论：需求价格富有弹性的商品，它的价格与总收益呈反方向变动。价格上升，导致商品需求量减少，价格上升的比率小于需求量减少的比例，总收益减少；价格下降，导致商品需求量增加，商品需求量增加的比例大于价格下降的比例，总收益增加。这就是人们所说的，对于需求价格富有弹性的商品可以实行“薄利多销”的原因所在。“薄利多销”中的“薄利”就是降价，降价能“多销”，“多销”则会增加总收益。只有需求价格富有弹性的商品才能“薄利多销”。因为对于需求价格富有弹性的商品来说，当该商品的价格下降时，需求量（销售量）增加的幅度大于价格下降的幅度，所以总收益会增加。

（2）需求价格缺乏弹性的商品，其价格变动与总收益变动的关系。

应该指出的是，并不是任何降价都会增加销售量，从而增加总收益。

以面粉为例。假定，面粉的需求价格弹性系数为 $E_d=0.5$，面粉的价格为 2 元/千克，销售量为 100 千克。这时，总收益是：2 元/千克×100 千克＝200 元。

如果面粉的价格下降 10%，由于 $E_d=0.5$，销售量则上升 5%，即 105 千克［根据弹性公式计算出需求量的变动率为 5%；$Q_2=Q_1\cdot(1+5\%)=105$ 千克］。这时，总收益是：1.80 元/千克×105 千克＝189 元。

两相比较，虽然后者每千克面粉的价格下降了，但总收益并未增加，反而减少了 11 元。

反过来看，若每千克面粉的价格上升 10%，情况则是：销售量下降 5%。这时，总收益是：2.2 元/千克×95 千克＝209 元。

两相比较，虽然后者每千克面粉的价格上升了，但总收益并未减少，反而增加了 9 元。

结论：需求价格缺乏弹性的商品，它的价格与总收益呈同方向变动。价格下降，导致需求量增加，但需求量增加的比例小于价格下降的比例，总收益减少；价格上升，导致需求量减少，需求量减少的比例小于价格上升的比例，销售者的总收益增加。所以，对需求价格缺乏弹性的商品，厂商最好采取“限产涨价”的策略。

（二）需求的收入弹性（Income Elasticity of Demand）

1. 需求收入弹性的概念

经济师考点

需求收入弹性的概念和计算

需求的收入弹性又称需求收入弹性，用来衡量需求量对消费者收入变动的反应程度。需求收入弹性是需求量变动的百分比和收入变动的百分比之间的比值。需求收入弹性系数的一般表达式为：

$$\text{需求收入弹性系数}(E_m)=\frac{\text{需求量变动的百分比}}{\text{收入变动的百分比}}$$

$$=\frac{\dfrac{\text{变动后的需求量}-\text{变动前的需求量}}{\text{变动前的需求量}}\times 100\%}{\dfrac{\text{变动后的收入}-\text{变动前的收入}}{\text{变动前的收入}}\times 100\%}$$

$$=\frac{\Delta Q/Q}{\Delta I/I}$$

式中：E_m——需求收入弹性系数；

Q——需求量；

ΔQ——需求量的变动量；

I——收入；

ΔI——收入的变动量。

2. 正常品与劣等品需求收入弹性的区别

一般来讲，消费者的收入与需求量是同方向变动的，但也有的商品随消费者收入的增加而需求量减少，使需求的收入弹性系数出现正和负的差别，根据需求收入弹性数值的大小，可将商品分为**正常品**和**劣等品**两大类。

（1）正常品（Normal Goods）。如果某种商品的需求收入弹性系数为正值，即 $E_m>0$，表示随着收入的增加，消费者对此种商品的需求量增加，即需求量与收入呈同方向变动时，该商品称为正常品。其中正常品又分为两种，若需求量变动的百分比大于收入变动的百分比，则 $E_m>1$，这类商品称为奢侈品（富有弹性）。若收入变动时，需求量变动幅度较小，则 $0<E_m<1$，这类商品称为必需品（缺乏弹性）。

（2）劣等品（Inferior Goods）。如果某种商品的需求收入弹性系数是负值，即 $E_m<0$，表示随着收入水平的提高，消费者对此种商品的需求量反而下降，该商品称为劣等品。需要进一步指出的是：不同商品在一定的收入范围内具有不同的需求收入弹性，同一商品在不同的收入范围内也具有不同的需求收入弹性。需求收入弹性并不取决于商品本身的属性，而取决于消费者购买时的收入水平。

（三）需求的交叉弹性（Cross-elasticity of Demand）

需求的交叉弹性是需求的交叉价格弹性的简称，它是指一种商品的需求量对另一种商品的价格变动的反应程度，其弹性系数是一种商品需求量变动的百分比与另一种商品价格变动的百分比之间的比值。即：

经济师考点

需求交叉弹性的含义和计算

$$E_{XY}=\frac{\text{商品 X 的需求量变动的百分比}}{\text{商品 Y 价格变动的百分比}}$$

$$=\frac{\dfrac{\text{变动后的商品 X 的需求量}-\text{变动前的商品 X 的需求量}}{\text{变动前的商品 X 的需求量}}\times 100\%}{\dfrac{\text{变动后的商品 Y 的价格}-\text{变动前的商品 Y 的价格}}{\text{变动前的商品 Y 的价格}}\times 100\%}$$

$$=\frac{\Delta Q_X/Q_X}{\Delta P_Y/P_Y}\times 100\%=\frac{\Delta Q_X}{\Delta P_Y}\cdot\frac{P_Y}{Q_X}\times 100\%$$

式中以 E_{XY} 表示需求的交叉弹性系数，Q_X 和 ΔQ_X 分别表示 X 商品的需求量和需求量的改变量；P_Y 和 ΔP_Y 分别表示 Y 商品的价格和价格的变动量。

需求的交叉弹性系数可以是正值，也可以是负值，它取决于商品间关系的性质，即两种商品是互替品还是互补品，并由此可通过需求的交叉弹性系数来度量商品之间关系的密切程度。

（1）替代品。如果商品 X、Y 的需求交叉弹性系数是正值，即 $E_{XY}>0$，表示随着 Y 商品价格的提高（降低），X 商品的需求量也增加（减少），则 X、Y 商品之间存在替代关系，为互替品。其弹性系数越大，替代性就越强。

（2）互补品。如果商品 X、Y 的需求交叉弹性系数是负值，即 $E_{XY}<0$，表示随着 Y 商品价格的提高（降低），X 商品的需求量减少（增加），则 X、Y 商品之间存在互补关系，为互补品。其弹性系数越大，互补性就越强。

（3）独立品。如果商品 X、Y 的需求交叉弹性系数为零，即 $E_{XY}=0$，则说明 X 商品的需求量并不随 Y 商品的价格变动而发生变动，X、Y 商品既非替代品亦非互补品，它们之间没有一定的相关性，是相对独立的两种商品。

供给价格弹性

三、供给弹性

（一）供给价格弹性的概念及计算公式

供给价格弹性用来衡量供给量对价格变动的反应程度。如果供给量对价格变动的反应很大，可以说这种物品的供给是富有弹性的；如果供给量对价格变动的反应很小，可以说这种物品的供给是缺乏弹性的。

经济师考点

供给价格弹性的概念及计算公式

经济学家用供给量变动百分比除以价格变动百分比来计算供给价格弹性系数。这就是：

$$供给价格弹性系数(E_S)=\frac{供给量变动的百分比}{价格变动的百分比}=\frac{\dfrac{变动后的供给量-变动前的供给量}{变动前的供给量}\times 100\%}{\dfrac{变动后的价格-变动前的价格}{变动前的价格}\times 100\%}=\frac{\Delta Q_S/Q_S}{\Delta P/P}\times 100\%$$

式中 E_S 表示供给价格弹性系数，Q_S 和 ΔQ_S 分别代表供给量和供给量的变动量。P 和 ΔP 分别代表价格和价格的变动量。

例如，假设每千克牛奶的价格从 3 元上升到 3.3 元，牧场主每月生产的牛奶量从 1 万千克增加到 1.15 万千克。在这种情况下，供给价格弹性系数是：

$$供给价格弹性系数=\frac{(1.15-1)\div 1\times 100\%}{(3.3-3)\div 3\times 100\%}=\frac{15\%}{10\%}=1.5$$

在这个例子中，供给价格弹性系数为 1.5，大于 1，它反映了供给量变动的比例大于价格变动这一事实。

很容易看出，供给价格弹性的定义与需求价格弹性的定义是相通的。唯一的差别在于：对于供给而言，数量对价格的反应是正的，而对于需求而言，数量对价格的反应是负的。

（二）供给价格弹性的分类

根据供给价格弹性系数的大小，供给价格弹性分为五种类型。

（1）$E_S>1$，表示供给价格富有弹性，是指一种商品供给量变动的百分比大于供给价格变动的百分比。例如图书、汽车和电视机这类制成品的供给价格就富有弹性，供给曲线相对平缓，如图 2-16（a）所示。

（2）$E_S<1$，表示供给价格缺乏弹性，是指一种商品供给量变动的百分比小于供给价格变动的百分比。如资本技术密集型产品、土地等的供给价格就缺乏弹性，供给曲线相对陡峭，如图 2-16（b）所示。

（3）$E_S=1$，表示供给价格单位弹性，是指一种商品供给量变动的百分比等于供给价格变动的百分比，如图 2-16（c）所示。

（4）$E_S=\infty$，表示供给价格完全弹性。价格上升很小，就引起供给量上升无穷。价格弹性等于无穷大，在这种情况下，供给曲线是水平的，如图 2-16（d）所示。

（5）$E_S=0$，表示供给价格完全无弹性，是指一种商品的价格无论如何变化，供给量总是不变的，如一些无法复制的珍贵名画，供给曲线是一条垂线，如图 2-16（e）所示。

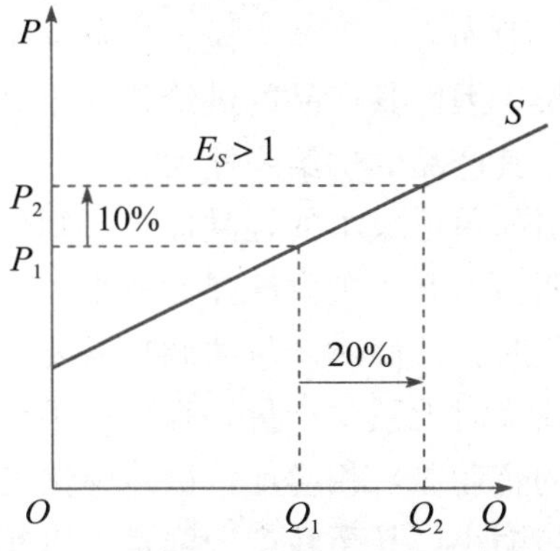

(a)富有弹性的供给：弹性系数大于1

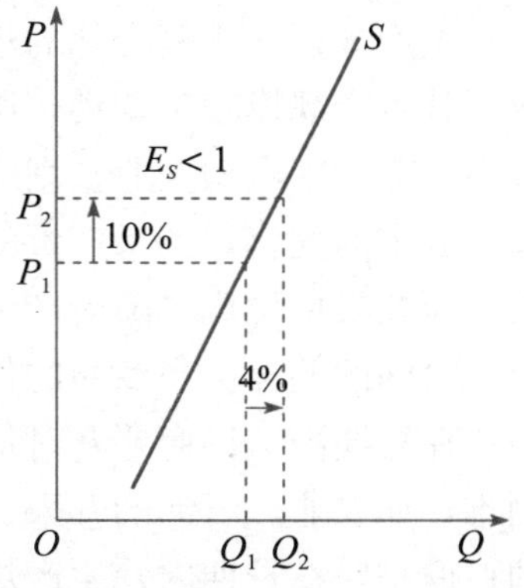

(b)缺乏弹性的供给：弹性系数小于1

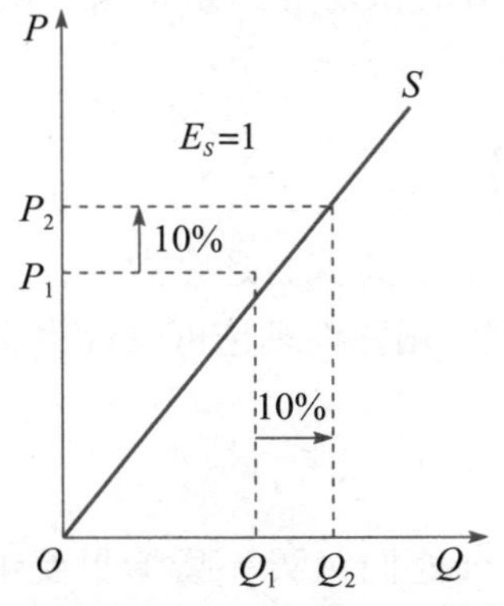

(c)单位弹性的供给：弹性系数等于1

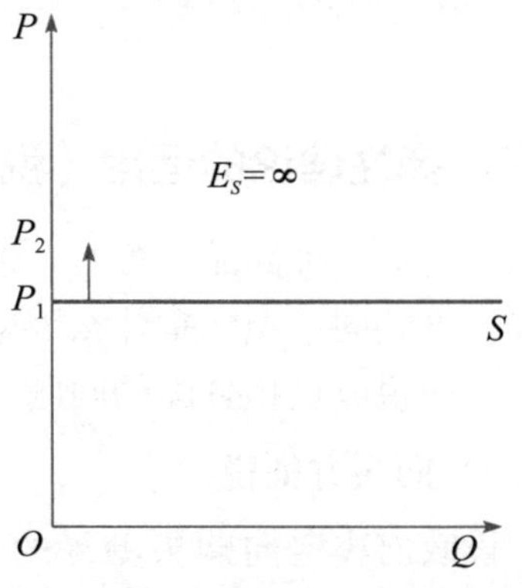

(d)完全弹性的供给：弹性系数无限大

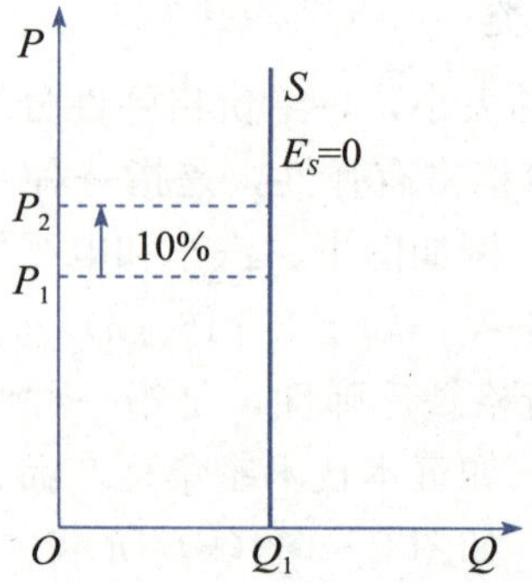

(e)完全无弹性的供给：弹性系数等于0

图 2－16　供给价格弹性的五种类型

（三）影响供给价格弹性的因素

供给价格弹性的大小主要受下列因素的影响：

（1）生产的难易程度。一般而言，在一定时期内，容易生产的产品，当价格发生变动时，其产量变动的速度快，因而供给弹性大；较难生产的产品，则供给弹性小。

（2）生产规模和规模变化的难易程度。一般而言，生产规模大的资本密集型企业，其生产规模较难变动，调整的周期长，因而其产品的供给弹性小；而规模较小的劳动密集型企业，则应变能力强，其产品的供给弹性大。

（3）成本的变化。如果产量的提高，只引起单位成本的轻微提高，则供给弹性大；而如果单位成本随着产量的提高而明显上升，则供给弹性就小。

（4）时间的差异。当商品的价格发生变化时，厂商对产量的调整需要一定的时间。在短期内，厂商要及时地增加产量或及时地减少产量，都存在不同程度的困难，如农业、石油的开采、规模巨大的企业等，相应地，供给弹性是比较小的；但是，在长期内，生产规模的扩大与缩小，甚至转产，都是可以实现的，供给量可以对价格变动做出较充分的反应，供给弹性就比较大。

除以上因素外，厂商生产能力、对未来价格的预期等因素都会影响供给弹性。

四、弹性理论的运用（税收归宿问题）

当政府对一种商品征税时，谁来承担税收负担？是买方还是卖方？或者是买方和卖方共同承担？是什么因素决定税收负担？用弹性理论可以说明这一税收归宿——税收负担分配的问题。

（一）向买方征税

假设政府决定向购买糖果的买方征税，要求他们每买一袋糖果要纳税 1 元，这项政策将会怎样影响糖果市场的均衡呢？

首先，政府向买方征税，税收最初影响需求，需求曲线向左移动，移动距离等于每单位物品的征税量。供给曲线并不受影响，因为在任何一种既定的价格水平下，卖方愿意且能够向市场提供的产品数量都在这条供给线上，如图 2－17 所示。

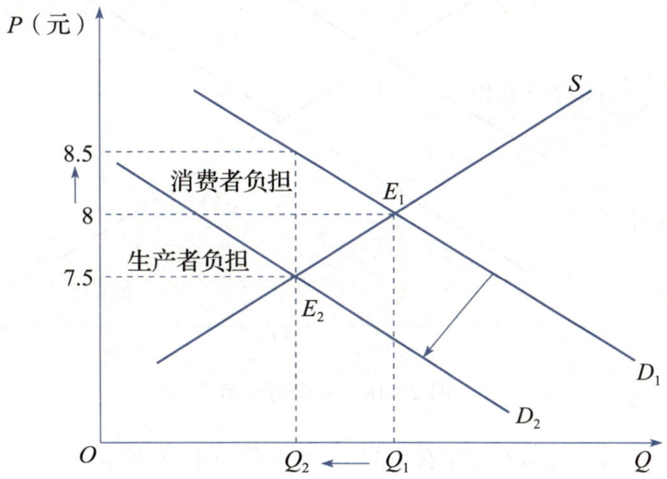

图 2－17　对买方征税

在图 2－17 中，假设在征税之前均衡价格和糖果的销售量分别是 8 元和 Q_1。对每一袋糖果征税使得需求曲线从 D_1 左移到 D_2。两条需求曲线之间的垂直距离表示每袋糖征税 1 元。

新的均衡点处的价格为 7.5 元，产量为 Q_2，买方为每袋糖支付的价格为 8.5 元（征税之后），而缴税之前则为 8 元。新旧价格之间差异就是买方对于 1 元的税收所支付的数量。在本例中，买方为 1 元的税收支付了 0.5 元，或者说支付了一半。

卖方从买方获得的每袋糖价格为 7.5 元（征税之后），而纳税之前则为 8 元。8 元和 7.5 元之间的差额就是卖方所支付的税额。在本例中，卖方承担了 1 元税收中的 0.5 元，或者说承担了一半。

总之，通过这种分析得出了以下两个结论：

（1）税收抑制了市场活动。当对一种物品征税时，该物品在新的均衡点的销售量减少了。

（2）买方与卖方分摊了税收负担。在达到新的均衡点时，买方和卖方均摊了税收负担。

（二）向卖方征税

政府为了取得一定的财政收入或想抑制某些产品的大量生产，通常采用向生产者征税的办法。政府向生产者征税，厂商将税额列入成本，而成本的增加将引起厂商供给曲线的向左移动。

假设政府对糖果的卖方征税。每卖出一袋糖果就要纳税 1 元。政府的这一行为改变了糖果市场的均衡，如图 2－18 所示。

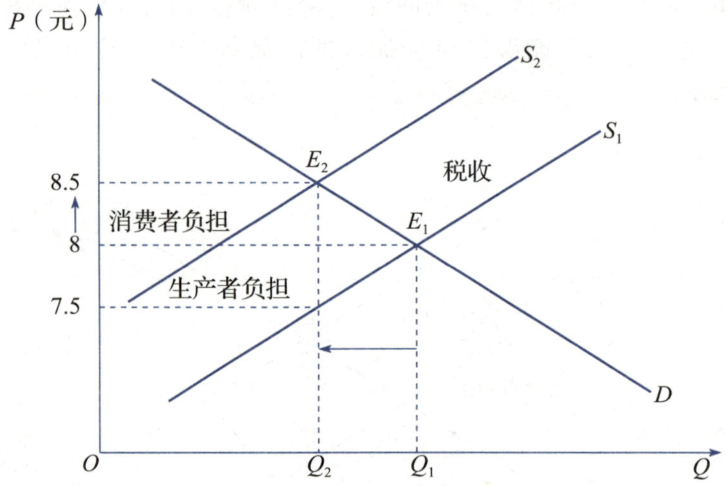

图 2-18 对卖方征税

在图 2-18 中，假设在征税之前均衡价格和糖果的销售量分别是 8 元和 Q_1。对每袋糖果征税使得供给曲线从 S_1 左移到 S_2。两条供给曲线之间的垂直距离表示每袋糖征税 1 元。

新的均衡点处的价格为 8.5 元，产量为 Q_2，买方为每袋糖果支付的价格为 8.5 元（征税之后），而缴税之前则为 8 元。新旧价格之间差异就是买方对于 1 元的税收所支付的数量。在本例中，买方为 1 元的税收支付了 0.5 元。

卖方从买方获得的每袋糖果价格为 8.5 元（纳税之后），而纳税之前为 8 元。卖方在缴纳了 1 元的税后，只有 7.5 元了。8 元和 7.5 元之间的差额就是卖方所支付的税额。在本例中，卖方承担了 1 元税收中的 0.5 元。

我们得出结论，全部税收都由卖方缴纳，但是卖方实际只承担其中的一半。由此我们可以得出什么结论？政府能够对买卖的任何一方征税，但是谁真正承担税收则由供给和需求规律——需求价格弹性和供给价格弹性决定。

（三）弹性与税收归宿

当对一种物品征税时，该物品的买方与卖方分摊税收负担。但税收负担如何确切地划分呢？实际上，只有极少数情况是平均分摊的。为了说明税收负担如何划分，考虑图 2-19 中两个市场的税收影响。在这两种情况下，该图表示了最初的需求曲线、最初的供给曲线和打入买方支付的量与卖方得到的量之间的楔子。（在该图的哪一幅中都没有画出新的供给曲线和需求曲线。哪一条曲线移动取决于政府向买方征收还是向卖方征收税收，这与税收归宿无关。）这两幅图的差别是供给和需求的相对弹性。

图 2-19（a）表明供给非常有弹性而需求较为缺乏弹性市场上的税收。这就是说，卖方对某种物品的价格非常敏感（因此，供给曲线较为平坦），而买方非常不敏感（因此，需求曲线较为陡峭）。当对有这种弹性的市场征税时，

卖方得到的价格并没有下降多少，因此，卖方只承担了一部分税收负担。与此相比，买方支付的价格大幅度上升，表示买方承担了大部分税收负担。

图 2-19（b）表示供给较为缺乏弹性而需求非常富有弹性的市场上的税收。在这种情况下，卖方对价格不十分敏感（供给曲线较为陡峭），而买方非常敏感（需求曲线较为平坦）。该图表示，当征收税收时，买方支付的价格上升并不多，而卖方得到的价格大幅度下降。因此，卖方承担了大部分税收负担。

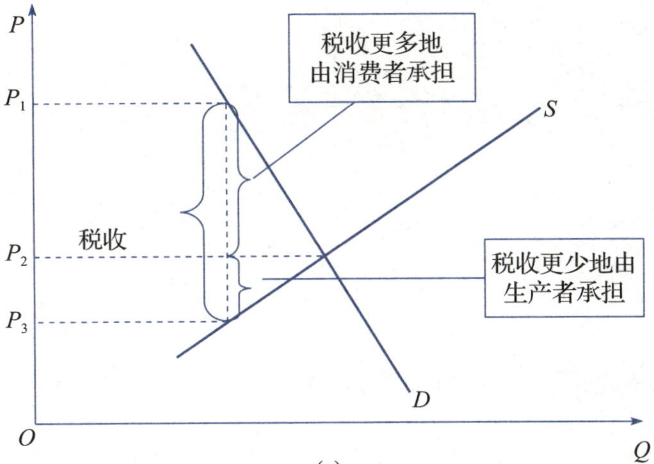

(a)

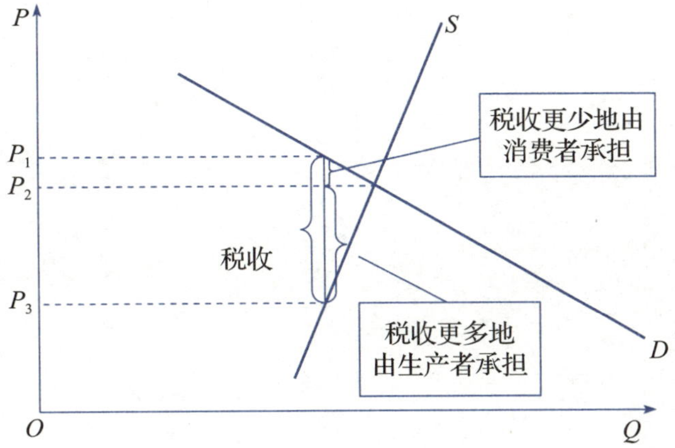

(b)

图 2-19 两个市场的税收影响

图 2-19 的两幅图说明了一个关于税收负担划分的一般结论：税收负担更多地落在缺乏弹性的市场一方身上。如果某种产品的需求价格弹性大于供给价格弹性，税收主要由生产者负担，商品的需求价格弹性越大，生产者负担的比例就越高。如果需求价格有无限弹性，消费者的税收负担则为零。反之，如果商品需求价格弹性越小，消费者负担的比例就越大。如果需求价格弹性为零，则税额完全转嫁给消费者。商品的供给价格弹性越大，生产者负担的税收比例就越小。供给价格弹性越小，生产者负担的税收比例就越大。如果商品的需求

拓展阅读
坚持以供给侧结构性改革为主线

价格弹性和供给价格弹性相等，则税收由生产者和消费者均摊。

即测即评

扫一扫 练一练

项目三

熟悉消费者行为理论

素养目标： 为学生理解个体及市场需求曲线提供扎实的微观理论基础，鼓励学生培养健康、正确、积极、良性的消费观念，为构建以国内大循环为主体、国内国际双循环相互促进的新发展格局助力。

知识目标

1. 了解效用、总效用和边际效用的经济学含义及相互关系；
2. 理解边际效用递减规律的实质；
3. 理解边际替代率递减规律的含义；
4. 掌握基数效用论的消费者均衡和消费者剩余；
5. 学会分析无差异曲线。

技能目标

培养学生运用边际效用递减规律分析企业的创新决策和商家促销手段等经济理论根据。

知识图谱

- 消费者行为理论
  - 基数效用理论
    - 总效用与边际效用
    - 边际效用递减规律
    - 消费者均衡
    - 消费者剩余
  - 序数效用理论
    - 无差异曲线
    - 消费者预算线
    - 消费者的最优选择
    - 恩格尔定律、恩格尔系数
    - 替代效用与收入效用
  - 消费者行为理论的应用
    - 培养消费者偏好
    - 创新产品和服务

项目导读

为什么水要比钻石便宜?

200 多年以前，亚当·斯密在《国富论》中提出了价值悖论：“没有什么能比水更有用，然而水很少能交换到任何东西。相反，钻石几乎没有任何使用价值，但却经常可以交换到大量的其他物品。”换句话说，为什么对生活如此必不可少的水几乎没有价值，而只能用作装饰的钻石却标注高昂的价格？现在，我们将从经济学的角度解释这一悖论，并探索如何实现效用最大化。

在度量效用的问题上，西方经济学家先后提出了基数效用和序数效用的概念。在此基础上，形成了分析消费者行为的两种方法：基数效用论的边际效用分析法和序数效用论的无差异曲线分析法。两种效用理论的区别如表 3－1 所示。

表 3－1　两种效用理论的区别

效用理论类型	主要观点	时间	经济学家代表	分析工具
基数效用论	效用可计量	19 世纪末 20 世纪初	马歇尔	边际效用
序数效用论	效用可比较	20 世纪 30 年代	希克斯	无差异曲线

任务一　了解基数效用理论

一、效用、总效用与边际效用

（一）效用的含义及特点

效用（Utility）是指从某一商品的消费中我们自己得到的满足感、幸福感。效用具有主观性和相对性两个特征：

（1）主观性是一种心理感觉，完全取决于消费者本人的感觉。例如：“萝卜白菜，各有所爱”“甲之砒霜，乙之佳肴”。由此可知，效用是一种主观体验和评价。

（2）相对性是指效用带来的满足感、幸福感因人、因地、因时而异，且只能自我比较，难以相互比较。例如：“渴时一杯胜甘露，醉时添杯聊胜无。”

（二）效用的度量方法

基数效用论的基本观点是效用的大小像物体的轻重及长短一样，是可以用基数（1，2，3…）来衡量并加总求和的，消费者可以说出从消费某种产品中得到的满足是多少效用单位。采用的分析方法为边际效用分析法。

（三）效用的度量指标

消费者消费某种商品获得满足程度的高低主要通过总效用和边际效用这两个指标来衡量。

总效用（Total Utility，TU）是指消费者在一定时间内，从一定数量商品的消费中所得到的效用量的总和。

边际效用（Marginal Utility，MU）是指消费者在一定时间内，每增加一个单位商品的消费所得到的效用量的增量。边际的含义是增量，指自变量增加所引起的因变量的增加量。

1. 总效用和边际效用的关系

让我们举例说明总效用和边际效用的关系。假设有一位群众演员，为了演好角色，他根据导演要求连续吃了 7 碗面条。每碗面条给人的感受都不一样，分别将 7 碗面条带给人的感受打分作为边际效用。演员吃第一碗面条时，非常饥饿，感觉非常好，这时第一碗面条给他带来的效用最大，边际效用为 8 个单位，总效用也是 8 个单位；当演员吃第二碗面条时，他感觉很好，这时第二碗面条给他带来的效用稍降，边际效用为 6 个单位，总效用增至 14 个单位；当演员吃第三碗面条时，他感觉还好，这时第三碗面条给他带来的边际效用为 3 个单位，总效用增至 17 个单位；当演员吃第四碗面条时，他感觉也还不错，这时第四碗面条给他带来的边际效用为 2 个单位，总效用为 19 个单位；当演员吃第五碗面条时，他感觉只是可以，这时第五碗面条给他带来的边际效用为 1 个单位，总效用为 20 个单位；当演员吃第六碗面条时，他感觉不想吃了，这时第六碗面条给他带来的边际效用为 0 个单位，总效用还是 20 个单位；当演员吃第七碗面条时，他感觉胃非常难受，这时第七碗面条给他带来的边际效用为−1 个单位，总效用下降至 19 个单位。面条带来的总效用和边际效用如表 3－2 所示。

表 3－2　面条带来的总效用与边际效用

面条的消费量/碗	总效用	边际效用
1	8	8（8−0）
2	14	6（14−8）
3	17	3（17−14）
4	19	2（19−17）
5	20	1（20−19）
6	20	0（20−20）
7	19	−1（19−20）

根据表 3－2 可以绘出总效用曲线和边际效用曲线，如图 3－1 所示。

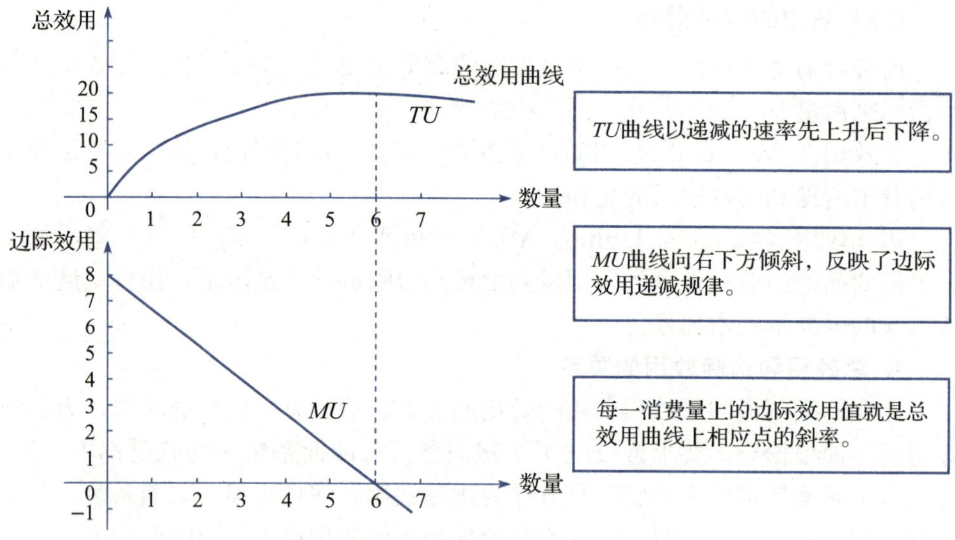

图 3－1　总效用曲线和边际效用曲线

从表 3－2 和图 3－1 可以看到，总效用和边际效用的关系：当边际效用为正数时，总效用递增（当 $MU>0$ 时，TU 上升）；当边际效用为零时，总效用最大（当 $MU=0$ 时，TU 达到最大）；当边际效用为负数时，总效用递减（当 $MU<0$ 时，TU 下降）；总效用为边际效用之和。

2. 边际效用递减规律

在一定时间内，在其他商品的消费数量保持不变的条件下，一个人消费一种产品的边际效用，随其消费量的增加而减少，这一倾向称作边际效用递减规律。边际效用递减规律可以用以下两个理由来解释：

第一，生理或心理的原因。随着相同消费品的连续增加，从人的生理或心理的角度讲，从每一单位消费品中所感受到的满足程度和对重复刺激的反应程度是递减的，因此边际效用是递减的。

第二，物品本身用途的多样性。当一种商品具有几种用途时，消费者总是将第一单位的消费品用在最重要的用途上，第二单位的消费品用在次重要的用途上，等等。这样，消费品的边际效用随着消费品用途重要性的递减而递减。例如，在仅有少量饮用水的情况下（如在沙漠或航海中），人们十分珍惜地饮用，以维持生命，水的边际效用很大。随着水量的增加，除满足饮用外，还可以用来洗脸、洗澡和洗衣，水的重要性相对降低，边际效用相应减小。

通过演员吃面条这个例子，我们可以理解边际效用递减规律具有如下特征：

（1）边际效用的大小与欲望的强弱呈正向变动。

（2）边际效用的大小与消费量的多少呈反向变动。

（3）边际效用是特定时间内的效用。由于欲望具有再生性、反复性，因此边际效用也具有时间性。

（4）边际效用是决定产品价值的主观标准。边际效用价值论认为，商品的价格，不取决于总效用，而是取决于边际效用。消费数量少，边际效用高，需求价值高；消费数量多，边际效用低，需求价值低。

在日常生活中，人们对水的消费数量很多，由于边际效用递减规律，因此消费最后一单位水的边际效用很低，又因为商品的价格取决于商品的边际效用，所以水的价格很低。反之，生活中人们对钻石的消费数量很少，则消费最后一单位钻石的边际效用高，所以钻石的价格高。这就解释了本项目导读中为什么水要比钻石便宜这个问题。

二、消费者均衡——效用最大化原则

消费者均衡的含义是消费者在收入既定、价格既定的条件下，实现效用最大化。实现消费者均衡，就要求消费者把有限的收入分配在自己所需要的各种物品的购买与消费上，并且这种购买组合能使自己得到最大满足。一旦达到效用最大化，消费者就不会再改变这种购买组合，即不会增加也不会减少其中某种商品的购买量，他会一直保持这种状态，这种状态就是消费者均衡。

消费者均衡——效用最大化原则

（一）消费者均衡的条件

用边际效用分析法说明如何实现消费者均衡，其条件是：消费者用全部收入所购买的商品量所带来的边际效用，与为购买这些商品所支付的价格比例相等（或者说每 1 单位货币所得到的边际效用相等）。

消费者均衡条件的公式表达：

$$P_XQ_X+P_YQ_Y=I \tag{3.1}$$

$$\frac{MU_X}{P_X}=\frac{MU_Y}{P_Y}=\lambda \tag{3.2}$$

消费者均衡公式的含义如下：

式（3.1）为限制条件，说明当收入既定时，购买全部商品的支出要等于全部收入。支出大于收入，购买不能实现；支出小于收大，不能实现最大效用。

式（3.2）为实现条件，说明每 1 单位货币不论用于购买哪种商品，所得到的边际效用都相等。

【课堂练习】

张三有 100 元，假设张三用以购买 X 和 Y 两种商品，X 和 Y 商品的价格分别为 10 元、50 元，两种商品的边际效用见表 3-3。试分析：

（1）张三如何购买 X 和 Y 商品才能达到均衡？

（2）达到均衡时，张三得到的最大效用是多少？

表 3-3 张三购买 X 和 Y 商品的边际效用

商品单位/件	1	2	3	4	5	6
X 的边际效用	20	18	16	13	10	6
Y 的边际效用	50	45	40	35	30	25

解：（1）由题意可知，

$$\begin{cases}10X+50Y=100\\ \dfrac{MU_X}{MU_Y}=\dfrac{P_X}{P_Y}=\dfrac{1}{5}\end{cases}$$

从表 3-3 中可知，满足$\dfrac{MU_X}{MU_Y}=\dfrac{1}{5}$的有两组（10，50）、（6，30），即 X、Y 的商品组合为（5，1）或（6，5），而同时满足 $10X+50Y=100$ 的组合只有（5，1），所以张三购买 5 个 X 商品和 1 个 Y 商品时达到消费者均衡。

（2）消费者达到均衡时的总效应达到最大化。本题中，张三得到的最大效用为：

$$TU=20+18+16+13+10+50=127$$

（二）需求曲线的推导

商品的需求价格是指消费者在一定时期内对一定量的某种商品所愿意支付的最高价格。基数效用论者认为，商品的需求价格取决于商品的边际效用。由于商品的边际效用总是递减的，因此，在其他条件不变的情况下，随着商品消费量的连续增加，消费者为购买这种商品所愿意支付的最高价格即商品的需求价格也是下降的。据此，基数效用论者推导出了向右下方倾斜的需求曲线（见图 3-2）。

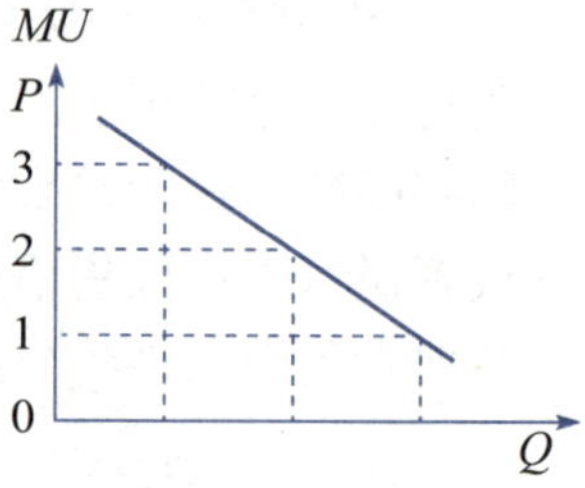

图 3-2　需求曲线

（三）消费者剩余

消费者剩余这个概念是 19 世纪末 20 世纪初英国经济学家 A. 马歇尔提出的。消费者剩余是消费者愿意对某种商品支付的价格与他实际所支付的价格的差额。例如，某人购买第一瓶矿泉水时，他愿意为此支付 10 元，而市场的实际价格为 2 元，他由此获得了 8 元的消费者剩余。由于边际效用递减，随着他购买和消费矿泉水的数量的增加，他愿意支付的价格在递减，分别为 8 元、6 元、4 元、2 元，对应的消费者剩余为 6 元、4 元、2 元、0 元，如表 3-4 所示。若用图形来表示，消费者剩余则是图 3-3 所示阴影部分的面积。

表 3-4　消费者剩余表

商品需求量（Q）	消费者愿付价（MU）	消费者实付价（P）	消费者剩余（CS）
1	10	2	8
2	8	2	6
3	6	2	4
4	4	2	2
5	2	2	0
合计	30	10	20

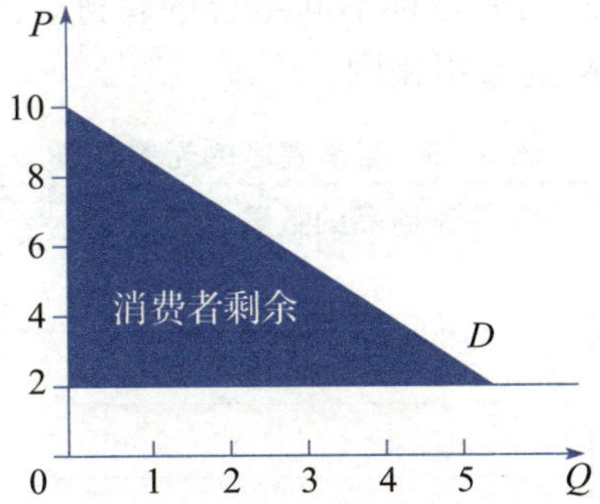

图 3-3　消费者剩余

理解消费者剩余的概念要特别注意两个问题：第一，消费者剩余并不是实际收入的增加，只是一种心理感觉；第二，生活必需品的消费者剩余大，因为消费者对这类物品的效用评价高，愿支付的价格也高，但这类商品的市场价格一般并不高。

任务二　了解序数效用理论

在现实中，效用是一种主观上的感受，会因人而异、因时而变，是无法用统一的客观标准去衡量的。虽然消费者不能说出自己对某种商品的效用量究竟是多少，但他可以说出自己对不同商品的偏好的顺序。例如，他可以说出对小说的偏好甚于漫画，对漫画的偏好甚于流行音乐，等等。因此，可以用序数词第一、第二、第三……来分析偏好的顺序，表示效用水平的高低，这种根据消费者对一系列商品偏好的不同，按次序排列分析效用的消费者行为理论就称为序数效用论。序数效用论是 20 世纪初，以意大利经济学家帕累托、英国经济学家希克斯等为代表的经济学家提出的。序数效用论用无差异曲线作为自己的分析工具来研究消费者行为的规律。

一、无差异曲线

（一）什么是无差异曲线

无差异曲线是表示能给消费者带来同等效用水平或满足程度的两种商品的不同数量的各种组合的曲线，也称等效用曲线。

如果现在有 X 和 Y 两种商品，它们有 A、B、C、D、E 五种组合方式，见表 3-5，每一种组合给消费者带来的效用是相等的。消费者对这五种消费组合的偏好程度是无差异的，这五种组合各自给他带来的满足程度是相同的。根据表 3-5 绘制对应的无差异曲线，如图 3-4 所示，图中每一点都表示 X 和 Y 的一种消费组合，连接这些点就可以得到一条无差异曲线。即无差异曲线是消费者偏好相同的两种商品的各种不同组合的轨迹。线上任何一点 X 与 Y 的不同组合，给消费者带来的效用相同。

表 3-5 某消费者的无差异表

商品组合	X 商品的数量	Y 商品的数量
A	1	16
B	2	10
C	3	6
D	4	4
E	5	3

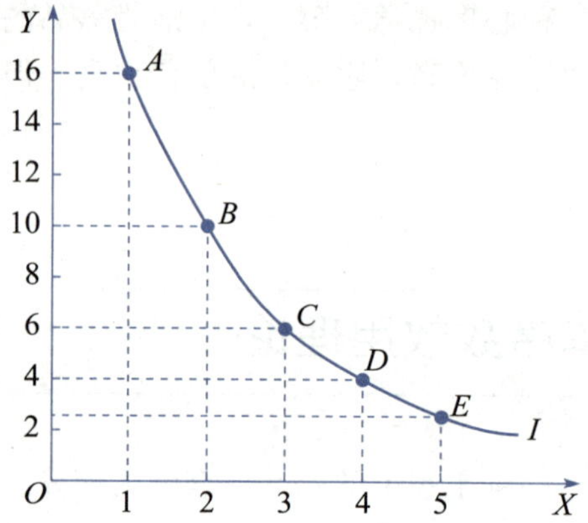

图 3-4 某消费者的无差异曲线

（二）无差异曲线的特点

第一，无差异曲线是一条向右下方倾斜的曲线，其斜率为负值。

这就表明，在收入和价格既定的条件下，消费者要得到相同的总效用，在增加一种商品的消费时，必须减少另一种商品的消费，两种商品不能同时增加或减少。

第二，同一个平面图上可以有无数条无差异曲线。同一条无差异曲线代表相同的效用，不同的无差异曲线代表不同的效用。离原点越远的无差异曲线，所代表的效用越大；离原点越近的无差异曲线，所代表的效用越小。

第三，在同一平面图上，任意两条无差异曲线不能相交。因为在交点上两条无差异曲线代表了相同的效用，与第二个特点相矛盾。

第四，无差异曲线凸向原点。这说明无差异曲线的斜率是递减的。无差异曲线的斜率是两种物品的边际替代率。该曲线凸向原点，是由边际替代率递减所决定的。

（三）商品的边际替代率与边际替代率递减规律

1. 商品的边际替代率

商品的边际替代率是消费者在消费两种商品保持效用水平不变时，减少一种商品的消费量与增加另一种商品的消费量之比。计算公式为：

$$MRS=-\frac{Y\text{ 的减少量}}{X\text{ 的增加量}}=\frac{\Delta Y}{\Delta X}$$

由于无差异曲线是向右下方倾斜的，即表明边际替代率小于零，所以无差异曲线的斜率就是边际替代率。

2. 商品的边际替代率递减规律

商品的边际替代率递减规律是指在维持效用水平不变的前提下，随着一种商品消费数量的连续增加，消费者为得到每一单位的这种商品所需要放弃的另一种商品的消费数量是递减的（见图 3－5）。

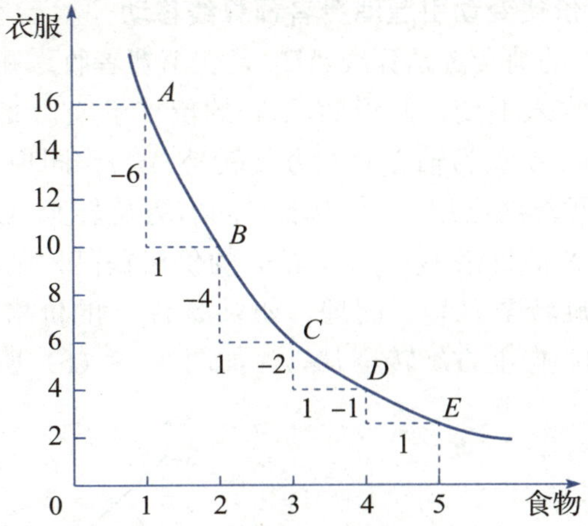

图 3－5　商品的边际替代率

二、消费者预算线

（一）消费者预算线的含义

消费者预算线，或称家庭预算线，又叫消费可能线，是一条表明在消费者收入与商品价格既定的条件下，消费者所能购买到的两种商品数量最大组合的线（见图 3－6）。

A 点，全部买 Y，无法买 X；

B 点，全部买 X，无法买 Y。

消费可能线的数学表达式为：

$$P_X Q_X+P_Y Q_Y=I$$

消费者预算线的斜率为：

$$-\frac{OA}{OB}=-\frac{\frac{I}{P_Y}}{\frac{I}{P_X}}=-\frac{P_X}{P_Y}$$

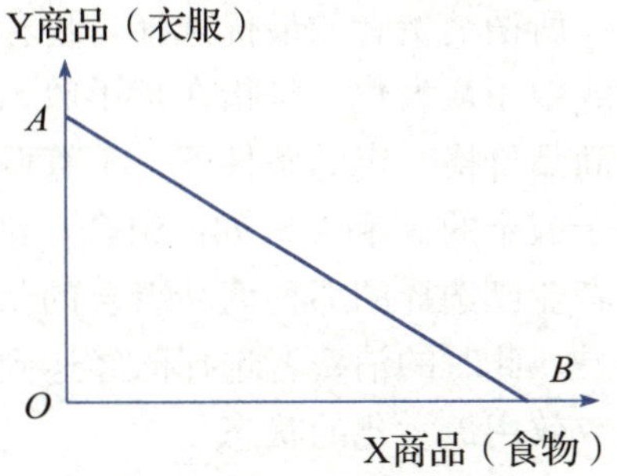

图 3－6　消费者预算线

（二）收入和价格对消费者预算线的影响

1. 价格不变，收入变动引起消费者预算线平行移动

图 3－7 中的预算线 AB 是在消费者收入和商品价格既定条件下的消费者预算线。如果价格不变，消费者收入增加，则消费者预算线会向右上方平行移动至 A_1B_1；如果价格不变，消费者收入减少，则消费者预算线会向左下方平行移动至 A_2B_2。

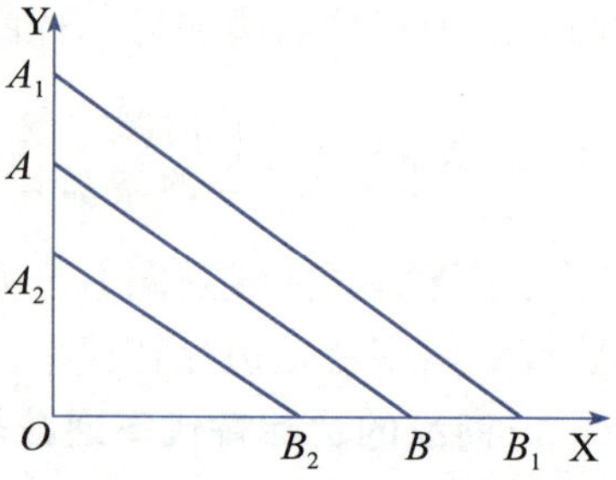

图 3－7　价格不变，收入变动引起消费者预算线平行移动

2. 收入不变，价格变动引起消费者预算线移动

图 3－8（a）中的消费者预算线 AB_0 是在消费者收入和商品价格既定条件下的预算线。如果收入不变，假设商品 Y 的价格不变，商品 X 的价格提高，则消费者预算线会以 A 点为轴心向左方旋转至 AB_1。同理，如果商品 X 的价格下降，则消费者预算线会以 A 点为轴心向右方旋转至 AB_2。反之，如果收入不变，假设商品 X 的价格不变，商品 Y 的价格提高，则消费者预算线会以 B 点为轴心向下方旋转至 BA_1。同理，如果商品 Y 的价格下降，则消费者预算线会以 B 点为轴心向上方旋转至 BA_2，如图 3－8（b）所示。

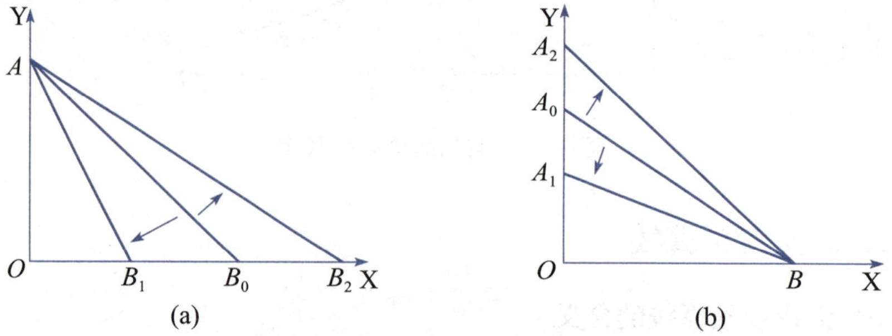

图 3－8　收入不变，价格变动引起消费者预算线移动

三、消费者的最优选择

所谓消费者的最优选择，也称为消费者均衡或效用最大化，是指在货币收入、消费偏好和商品价格一定的条件下，不管两种商品（仅限于假定的 X 和 Y）如何组合，都难以改变消费者业已选择的那种商品组合的状态，换言之就是，此时的消费者选择已经达到了一种最理想或效用最大化的状态。

那么，在什么条件下，消费者行为才会处于均衡状态或者说实现了效用最大化呢？

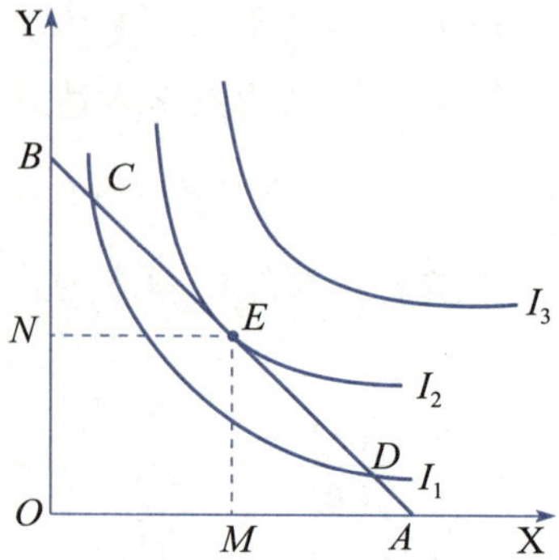

图 3－9　消费者均衡

图 3－9 表示消费者预算线和许多无差异

曲线中的 I_1，I_2，I_3 三条无差异曲线，它们效用大小的顺序为 $I_1<I_2<I_3$。AB 为消费者预算线。AB 线与 I_2 相切于 E 点，这时实现了消费者均衡。这就是说，在收入与价格既定的条件下，消费者购买 OM 的 X 商品、ON 的 Y 商品，就能获得最大的效用。

序数效用论的消费者均衡条件是：既定的消费者预算线与无数条无差异曲线中的一条的相切点，是消费者获得最大效用水平或满足程度的均衡点或商品组合。

在切点 E，消费者预算线的斜率正好等于无差异曲线的斜率。由于消费者预算线的斜率等于 X 和 Y 两种商品的价格之比，无差异曲线的斜率等于这两种商品的边际替代率，因此 $MRS=P_X/P_Y$。又因为 $MRS=MU_X/MU_Y$，所以 $MU_X/P_X=MU_Y/P_Y$，此结论与边际效用分析得到的结论相同。

在消费者收入和商品价格不变的假定下，消费者均衡点将保持不变。如果其中的一个条件发生变化，消费者均衡点将会随之移动。

四、恩格尔定律、恩格尔系数与恩格尔曲线

（一）恩格尔定律和恩格尔系数

19 世纪中叶，德国经济学家恩格尔对比利时不同收入家庭的消费情况进行了调查，研究了收入增加对消费支出构成的影响，提出一个定理：随着收入的提高，食物支出在全部支出中所占的比重越来越小。这一定律被称为恩格尔定律，反映这一定律的系数被称为恩格尔系数。其计算公式为：

$$\text{恩格尔系数}=\frac{\text{食物支出}}{\text{全部支出}}\times100\%$$

国际上常用恩格尔系数来衡量一个国家和地区人民生活水平的状况。20 世纪 70 年代，联合国粮农组织提出的标准是：恩格尔系数在 59%以上为贫困，50～59%为温饱，40～50%为小康，30～40%为富裕，低于 30%为最富裕。当然，这一标准并不是绝对的，个别经济在一定时期内可能会出现经济发展与恩格尔系数相背离的情况。

（二）收入-消费曲线（收入扩展线）

收入-消费曲线是指在商品价格保持不变的条件下，随着消费者收入水平的变动引起消费者均衡变动的轨迹。收入-消费曲线反映的是消费长期变动趋势的曲线。该曲线强调的是收入变动对消费均衡的长期影响。一般来说，随着收入水平的提高，收入-消费曲线就是一条与收入水平方向一致，向右上方倾斜的曲线，即把各个短期消费均衡点连接成一条光滑的曲线。如图 3－10 所示，把 E_1、E_0、E_2 点连接起来所形成的曲线称为收入-消费曲线。

（三）恩格尔曲线

将收入和商品需求量的关系放在一个图上，从收入-消费曲线中可以引出

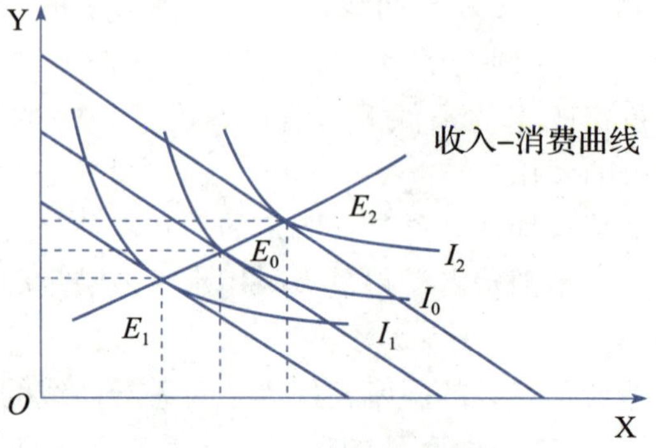

图 3－10　收入-消费曲线

恩格尔曲线。恩格尔曲线是表明一种商品需求量与总收入关系的曲线。恩格尔曲线从收入-消费曲线中引致的过程如图 3－11（a）所示，图 3－11（b）表明商品 X 是正常商品。

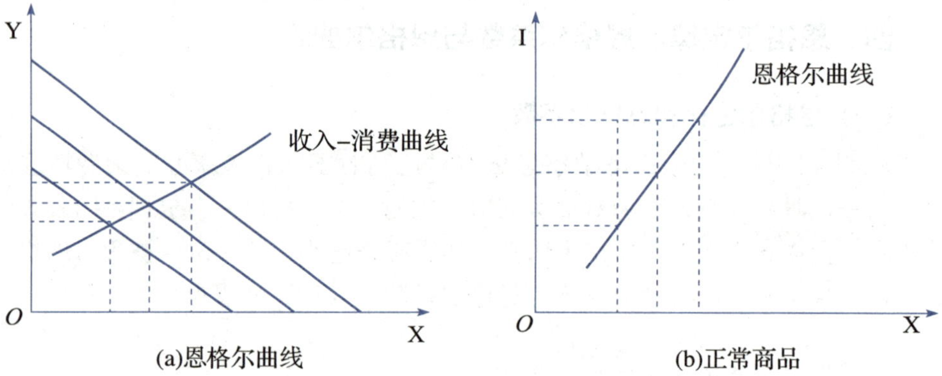

图 3－11　恩格尔曲线的形成

必需品需求量的增加速度小于收入的增加速度，如购买油盐酱醋等；奢侈品需求量的增加速度大于收入的增加速度，如到高级酒店消费、旅游等；低档品随收入的增加需求量减少，如旧衣服等。它们的恩格尔曲线分别如图 3－12 中的（a）、（b）、（c）所示。

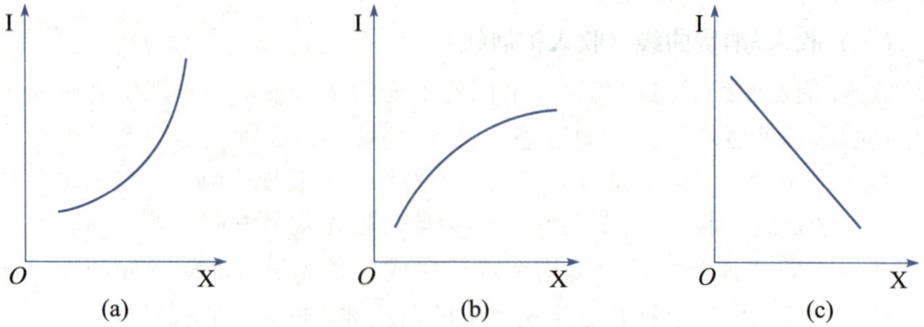

图 3－12　三种恩格尔曲线

五、替代效应与收入效应

（一）替代效应、收入效应和总效应

一种商品价格变动，会对消费者产生两方面的影响：一是使商品的相对价格发生变动，消费者预算线的斜率发生变化；二是使消费者的收入相对于以前发生变动，消费者预算线平行移动。

（1）替代效应是指消费者在保持效用不变的条件下，由于一种商品价格变动而引起的商品的相对价格发生变动，从而导致商品需求量的改变，也称为价格变动的替代效应。例如，消费者把收入用于购买X和Y两种商品，如果X商品价格上升，消费者可以减少X的购买而增加Y的购买，用增加的Y来代替减少的X，从而使总效用不变，所以，替代效应表现为均衡点在同一条无差异曲线上的移动。

（2）收入效应是指由于一种商品价格变动而引起的消费者实际收入发生变动，从而导致消费者对商品需求量的改变，也称为价格变动的收入效应。收入效应表现为均衡点随消费者预算线的平行移动在不同无差异曲线上的移动。

（3）总效应表示一种商品价格变化所引起需求量的总变化。

总效应＝替代效应＋收入效应

（二）正常商品、低档商品、吉芬商品的替代效应、收入效应和总效应分析

（1）对正常商品而言，价格下降的替代效应和收入效应都使得该商品需求量增加；正常商品的替代效应为正，收入效应也为正，正常商品的替代效应与收入效应的方向一致，所以正常商品的需求曲线自左上方向右下方倾斜。

（2）对于低档商品而言，价格下降的替代效应使商品需求量增加，但收入效应却使商品需求量下降。低档商品的替代效应为正，收入效应为负，低档商品的替代效应与收入效应的方向相反。

（3）如果负的收入效应的绝对值大于替代效应，使得需求量随价格上升而上升，则该商品为吉芬商品。吉芬商品价格变动的替代效应为正，收入效应为负，并且收入效应大于替代效应，使得需求量随价格上升而上升，需求曲线向右上方倾斜。

综上所述，**价格下降**对正常商品、低档商品和吉芬商品的收入效应、替代效应和总效应的影响可以概括在表3－6中。

表3－6　价格下降对正常商品、低档商品、吉芬商品的收入效应、替代效应和总效应

类别	收入效应	替代效应	总效应
正常商品	增加	增加	增加
低档商品	减少	增加	增加
吉芬商品	减少	增加	减少

任务三　熟悉消费者行为理论的应用

案例
抖音电商2022年售出近239亿单

案例
华为突围

拓展阅读
新时代大学生消费观探究

一、培养并促使消费者形成偏好

企业在决定生产什么、生产多少时，首先要考虑商品的销售能给消费者带来多大效用。效用是一种心理感觉，取决于消费者的偏好，而消费者的偏好首先取决于消费时尚。广告对消费时尚有一定的影响，成功的广告会引领新的消费时尚，左右消费者的偏好。当前的短视频直播带货也具有广告效应，会影响消费者偏好。

二、不断创新产品和服务

通过消费者行为理论的学习，我们知道一种产品的边际效用是递减的。如果一种产品仅仅是数量增加，它带给消费者的边际效用就在递减，消费者愿意支付的价格就低了。所以，企业的产品要多样化，即使是同类产品，只要不相同，就不会引起边际效用递减。边际效用递减原理启示企业要进行创新，形成差异化生产。

即测即评

扫一扫　练一练

项目四

探知生产者选择理论

素养目标：帮助学生理解社会主义基本经济制度中市场在资源配置中的决定性作用，为学生提供理论分析工具，理解掌握市场主体所发挥的经济权能。结合知识点使学生领悟国家强调科技创新、管理创新是第一驱动力核心思想，培植创新创业思维。

知识目标

1. 了解厂商生产函数和成本函数的含义与表示；
2. 理解生产要素合理投入和生产要素最优组合的意义，掌握生产规律；
3. 理解边际产量递减规律；
4. 掌握生产要素的合理投入区域和生产要素的最优组合；
5. 理解规模报酬的变动及其原因。

技能目标

培养学生的动手能力，参与项目化教学，提高学生应用生产理论与成本理论分析、解决实际问题的能力，能根据利润最大化原则确定厂商的生产产量．达到学以致用目标。

经济师考点

1. 企业形成理论内容；
2. 生产的相关概念；
3. 生产函数的概念及表达式；
4. 一种可变要素的生产函数；
5. 总产量、平均产量和边际产量的概念及关系；
6. 边际产量递减规律；
7. 规模报酬的含义和分类；

8. 成本的含义及分类；
9. 短期成本的含义、分类及关系；
10. 短期成本曲线的特征。

知识图谱

- 生产者选择理论
  - 生产者与企业形成理论
    - 生产者与生产组织形式
    - 科斯的企业形成理论
  - 生产活动
    - 生产函数
    - 短期生产函数与边际收益递减规律
    - 长期生产函数与规模报酬、规模经济
  - 成本理论
    - 成本的分类
      - 显性成本与隐性成本
      - 会计成本与经济成本
    - 短期成本分析
    - 长期成本分析
  - 收益与利润
    - 经济利润与会计利润
    - 利润最大化原则

项目导读

企业如何通过生产实现利润最大化?

制造业是中国的重要支柱产业。浙江吉利控股集团成立于 1986 年，经历了制造冰箱配件、装潢材料、摩托车的发展历程，自 1997 年进入汽车行业，期间不断进行数字化转型，逐渐成长为中国制造业的翘楚。截至 2022 年，吉利连续 11 年位列《财富》杂志世界 500 强，并且排名不断上升。像吉利一样的大型制造企业，短期内其固定成本是不变的，可调整的是那些可变成本。而企业就是在生产过程中通过努力降低可变成本来降低总成本，进而提高利润的。

在项目三介绍的消费者选择理论中，我们研究的是消费者如何在既定的收入条件下达到效用最大化；而在项目四介绍的生产者选择理论中，我们将讨论生产者（厂商）如何在既定条件下使利润最大化。企业经营以利润最大化为目标，获得利润最大化的途径：一是既定产量下的成本最小化；二是既定成本下的产量最大化。依据这样的思路，本项目首先考察在一定技术条件下，各种生产要素投入量的变动与产量变动之间的联系，其次考察在产量约束条件下成本最小化的问题。

任务一 了解生产理论

一、生产者基本问题

在市场经济中，企业是最重要的生产者。

（一）科斯的企业形成理论

美国经济学家科斯（Ronald H. Coase）在 1937 年出版的《企业的性质》一书中，认为企业和市场机制是两种不同的协调生产和配置资源的方式，企业作为生产的一种组织形式，大大减少了需要签订契约的数量。导致市场机制和企业交易费用不同的主要原因是市场信息的不完全性。这就是科斯的企业形成理论的核心内容。因此，企业存在的根本原因是节约市场交易费用和交易成本。企业的本质或显著特征是作为市场机制（价格机制）的替代物。企业产生以后，社会上就形成了两种交易，即企业外部的市场交易和企业内部的交易。

经济师考点

企业形成理论内容

（二）企业类型

按照财产的组织形式和所承担的法律责任，通常可以把企业分为独资企业、合伙制企业和公司制企业。

企业形成理论及企业组织形式

1. 独资企业

独资企业是由一个自然人所有并经营的企业。它的特点在于所有者和经营者是同一个人。这种企业形式产权明确，责权利统一在一个人身上，并对债务承担无限责任。但这种企业有两个缺点：一是以一个人的财力和能力难以做大，这就无法实现规模经济、专业化分工等；二是在市场竞争中，这种企业风险较大，往往寿命短，如许多小微企业。

2. 合伙制企业

合伙制企业是指自然人、法人和其他组织设立的普通合伙企业和有限合伙企业。普通合伙企业由普通合伙人组成，合伙人对合伙企业债务承担无限连带责任；有限合伙企业由普通合伙人和有限合伙人组成，普通合伙人对合伙企业债务承担无限连带责任，有限合伙人以其认缴的出资额为限对合伙企业债务承担责任。相对独资企业而言，合伙制企业规模更大、资金更充足，但合伙人易在利益分配和决策方面产生分歧，从而影响企业的发展。

3. 公司制企业

现代市场经济中最重要的企业形式是有限责任公司和股份有限公司。有限责任公司的股东以其认缴的出资额为限对公司承担责任；股份有限公司的股东以认购的股份为限对公司承担责任。公司制企业的特点是：第一，公司是法人，不同于自然人；第二，资金较雄厚，企业规模大。其优点是：公司制企业可实行有限责任制，能够减少投资风险；实行所有权与经营权分离，由职业经理人实行专业化管理，利于提高公司的管理效率。但所有权与经营权分离后，所有者、经营者、职工之间的关系复杂，由此可能影响决策效率。

三种企业组织形式的比较见表 4－1。

表 4－1 三种企业组织形式的比较

企业类型	优点	缺点
独资企业	容易建立 决策过程简单	决策不受约束 所有者承担无限责任 企业发展受所有者约束
合伙制企业	容易建立 决策多样化 合伙人退出仍可存在	形成统一意见困难 普通合伙人承担无限责任 合伙人退出引起资本短缺
公司制企业	所有者可以承担有限责任 筹资容易 权责明晰，相对稳定	管理体系复杂 决策缓慢 管理者与所有者意见不容易统一

马克思曾说："假如必须等待积累使某些单个资本增长到能够修建铁路的程度，那么恐怕直到今天世界上还没有铁路。但是，集中通过股份公司转瞬之间就把这件事完成了。"① 美国横跨东西的太平洋铁路刚刚修好时，股份制企业是发展现代社会生产力的强大杠杆，它们对国民经济的迅速增长的影响恐怕估计再高也不为过。

企业往往追逐的是运用最小的成本，通过生产经营活动以取得最大的利润。所以，首先我们了解一下与企业生产相关的概念。

（三）投入与产出

经济学中，生产并不仅限于物质产品的生产，还包括金融、贸易、授课等各类服务性活动。因此，任何创造价值的活动都是生产。凡提供效用的东西，无论是有形的还是无形的，都是产品。

1. 投入

经济师考点

生产的相关概念

生产是对各种生产要素进行组合以制成产品的行为。在生产中要投入各种生产要素并生产出产品，所以，生产也就是把投入变为产出的过程。传统意义上的生产要素包括：

（1）劳动（Labor）。劳动是生产过程中的人力消耗，包括体力和脑力的损耗。劳动的报酬是工资，企业主将体力劳动和智力劳动投入生产过程，应当被视为购买了劳动，理应向劳动的提供者即劳动者支付相应的工资。

（2）资本（Capital）。资本是生产过程中使用的各种生产设备，例如，生产工具、机器设备、厂房、仓库等，这些都需要支付一定的货币才能获得。资本的报酬就是利息，生产者用借的货币购买生产设备，要向贷款方支付利息。

① 马克思，恩格斯．马克思恩格斯全集：第 44 卷．北京：人民出版社，2001：724.

现代社会生产的自动化和智能化的水平越来越高，在一些行业中，资本投入的重要性超过了劳动的投入。

（3）土地（土地及其附着物）。我们这里所考虑的“土地”是一个广义的概念，并不单纯指我们脚下踩的土地，它包括人类能利用的一切自然资源，如水流、森林、矿藏等。土地的报酬是租金或地租，使用土地的生产者需要向土地的供给者支付租金。现代社会土地日益稀缺，租金呈升高趋势。

（4）企业家才能。企业家才能是指生产过程中所必需的经营整个企业的组织能力、控制能力、管理能力和创新能力等。现代企业制度加速了企业所有权和经营权的分离，市场中出现独立的经营管理团队。企业家才能这一生产要素的报酬是利润，当企业盈利显著时，企业的经营管理者可以获得比普通员工高出很多倍的报酬。

2020 年 4 月，我国首次在文件中提出将数据作为一种新型生产要素，体现了大数据时代的新特征。

经济师考点

生产函数的概念及表达式

2. 产出

生产过程中的投入要素与最终产出之间存在一定的依存关系，这种关系可用生产函数来描述。生产函数描述的是在一定技术水平之下，生产要素的数量与某种组合和它所能生产出来的最大产量之间依存关系的函数，是在某一特定投入品的组合下企业的产出。因为任何生产方法（如技术、生产规模）的改进都会导致新的投入产出关系，所以不同的生产函数代表不同的生产方法和技术水平。换言之，技术进步推动经济资源以更有效的方式被利用。

以 Q 代表总产量，L、K、N、E 分别代表劳动、资本、土地、企业家才能这四种要素，则生产函数的一般表达式为：

$$Q=f(L,K,N,E)$$

3. 短期生产函数与长期生产函数

经济学中的短期和长期不是指一个具体的时间跨度，而是指能否使厂商来得及调整生产规模所需要的时间长度。**长期**是指时间长到可以使厂商调整生产规模来达到调整产量的目的，或者说在此段时间内所有的投入要素都可变。**短期**则是指时间短到厂商来不及调整生产规模来达到调整产量的目的，也是指在此时段内至少有一种生产要素是无法变更的，不可变更的投入要素称为固定要素。

短期与长期之间，并没有一个特定的区分标准（例如一年），要视具体情况而定。一般来说，重工业的固定投入较大，由短期到长期的过渡远慢于轻工业，而租用设备的企业，由短期到长期的过渡又远快于需要自置大型专用设备的企业。

生产中最重要的两种投入是劳动与资本。在短期内，生产函数可以表示为：

$$Q=f(L,K_0),\quad Q=f(L_0,K)$$

在长期内，资本和劳动都可变，则生产函数可表示为：

$$Q=f(L,K)$$

这种生产函数是具有两个可变投入要素的生产函数，我们称为长期生产函数。

经济师考点

一种可变要素的生产函数

二、短期生产函数

微观经济学通常用一种可变生产要素的生产函数考察短期生产理论。在短期内，我们假设资本数量不变，只有劳动可以随产量的变化而变化，则生产函数可以表示为：

$$Q=f(L,K_0)$$

函数式中用 L 表示可变生产要素劳动的投入量；用 K_0 表示固定生产要素资本的投入量。该函数也被称为短期生产函数，它表示当资本投入量不变时，由劳动投入量的变化带来最大产出量的变化。因此，我们又称其为只有一个可变投入要素的生产函数。在下面的分析中，我们以劳动的投入量为自变量，讨论总产量、平均产量和边际产量三个概念及它们的相互关系。

经济师考点

总产量、平均产量和边际产量的概念及关系

（一）总产量、平均产量和边际产量

1. 含义

总产量（Total Product，TP）是指投入一定量的生产要素所生产出来的全部产量，用公式表示为：

$$TP=f(L)$$

平均产量（Average Product，AP）是指平均每单位生产要素投入所生产的产量。如果用 L 表示生产要素的投入量，平均产量可用公式表示为：

$$AP=\frac{TP}{L}$$

边际产量（Marginal Product，MP）是指在其他投入保持不变的情况下，由于新增一单位的投入而多生产出来的产量或产出。如果用 ΔTP 表示总产量的变化量，用 ΔL 表示某种生产要素的变化量，边际产量可用公式表示为：

$$MP=\frac{\Delta TP}{\Delta L}$$

当增量趋于零时，MP 是 TP 的导数，

$$MP_L=\lim_{L\to\infty}\frac{\Delta TP}{\Delta L}=\frac{\mathrm{d}TP_L}{\mathrm{d}L}$$

我们可以根据不同的研究目的，选择不同角度，运用相关数据解释经济学问题。以 2022 年卡塔尔世界杯赛阿根廷和法国队为例，一个球队的进球总量可以表达为总产量，用于描述团队精神的力量；平均产量用于表达球队的人均水平；某球员的进球量则可以表达为边际产量，说明个人的能力。假设阿根廷球队进球总量（生产函数）的具体形式是：

$$TP_L=21L+9L^2-L^3$$

球队的人均水平（平均产量）为：

$$AP_L=21+9L-L^2$$

梅西的进球量为：

$$MP_L=\frac{dTP_L}{dL}=\frac{d(21L+9L^2-L^3)}{dL}=21+18L-3L^2$$

2. 总产量、平均产量和边际产量的关系

举例说明总产量、平均产量和边际产量的关系。一家小微企业有 3 台机床，资本投入量为 10 个单位（3 台机床的价值为 10 个单位）。最初劳动投入量为 1 名工人，零件日产量只有 6 件。当增加一个工人后，日产量增加至 14 件，人均 7 件，边际产量为 8 件，总产量以递增的速度增加。当工人增加到 3 人时，日产量增加到 30 件，人均 10 件，边际产量达到最大值 16 件。当工人增加到 4 人时，日产量增加到 40 件，边际产量和平均产量相等都为 10 件，平均产量达到最大值 10 件，总产量继续上升。此后，随着劳动力不断增加，平均产量不断下降，边际产量下降速度更快。当工人数为 7 人时，总产量达到最大值 48 件，边际产量降为 0，随后总产量以递减的速度增加。表 4－2 描述了上述内容。

表 4－2 总产量、平均产量和边际产量的关系

资本投入	劳动投入	总产量（TP_L）	平均产量（AP_L）	边际产量（MP_L）
10	1	6	6	6
10	2	14	7	8
10	3	30	10	16
10	4	40	10	10
10	5	45	9	5
10	6	48	8	3
10	7	48	6.8	0
10	8	40	5	－8
10	9	36	4	－4
10	10	30	3	－6

根据表 4－2，我们可以画出一种可变生产要素的总产量曲线、平均产量曲线和边际产量曲线，如图 4－1 所示。

在图 4－1 中，开始时，相对于可变投入（劳动）而言，由于不变投入（资本）相对过多，增加劳动量会使劳动的边际产量增加，边际产量处于递增阶段，这时，总产量、边际产量随劳动量的增加而增加；当 $L=3$ 时，劳动和资本的配合比例最佳，劳动的边际产量达到最大。

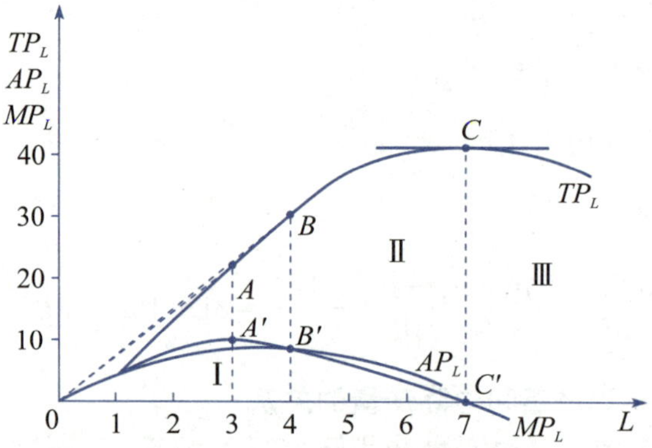

图 4-1 总产量、平均产量与边际产量的关系

由图 4-1 可以看出，资本为不变生产要素，劳动为可变生产要素，随着劳动投入量的不断增加，总产量、平均产量和边际产量呈现不同的变化趋势，并且，这三个变量之间存在一定的相关性。观察图 4-1 后可以发现这样的规律：

（1）总产量、平均产量和边际产量都是呈现先递增后递减的趋势。

（2）当边际产量大于 0 时，总产量是逐渐递增的；当边际产量等于 0 时，总产量达到最大值；当边际产量小于 0 时，总产量开始逐渐递减。

经济师考点

边际产量递减规律

（3）平均产量和边际产量相等时，平均产量达到最大值；边际产量大于平均产量时，平均产量是逐渐递增的；边际产量小于平均产量时，平均产量是逐渐递减的。

（二）边际收益递减规律（Law of Diminishing Marginal Return）

边际收益递减规律

在人们的生产实践中可以发现这样一个普遍的现象：在技术水平不变的情况下，连续地把一种同质的生产要素投入一种或几种数量不变的生产要素中，最初这种要素投入会带来边际产量的递增，但当可变要素投入增加到一定限度时，边际产量开始递减。这就是边际收益递减规律。

边际收益递减规律的原因在于：对于任何产品的短期生产来说，可变生产要素和不变生产要素之间都存在一个最佳的数量配置比例。当可变要素投入较少、不变要素投入较多时，增加可变要素的投入可以使要素之间的配置比例趋向合理，从而可以使产量增加。但当要素之间的配置比例达到最佳时，可变要素的边际产量已经达到最大值，之后再继续增加可变要素的投入就逐渐背离了要素配置的最佳比例，从而带来了产量递减的现象。边际收益递减规律解释了边际产量曲线先递增后递减的原因。例如在图 4-1 中，当 $L=3$ 时，由于不变投入（资本）有限，如继续增加可变投入（劳动），会出现人浮于事的现象，一部分员工的工作会变得缺乏效率，劳动的边际产出下降，总产量虽然增大，但却以递减的比率上升；当 $L=7$ 时，劳动的边际产量为 0，总产量最大，此时再增加劳动投入，劳动的边际产量将为负值，总产量不仅不会增加，反而会递减。

边际收益递减规律普遍存在，如“三个和尚没水喝”的故事就是这个道理。

【案例】人类历史为什么没有按照马尔萨斯的预言发展?

经济学家马尔萨斯（1776 年—1834 年）的人口论认为：随着人口的膨胀，越来越多的劳动力耕种土地，地球上有限的土地将无法提供足够的食物，最终劳动的边际产出与平均产出下降，但又有更多的人需要食物，因而会产生大饥荒。这个理论的一个主要依据是劳动边际收益递减规律。

在 20 世纪，技术发展突飞猛进，改变了许多国家（包括发展中国家，如印度）的粮食生产方式，劳动的平均产出因而上升。在中国，袁隆平院士研究出的“杂交水稻”使亩产 500 公斤提高至 1 500 公斤，他长期致力于促进杂交水稻走向世界，为全球解决饥饿问题做出了巨大贡献。正是因为高产抗病的良种、更高效的化肥、更先进的收割机械等技术进步，使得世界上总的粮食生产增幅总是或多或少地高于同期人口的增长。所以，人类的历史并没有按马尔萨斯的预言发展。可见，边际收益递减规律只适用于短期而不适用于长期。

（三）一种生产要素（劳动）的合理投入区域

生产要素既然存在着边际收益递减规律，那么，追求利润最大化的生产者应该如何选择要素投入量来进行生产呢?

为了确定一种生产要素的合理投入量，根据总产量、平均产量、边际产量曲线的特点，可将产量的变化划分为三个区域，即平均收益递增阶段、平均收益递减阶段、负边际收益阶段。

如图 4－1 所示，第Ⅰ阶段是从原点到平均产量最高点。生产函数在第Ⅰ阶段，随着劳动要素投入的不断增加，平均产量不断增加，边际产量大于平均产量。在这一阶段，和不变投入（资本）相比，可变投入（劳动）不足，一部分固定生产要素没有被充分利用，因此，相对于变动的生产要素而言，每增加一个单位的可变投入（劳动）都可以提高平均产量，追求利润最大化的生产者不会将生产停留在这一阶段的任何产量上，他必须增加可变投入（劳动），扩大生产。

虽然对特定的一种生产要素来说，收益最好是边际产量最大，但对全部投入的生产要素而言，收益最好应是平均产量最大，所以生产要素投入在达到平均产量最高点以前不应停止。

第Ⅱ阶段是从平均产量最高点到总产量最大点。在第Ⅱ阶段，平均产量从最高点开始递减，边际产量亦递减但大于零，因此，增加可变投入（劳动）仍可增加总产量。此外，这一阶段由于增加可变投入（劳动），边际产量递减增加，因而边际产最小于平均产量。

第Ⅲ阶段是边际产量为零以后的阶段。在第Ⅲ阶段，劳动的边际产量为负值，总产量也开始递减，这时，每减少一个单位的可变投入（劳动）可以提高总产量。这种情况表明，在这一阶段，相对于不变投入（资本）而言，可变投入（劳动）太多，出现人浮于事现象，因此，减少可变投入（劳动）将有利可图。当然理性生产者也不会将生产停留在这一阶段的任何产量上，他必然减少可变投入（劳动），提高生产效率。

从以上分析中可以看出，对于理性的生产者而言，生产函数的第Ⅰ、Ⅲ阶段都是不合理的生产阶段。因为第Ⅰ阶段只要增加生产要素的投入，就可以增加产出，所以生产要素的投入不应停留在这一阶段，而生产函数的第Ⅲ阶段则因为随着生产要素投入的增加，产出不仅没有增加，反而减少，所以生产要素的投入也不应达到这一阶段。只有生产函数的第Ⅱ阶段才是生产要素投入的合理阶段，生产要素投入量究竟应该在这一阶段的哪一点，还需要引入生产要素与产品的价格，结合成本与收益进行分析。

因此，企业生产中一定要遵循边际收益递减规律，为了追求产量切不可无限度地投入可变要素，要懂得“过犹不及”的道理。但这并不意味着我们只能墨守成规，不追求突破和创新。短期内，我们必须尊重边际收益递减规律，确定合理投入限度；在长期，通过技术改良，可打破边际收益递减规律，为人民谋福祉。

【课堂练习】

某企业生产一种产品，劳动为唯一可变要素，固定成本既定。短期生产函数如下：

$$TP=-0.1L^3+6L^2+12L$$

求：(1) 劳动的平均产量函数和边际产量函数。

(2) 企业雇用工人的合理范围是多少？

(3) 若已知劳动力的价格为 $W=480$ 元/人，产品 Q 的价格为 40 元/件，则当利润最大时，企业生产多少产品 Q？

解：(1) 平均产量 $AP=TP/L=-0.1L^2+6L+12$。

边际产量 $MP=(TP)'=-0.3L^2+12L+12$。

(2) 企业应在平均产量递减、边际产量为正的生产阶段组织生产，因此雇用工人的数量也应在 $\frac{dAP}{dL}<0$，$MP>0$ 内。

对 AP 求导，得 $\frac{dAP}{dL}=-0.2L+6=0$。即：$L=30$。

当 $L=30$ 时，AP 取得最大值，$L>30$，AP 开始递减。

令 $MP=-0.3L^2+12L+12=0$，得：$L=40.98$，由于工人人数只能为正整数，所以，企业雇用工人的合理范围为 $30\leqslant L\leqslant 41$。

(3) 求利润量大时的产量：

$$\begin{aligned}\pi &=PTP-WL=40\times(-0.1L^3+6L^2+12L)-480L\\ &=-4L^3+240L^2+480L-480L\end{aligned}$$

$$\pi'=-12L^2+480L$$

当 $\pi'=0$ 时，$L=40$。当 $L=40$ 时，利润 π 最大。

此时，产量为：

$$TP=-0.1\times 40^3+6\times 40^2+12\times 40=3\,680(件)$$

三、长期生产函数（两种投入要素可变的生产函数）

（一）等产量线

1. 含义

等产量线是指在技术水平不变的条件下，生产同一产量的两种生产要素投入量的各种不同组合的轨迹，即两种生产要素的不同数量组合可以带来相等产量的一条曲线。等产量线与项目三中的无差异曲线相似，我们可以对比学习。

表 4-3 表示了劳动量、资本量和产量的关系。

表 4-3　劳动量、资本量和产量的关系

组合方式	劳动量（L）	资本量（K）	产量（Q）
A	1	8	100
B	3	5	100
C	5	3	100
D	8	1	100

根据表 4-3，绘制出等产量线，如图 4-2 所示。

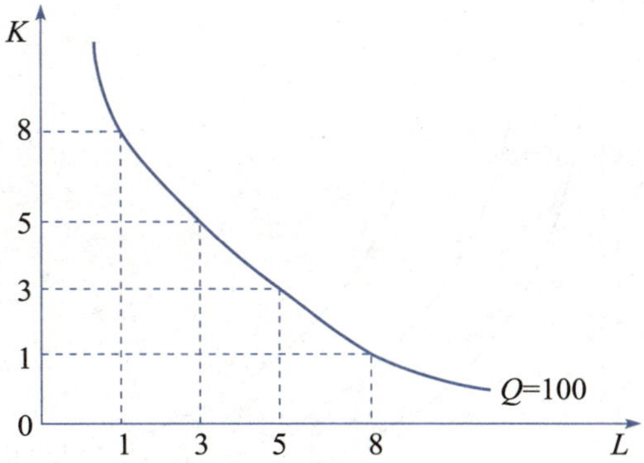

图 4-2　等产量线

2. 等产量线的特征

（1）等产量线是一条向右下方倾斜的曲线，线上每一点的斜率为负值。

（2）在同一平面图上，可以有无数条等产量线。离原点越远的等产量线所代表的产量水平越高；离原点越近的等产量线所代表的产量水平越低。

（3）在同一坐标平面上，任意两条等产量线不能相交。

（4）等产量线是一条凸向原点的曲线。这一点可用边际技术替代率来说明。

3. 边际技术替代率

边际技术替代率（MRTS）是指在技术水平不变的条件下，增加一单位某种生产要素的投入量时所减少的另一种要素的投入量。劳动-资本的边际技术替代率指的是，在保持产出不变的前提下，多投入一单位劳动，资本的投入可以减少的量。$MRTS$ 的公式表达为：

$$MRTS=-\frac{\text{资本投入的改变量}}{\text{劳动投入的改变量}}=-\frac{\Delta K}{\Delta L}$$

式中：ΔK、ΔL 分别为资本和劳动沿着等产量线的微小改变。边际技术替代率是负值，其原因在于，随着一种生产要素的增加，另一种生产要素必然减少。但是为方便起见，边际技术替代率一般取绝对值。

从图 4-3 中可以看出，边际技术替代率是递减的。在两种生产要素相互替代的过程中，普遍存在这样一个现象：在维持同一产量的情况下，当一种生产要素的投入量不断增加时，每单位这种要素能够替代的另一种要素的数量是递减的，这就是边际技术替代率递减规律。该规律存在的原因是在一定的生产技术条件下，各要素之间存在一个最佳的配置比例，即各要素的替代是有限的。例如在图 4-3 中，产出固定在 75 时，当劳动由 1 个单位增至 2 个单位时，则 $MRTS$ 等于 2。但是，当劳动由 2 个单位增至 3 个单位时，则 $MRTS$ 的值降至 1，然后逐渐降至 2/3，1/3。很明显，当用越来越多的劳动替代资本时，劳动的生产率降低，而资本的生产率相对上升。所以，单位劳动可以替换的资本数量越来越小，等产量线也由此变得越来越平坦。边际技术替代率也是等产量线的斜率。边际技术替代率递减规律决定了等产量线是一条向右下方倾斜的、凸向原点的曲线。

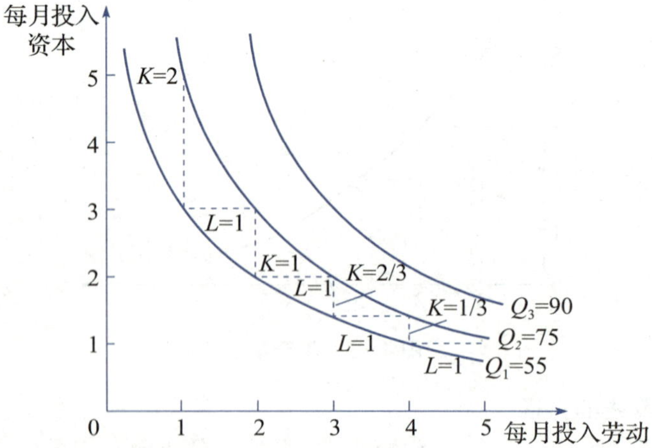

图 4-3 边际技术替代率递减

根据等产量线可知，为得到特定的产出，厂商可以使用不同的投入品组合。如果劳动力成本提高了，企业就可以采用劳动节约型技术，也就是说，可以用资本代替劳动装配线，可以用机器代替人以实现自动化，如果资本相对较为昂贵，企业也可以用劳动力代替资本。总之，大部分商品和服务都可以采用不同的技术和不同的方法来生产。所有的企业都要作出的关键决策之一就是采用什么技术以达到成本最小、利润最大。

（二）等成本线（Isocost Curve）

生产者的目标是利润最大化，为了实现这个目标，生产者要么在产量既定时使成本最小，要么在成本既定时使产量最大。

等成本线是指在既定生产成本和生产要素价格的情况下，生产者所能购买到的两种生产要素最大数量组合的轨迹。等成本线与项目三中的消费者预算线相似。假定要素市场上劳动的价格即工资率为 w，资本的价格即利息率为 r，生产者的成本为 C，劳动和资本这两种生产要素的购买量为 L 和 K，则成本公式可表示为：

$$C=w\cdot L+r\cdot K。$$

根据以上公式可画出等成本线，如图 4－4 所示。

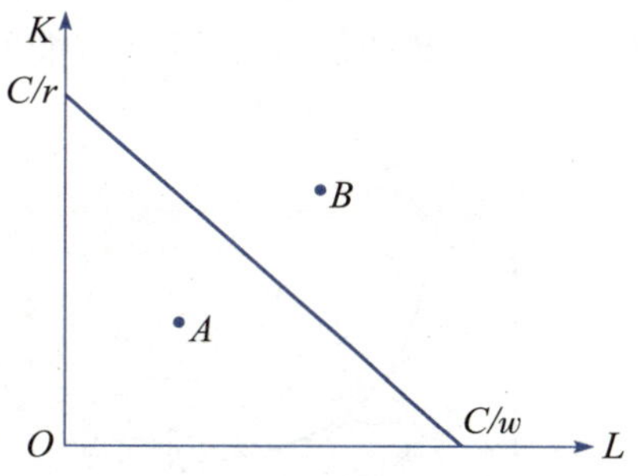

图 4－4　等成本线

图中横轴 OL 表示劳动的投入量，纵轴 OK 表示资本的投入量。C/r 表示全部的成本用来购买资本的数量，这时劳动的购买量为零，C/w 表示全部的成本用来购买劳动的数量，这时资本的购买量为零，连接这两点的直线即等成本线。等成本线上的点表示在生产成本和生产要素价格既定的情况下，购买劳动和资本的各种最大数量的组合。等成本线区域内的任何一点（如 A 点）表示用既定生产成本购买两种要素后还有剩余，说明没有对既有资源充分利用。等成本线区域外的任何一点（如 B 点）表示现有的成本无法购买到的两种要素数量的组合。等成本线的斜率为 $-W/r$，即等产量线的斜率的绝对值为两种生产要素的价格之比。

（三）最优要素组合

从长期来看，所有生产要素的数量都是可以变动的，理性的生产者会选择生产要素的最优组合来进行生产。所谓生产要素的最优组合，是指生产者在既定的成本下实现产量最大化，或者是在既定的产量下实现成本最小化。通过前面的分析我们知道，等产量线是企业为实现一定产量的两种生产要素投入量的组合，企业能够实现的产量又受到生产成本和生产要素价格的限制，即受等成本线的限制，因此，我们运用等产量线和等成本线来分析生产要素的最优组合问题。

1. 既定产量下的成本最小化

图 4－5 将等产量线和等成本线结合在一张图上。图中，C_1，C_2，C_3 代表三条不同的等成本线，由于产量既定，所以只有一条等产量线。假定 Q 是

既定的等产量线，Q 可以和许多等成本线相交，但只能和一条等成本线相切。图中 Q 和 C_3 相交，和 C_2 相切，和 C_1 不相交也不相切。从图 4－5 中可以看出，生产者只能选择等成本线 C_2，其原因在于，虽然 C_1 具有较低的成本约束，但在此约束下，不可能生产出 Q 的产量水平；C_3 可以生产出 Q 的产量，却不符合经济原则。可见，用成本 C_2 生产既定产量 Q，既是可能的，又是最经济的。

2. 既定成本下的产量最大化

如图 4－6 所示，Q_1，Q_2，Q_3 代表三条不同的等产量线，由于成本既定，所以只有一条等成本线。假定 CD 代表生产者在一定成本约束下的等成本线，CD 可以和许多等产量线相交，但只能和一条等产量线相切。图中 CD 和 Q_1 相交，和 Q_2 相切，和 Q_3 不相交也不相切。从图 4－6 中可以看出，生产者只能选择等产量线 Q_2，其原因在于，在既定成本约束下，生产者不可能达到 Q_3 的产量，虽然可以达到 Q_1 的产量，但这种生产不能使产量最大。因此用既定成本 CD 生产产量 Q_2，既是可能的，又是最经济的。

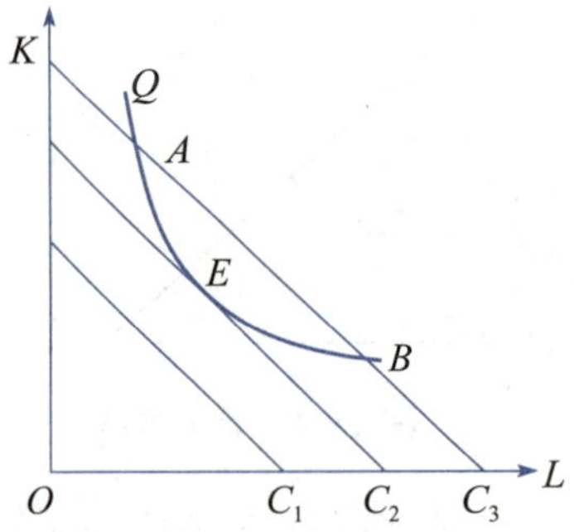

图 4－5　产量一定、成本最小的均衡

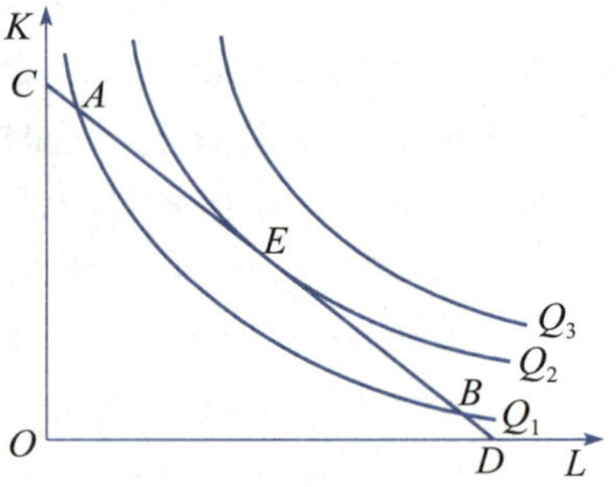

图 4－6　成本一定、产量最大的均衡

图 4－5 和图 4－6 中，等产量线与等成本线的切点 E 叫作生产者均衡点，是生产者成本最小或产量最大的组合点。在生产者均衡点上，生产者实现了利润最大化。

要素投入的最优组合是等产量线与等成本线的切点，这就要求等产量线的切线的斜率等于等成本线的斜率。由于等产量线的切线的斜率是两种生产要素的边际技术替代率，等成本线的斜率是两种生产要素的价格之比，因此，生产者均衡的条件可以表示为：

$$MRTS=-\frac{P_L}{P_K}$$

由于生产要素的边际替代率还等于生产要素的边际产量之比，因此，生产者均衡的条件也可以表示为：

$$\frac{MP_L}{MP_K}=\frac{P_L}{P_K}$$

或

$$\frac{MP_L}{P_L}=\frac{MP_K}{P_K}$$

这便是**生产者均衡或者说投入最优组合的条件**。用文字来表达，**生产者均衡的条件是：投入要素的边际产量之比，等于它们的价格之比。**或者说，厂商购买投入要素的每一单位货币所带来的边际产量都相等。即如果$\frac{MP_L}{P_L}>\frac{MP_K}{P_K}$，则每增加 1 元的劳动投入所增加的产量要大于每增加 1 元资本投入所增加的产量，生产者就会趋于用更多的劳动来代替资本，直至$\frac{MP_L}{P_L}>\frac{MP_K}{P_K}$为止，反之亦然，这一条件可以推广到采用多种生产要素进行生产的场合。

（四）生产的规模报酬与规模经济

规模报酬（收益）是指当所有投入同比例增加时，总产量的反应程度。假设生产函数为$Q=f(L，K)$，如果劳动L和资本K分别增加到aL和aK，其中$a>1$，那么产出将由$f(L，K)$增加到$f(aL，aK)$，规模报酬会出现三种情况，即递增、不变和递减。

经济师考点

规模报酬的含义

1. 生产的规模报酬及分类

经济师考点

规模报酬的分类

（1）规模报酬递增。

$f(aL，aK)>af(L，K)$，即：在其他条件不变的情况下，如果所有生产要素投入量增加一倍，产出增加量超过一倍，则生产函数为规模报酬递增。当一个企业的产量达到平均成本最低时，就能充分利用规模报酬递增的优势，实现最适规模。不同行业最适规模大相径庭，一般而言，冶金、石化、电力、造船等行业最适规模都很大。这是因为这些行业的设备日益大型化、复杂化和自动化，投资越来越多，只有在产量达到相当大数量时，才能实现规模经济。

（2）规模报酬不变。

$f(aL，aK)=af(L，K)$，即：在其他条件不变的情况下，如果所有生产要素投入量增加一倍，产出增加量正好为一倍，则生产函数为规模报酬不变。

生产的规模报酬与规模经济

（3）规模报酬递减。

$f(aL，aK)<af(L，K)$，即：在其他条件不变的情况下，如果所有生产要素投入量增加一倍，产出增加量小于一倍，则生产函数为规模报酬递减。

2. 规模经济

19 世纪末，英国经济学家马歇尔提出了这样一个理论：工业革命带来高效大型机器设备的广泛应用，必然导致企业规模扩大，有利于企业使用更先进的技术，实行更精细的分工、协作和专业化生产；也有利于企业产品零部件的标准化、通用化，生产经营的联合化和多样化，生产效率和收益提高，即规模经济。

但是，生产规模并不是越大越好。企业规模扩大以后，对外与市场的协调成本可能越来越高，内部运行机制的协调难度越来越大，加上管理与指挥系统的复杂化，信息的上传下达速度减慢，生产效率和收益下降，甚至会变成负值，即规模不经济。

【案例】小企业大智慧

有一家皮鞋作坊，父子俩经营，厂店合一，手工定做皮鞋。他们制作的皮鞋极为精致，根据每个人的脚型制作，穿着极为舒适，价格和名气都远远超过世界名牌，很多名人都穿这家店的鞋。类似这样的鞋厂，世界上还有不少。即使制鞋大国意大利，60%的名牌鞋都出自小厂，有80%的这种小厂工人在20人以下。

任务二 理解成本理论

经济师考点

成本的含义及分类

一、成本的含义及分类

（一）成本的含义

成本是指厂商在生产活动中所使用的各种生产要素的价格。生产要素包括劳动、土地、资本和企业家才能，所以成本包括工资、地租、利息和企业家才能的报酬。

（二）成本的分类

会计成本是指厂商在生产过程中按照市场价格直接支付的一切费用，这些费用一般均可以通过会计账目反映出来，例如房租等费用。

显性成本是指厂商在生产要素市场上购买或租用所需要的生产要素的实际支出。显性成本也称会计成本。

隐性成本是指厂商自己所拥有的用于该企业生产过程的那些生产要素的总价格。隐性成本必须从机会成本的角度按照厂商自有生产要素在其他最佳用途中所能得到的收入来支付；否则，厂商会把自有生产要素转移出本企业，以获得更高报酬。

经济成本是企业在生产经营中因使用各种生产要素所支付的代价。

经济师考点

短期成本的含义

二、短期成本分析

在短期内，由于生产要素不能全部根据生产规模变动进行调整，产品成本变动特点是一部分费用可变、另一部分费用相对不变。在短期成本分析中，主要研究由于产量变动所引起的总成本、平均成本和可变成本的变动规律，以及由此决定的企业生产经营规模的确定等问题。

经济师考点

短期成本的分类及关系

（一）短期成本的构成

1. 短期总成本、固定成本、可变成本和边际成本

短期总成本（Short-run Total Cost，TC）是指生产一定产量所需要的成本总额，它随产量的上升而上升。在短期内，总成本等于总固定成本加总可变成本，在长期中全部都是变动成本，总成本就是总变动成本。

固定成本（Fixed Cost，FC），是指不随产量的变动而变动的成本。固定成本是一个常量，即使企业停产，也必须支付。例如：借入资金的利息，租用厂房或设备的租金，固定资产的折旧费，停工期间无法解雇的雇员的薪金及保险费等。需要指出的是，在长期内，厂商可以根据产量的要求调整全部的生产要素投入量，甚至进入或退出一个行业。厂商所有的成本都是可变的。因此，但凡提及固定成本的生产一律属于短期生产的范畴。

短期成本概念、分类和曲线

可变成本（Variable Cost，VC）是指随着产出（产量）水平变化而变动的开支。例如原材料、工资和燃料等。

边际成本（Marginal Cost，MC）是指生产增加一单位产出所增加的成本。用公式表示为：

$$MC=\frac{\text{总成本变动量}}{\text{产量变动量}}=\frac{\Delta TC}{\Delta Q}$$

2. 短期平均成本、平均固定成本和平均可变成本

短期平均成本（Short-run Total Average Cost，AC）是厂商在短期内平均生产一单位产品所消耗的全部成本。平均成本的计算公式为：

$$\text{平均成本}(AC)=\frac{\text{总成本}}{\text{产量}}=\frac{TC}{Q}$$

平均固定成本（Average Fixed Cost，AFC）是厂商在短期内平均生产每一单位产品所耗费的固定成本。

$$\text{平均固定成本}(AFC)=\frac{\text{总固定成本}}{\text{产量}}=\frac{TFC}{Q}$$

平均可变成本（Average Variable Cost，AVC）是指厂商在短期内平均生产一单位产品所消耗的变动成本。

$$\text{平均可变成本}(AVC)=\frac{\text{总可变成本}}{\text{产量}}=\frac{TVC}{Q}$$

（二）短期成本曲线的特征

经济师考点

短期成本曲线的特征

平均成本、平均固定成本和平均可变成本三者之间的关系可用图 4－7 来表示。

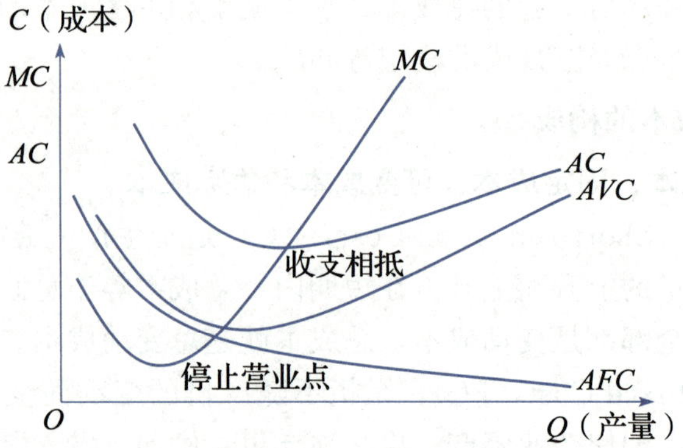

图 4-7 短期成本曲线

1. 曲线呈 U 形

从图 4-8 中我们发现，边际成本曲线变动取决于可变成本，因为所增加的成本只是可变成本，它的变动规律是：开始时，边际成本随产量的增加而减少；当产量增加到一定程度时，就随产量的增加而增加。短期边际成本曲线是一条先下降而后上升的 U 形曲线。

MC 与 *AC*、*AVC* 三条曲线呈 U 形。这一特征是由边际成本递增规律确定的：随着可变投入的增加，边际成本在开始时递减，随着可变投入的继续增加，最终会不断上升。

2. 边际成本、平均成本和平均可变成本之间的关系

边际成本（*MC*）曲线先穿过平均可变成本（*AVC*）曲线的最低点，然后穿过平均成本（*AC*）曲线的最低点。

（1）边际成本（*MC*）和平均成本（*AC*）之间的关系。

从图 4-7 中可以看出，U 形的 *AC* 曲线和 *MC* 曲线相交于 *AC* 曲线的最低点。相交前 *MC* 小于 *AC*，*MC* 曲线位于 *AC* 曲线的下方，*AC* 曲线必然会下降；相交后 *MC* 大于 *AC*，*MC* 曲线位于 *AC* 曲线的上方，*AC* 曲线必然会上升；在交点，*MC* 等于 *AC*。当 *AC* 等于 *MC* 时，*AC* 曲线既不上升，也不下降，且不管是上升还是下降，*MC* 的变动均快于 *AC* 的变动。

如果厂商销售商品的单价或平均收益等于 *MC* 和 *AC* 的相交点，那么，这个最低平均成本点便称为收支相抵点（盈亏平衡点），如图 4-7 所示，因为在这一点正好平均收益等于平均成本，超过这点继续增加产量，平均收益小于平均成本，将导致亏损。

（2）边际成本（*MC*）和平均可变成本（*AVC*）之间的关系。

U 形的 *AVC* 曲线和 *MC* 曲线相交于 *AVC* 曲线的最低点。相交前 *MC* 小于 *AVC*，*AVC* 下降，相交后 *MC* 大于 *AVC*，*AVC* 上升。在交点，*MC* 等于 *AVC*，*AVC* 处于最低点，且不管是上升还是下降，*MC* 的变动均快于 *AVC* 的变动。

如果厂商销售商品的单价或平均收益等于 *MC* 和 *AVC* 的相交点，那么，*AVC* 最低点通常可称为停止营业点，如图 4-7 所示，因为在这一点正好平均收益等于平均可变成本，超过这一点继续增加产量，平均收益小于平均可变成本，不仅收不回固定投入，连可变投入也不能完全收回，所以产量不能超过这一点。

（3）平均成本（AC）与平均可变成本（AVC）的关系。

AC 曲线始终位于 AVC 曲线的上方，AC 曲线的最低点高于 AVC 曲线的最低点。AC 大于 AVC 的部分就是 AFC。

企业做决策时一定要清楚什么时候盈利，什么时候停止营业。平均成本（AC）的最小值对应的产量是收支相抵点，也称为盈亏平衡点产量。当价格 P 小于 AC 时，则亏损。平均可变成本（AVC）的最小值对应的产量是停止营业点，也称为关门点。P 小于 AVC，企业停止营业。

（三）短期成本函数与短期生产函数

生产与成本是一个问题的两个方面，它们具有直接的对称关系。在技术水平和要素价格不变的条件下，一种变动投入的成本函数与生产函数之间的对称关系主要如下。

1. 总成本、总可变成本与总产量

由于 TC 与 TVC 都是总产量的函数，总产量 TP 先以递增的速度增加，然后以递减的速度增加；TC 和 TVC 先以递减的速度增加，后以递增的速度增加。

2. 平均成本、平均可变成本与平均产量

平均成本、平均可变成本与平均产量之间具有反向关系。APL 先上升，到最高点后再下降，AC、AVC 则都先下降，到最低点后再上升。APL 达到最高点时，AVC 达到最低点。

3. 边际成本与边际产量

边际成本（MC）与边际产量（MPL）之间也具有反向变动关系。边际产量先上升，到达最高点，然后下降，相交于 APL 曲线最高点。边际成本先下降，到达最低点，然后上升，先后与平均可变成本及平均成本最低点相交。边际产量达到最高点时，边际成本达到最低点。

三、长期成本分析

在长期内，厂商可以根据产量的要求调整全部生产要素的投入量，甚至进入和退出一个行业。此时，所有的成本都是可变的。对厂商长期成本的分析包括长期总成本（LTC）、长期平均成本（LAC）和长期边际成本（LMC）。

长期总成本（LTC）是指厂商在长期中，在各种产量水平上，通过改变生产规模所能达到的最低总成本。

例如，在长期中，要生产同样的产量，厂商的成本可大可小，为了得到100千克水，可雇一个人挑，或找两个人抬，或找3个人运，不同的生产规模（投入及组合），总成本是不一样的；每天销售5万个面包，可以是一个店，也可以开3个或10个分店，而厂商选择的生产规模和生产方式必须是生产成本

最低的。

长期平均成本（LAC）可以根据短期平均成本曲线求得。在图 4－8 中有 3 条短期平均成本曲线 SAC_1、SAC_2 和 SAC_3，它们各自代表了 3 个不同的生产规模。在长期内，厂商根据产量要求，选择最优的生产规模进行生产。假定厂商生产 Q_1 的产量，则厂商会选择 SAC_1 曲线所代表的生产规模，以 OC_1 的平均成本进行生产。对于产量 Q_1 而言，平均成本 OC_1 是低于其他任何规模下的平均成本的。假定厂商生产的产量为 Q_2，则厂商会选择 SAC_2 曲线所代表的生产规模进行生产，相应的最小生产成本为 OC_2，如果选择生产规模 SAC_1，则平均成本为 OC_1，明显高于 OC_2。假定厂商生产的产量为 Q_3，则厂商会选择 SAC_3 曲线所代表的生产规模进行生产，相应的最小平均成本为 OC_3。

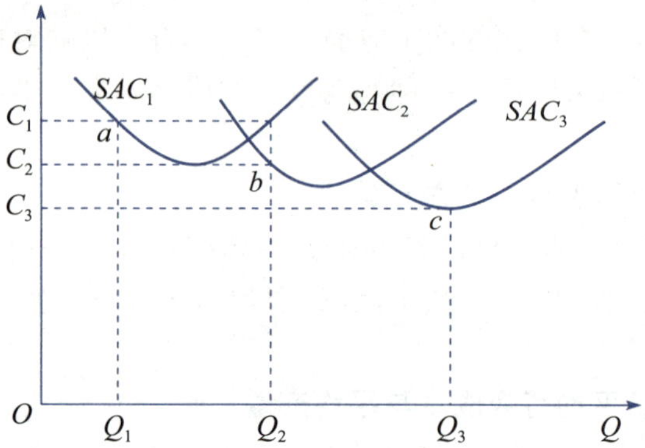

图 4－8　最优生产规模选择

在长期中，厂商总是可以在每一产量上找到相应的成本较低的最优的生产规模进行生产。在短期内，厂商做不到这一点。假定厂商现有生产规模为 SAC_1，需要生产的产量为 OQ_2，那么，厂商在短期内只能以 SAC_1 曲线上的 OC_1 的平均成本来生产，而不可能是 SAC_2 曲线上以较低的平均成本 OC_2 来生产。

由于长期内可供厂商选择的生产规模是很多的，在理论的分析中，可以假定生产规模无限细分，从而可以有无数条 SAC 曲线，于是，便可得到长期平均成本 LAC 曲线，如图 4－9 所示。

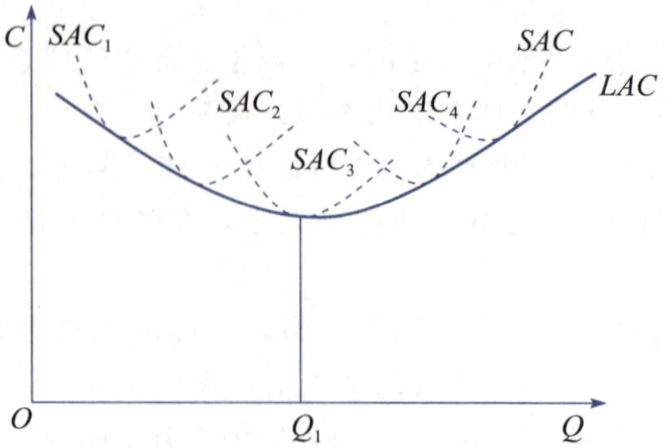

图 4－9　长期平均成本曲线

在图 4-9 中，长期平均成本曲线（LAC）是无数条短期平均成本曲线（SAC）的包络线。在这条包络线上，连续变化的任一个产量水平都存在 LAC 曲线和一条 SAC 曲线的相切点。该 SAC 曲线所代表的生产规模就是生产该产量的最优生产规模，该切点所对应的平均成本就是相应的最低平均成本。LAC 曲线表示厂商在长期内在每一产量水平上可以实现的最小的平均成本。

如图 4-10 所示，长期边际成本曲线（LMC）呈 U 形，它与长期平均成本曲线（LAC）相交于长期平均成本曲线（LAC）的最低点。其原因在于：根据边际量和平均量之间的关系，当 LAC 曲线处于下降时，LMC 曲线一定处于 LAC 曲线的下方，也就是说，此时 LMC＜LAC，LMC 将 LAC 拉下；相反，当 LAC 曲线处于上升时，LMC 曲线一定位于 LAC 曲线的上方，也就是说，此时 LMC＞LAC，LMC 将 LAC 拉上。在 E 点的左侧，是规模报酬递增的区域，在此区域，每增加一单位产量所导致的长期总成本的增量（即 LMC）小于每单位产品的长期成本（即 LAC），因此，LMC 曲线位于 LAC 曲线的下方；而在 E 点的右侧，是规模报酬递减的区域，在此区域，每增加一单位产量所导致的长期总成本的增量大于每单位产品的长期成本，因此，LMC 曲线位于 LAC 曲线的上方。在 E 点，LAC、LMC、SAC_2 和 SMC_2 4 条曲线汇于一处。

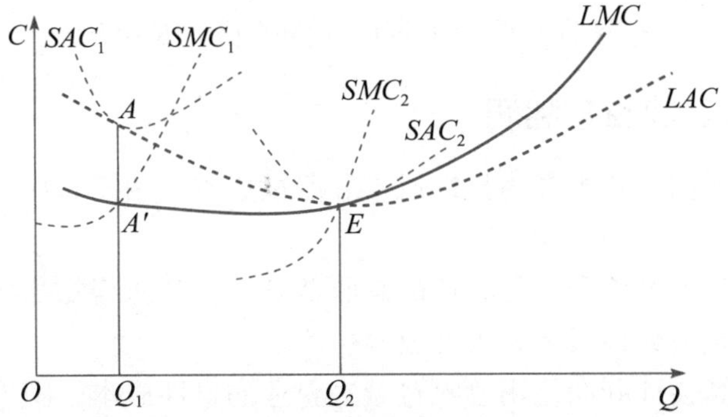

图 4-10 长期边际成本曲线

在长期平均成本曲线（LAC）与长期边际成本曲线（LMC）的构成中，有以下几个重要的特性需注意：第一，长期平均成本曲线是短期平均成本曲线的包络线，因为长期成本曲线是所有短期成本中，针对每一个产量都能达到最低成本的组合。而长期边际成本曲线虽然是由长期边际成本组成的，但却不是长期边际成本曲线的包络线。第二，长期平均成本曲线，是某一产量下所有短期成本中生产成本最低的一点，但该点不一定是该短期平均成本的最低点。第三，长期平均成本曲线下降时，会与短期成本曲线的下降部分相切；而长期平均成本曲线上升时，会与短期成本曲线的上升部分相切。第四，唯有在长期平均成本曲线的最低的一点才会与短期成本曲线的最低点相切。此时由于边际成本曲线也正好与长期平均成本曲线相交于该点，所以长期边际成本曲线也会通过该点。

任务三　掌握收益、成本和利润的构成

一、总收益、平均收益和边际收益

总收益（Total Revenue，TR）指的是销售商品的全部收入。总收益等于商品价格与商品销售数量的乘积，即：

$$总收益(TR)=商品价格(P)\times 商品销售数量(Q)$$

平均收益（Average Revenue，AR）是指企业销售的每一单位产量平均得到了多少收益。平均收益等于总收益除以产量。在商品价格不变的前提下，平均收益等于销售商品的价格。

$$AR=P$$

边际收益（Marginal Revenue，MR）是每多销售一单位产量所引起的总收益的变动量。对竞争企业来说，P 是固定的。因此，当 Q 增加一单位时，总收益增加 P 元，边际收益等于销售商品的价格 $MR=P$。

二、成本、收益与利润

在前面，我们把成本分为显性成本和隐性成本。由于总成本包括的内容不同，因此形成了不同的利润。

经济学家认为经济利润是企业的总收益减去生产所售物品与劳务的所有成本，即总收益减去显性成本和隐性成本。

会计师计算会计利润是用总收益减去企业的显性成本。图 4－11 显示了这两个利润的不同。

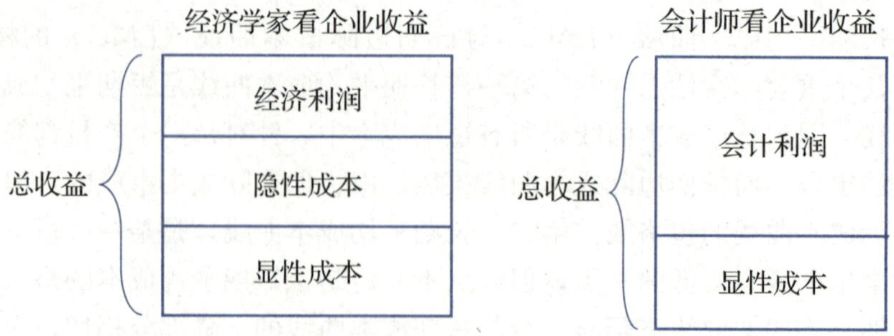

图 4－11　经济利润和会计利润

经济学家眼中的总成本包括显性成本和隐性成本，而会计师只衡量显性成本，所以，经济利润小于会计利润。

【课堂练习】

小赵大学毕业后，针对专升本考试办理辅导班，前期办理许可证花费 10 000 元，聘用教师花费 20 000 元，教室的租赁费 10 000 元，每位学生资料费 50 元，参加补习班学生每人交纳学费 500 元，业务员招生提成 10%。问需要招到多少学生才能做到损益平衡？

解： 专升本考试办理辅导班的固定成本是：

$$FC = 10\,000 + 20\,000 + 10\,000 = 40\,000(\text{元})$$

专升本考试办理辅导班的平均可变成本是：

$$AVC = 50 + 500 \times 10\% = 100(\text{元})$$

设损益平衡时学生人数为 X，根据 $TR = TC$ 列方程：

$$500X = 40\,000 + 100X$$

解得 $X = 100$。所以需要招 100 名学生才能做到损益平衡。

三、利润最大化的原则

企业从事生产或出售商品不仅要求获取利润，而且要求利润最大化。**企业利润最大化的生产原则就是产量的边际收益等于边际成本，即 $MR = MC$。**

边际收益（MR）是最后增加一单位销售量所增加的收益；边际成本（MC）是最后增加一单位产量所增加的成本。如果增加一单位产量后的 MR 大于 MC，则意味着增加产量可以增加总利润，于是企业会继续增加产量，以实现利润最大化的目标。如果增加一单位产量后的 MR 小于 MC，则意味着增加产量不仅不能增加利润，反而会发生亏损，这时企业为了实现利润最大化目标，就会减少产量。只有在边际收益等于边际成本时，企业的总利润才能达到最大值。所以 $MR = MC$ 为利润最大化的条件，这一条件适用于所有类型的市场。

在实际生产中，企业寻找利润增长点主要有以下 3 种途径：一是从利润的来源上寻找。企业通过营销手段扩大收益、通过管理手段降低成本，以实现利润的增长。二是从利润的生成过程中寻找。所谓利润的生成过程，是指“利润最大化的交易时间、地点和可复制程度”。例如，一个服装企业定位于高端人群，只针对写字楼里的老板提供个人定制服务，结果在上海一个地方每年的利润就有将近一千万元，在产品同化、销售同化的时代，着眼于利润的生成过程往往会得到意想不到的收益。三是从利润的产出形式上寻找。一个连续多年蝉联越野车销售冠军的汽车销售商，新车厂价销售，不要任何利润，但车辆改装独家签约承揽。因为销售商发现开越野车的人在买新车的时候不愿意多花一块钱，可是改装自己的车却愿意不断地大把掏钱。很多时候利润的多少不仅仅是由差价决定的，产出形式上的细分差别往往决定了一个产品或者一个企业的盈利能力。

拓展阅读
中国式现代化建设新征程中的知识产权强国建设道路探析

即测即评

扫一扫 练一练

项目五

洞悉市场结构与定价

素养目标： 深刻理解垄断对效率的扭曲和对创新的打压，树立反垄断意识，努力探索适合我国国情的反垄断法。

知识目标

1. 掌握完全竞争市场的含义与条件，短期均衡与长期均衡；
2. 掌握完全垄断厂商的价格歧视；
3. 理解完全垄断、垄断竞争、寡头垄断市场的含义与条件；
4. 理解垄断竞争厂商的营销策略；
5. 了解寡头垄断厂商的博弈。

技能目标

培养学生创新精神与实践能力，能够分析在不同市场结构下，厂商如何通过产量与价格的调整，在短期和长期内实现利润最大化；学会运用各类市场均衡的含义初步分析现实社会中各类市场中价格歧视、广告营销等经济现象。

经济师考点

1. 市场结构的含义和划分标准；
2. 市场结构的特征；
3. 完全竞争市场行业和个别厂商需求曲线的区别；
4. 完全竞争市场的收益曲线；
5. 厂商产量决策的基本原则；
6. 完全竞争市场厂商短期供给曲线的特点；
7. 完全垄断厂商需求曲线的特征；
8. 完全垄断厂商平均收益与边际收益曲线特征；
9. 完全垄断厂商产量和价格决策的基本原则；

10. 完全垄断厂商定价的简单法则；
11. 价格歧视的含义及实施条件；
12. 垄断竞争市场生产者行为；
13. 寡头垄断市场上的价格决定；
14. 卡特尔的含义；
15. 市场结构与厂商行为。

知识图谱

- 市场结构与定价
  - 市场结构及类型
    - 市场结构的含义
    - 市场结构的划分标准
    - 各种市场结构的特征
      - 完全竞争市场特征
      - 完全垄断市场特征
      - 垄断竞争市场特征
      - 寡头垄断市场特征
  - 完全竞争市场
    - 含义、条件
    - 需求曲线和收益曲线
      - 行业和个别企业需求曲线
      - 收益曲线
    - 短期均衡
    - 长期均衡
  - 完全垄断市场
    - 条件
    - 需求曲线和收益曲线
    - 短期均衡
    - 长期均衡
    - 定价策略
      - 单一定价
      - 价格歧视
        - 一级价格歧视
        - 二级价格歧视
        - 三级价格歧视
  - 垄断竞争市场
    - 条件
    - 短期均衡
    - 长期均衡
  - 寡头垄断市场
    - 条件
    - 价格决定——博弈论
    - 价格形成的模型
      - 寡头的竞争博弈
      - 博弈论在商界的应用
    - 寡头厂商的供给曲线
  - 市场结构与企业行为的关系

项目导读

企业如何在市场竞争中实现利润最大化?

20世纪80年代，彩电在中国刚刚兴起，由于需求增加，彩电价格高、利润丰厚，几年以后，大量的企业进入该行业，从而使彩电的供给大量增加。20世纪90年代末，彩电需求基本饱和，由于各家企业的产品没有多大的品质差异，于是竞争的手段只能是价格。经过几年的价格战，一些规模较小的企业或破产或被兼并。企业用降价的方式来占领市场，在这种情况下，谁的成本低、规模大，谁就能在价格战中生存下来。通过这样一个激烈的行业结构优化进程，最终形成几家大企业控制该行业，即所谓的寡头市场。各行业的市场发展进程大概都经历了这样几个阶段：完全竞争、个别企业在质量上脱颖而出成为龙头企业，从而决定行业的价格趋势。

项目四中介绍的生产者行为是企业本身的生产决策，即企业决定自己生产什么、生产多少，以及如何生产。企业在做出这类生产决策时，是相对独立的。但是企业只有在市场上把产品卖出去，才能把企业内实现的生产效率变为实际的收益或利润。本项目所要介绍的正是企业在市场上的行为，即在既定的市场限制下，如何实现利润最大化。因此，项目四和项目五的内容有密切联系，前者是企业内的决策，后者是市场的决策，这两者都是实现利润最大化必不可少的。

任务一　了解市场及其分类

一、市场（“看不见的手”）

市场（Market），是指从事某一种商品买卖的交易场所或接触点。市场可以是一个有形的买卖商品的场所，也可以是一个利用现代化通信工具进行商品交易的接触点。任何一种商品都有一个市场，有多少种商品，就有多少个市场，譬如大米市场、服装市场、汽车市场、期货市场。

行业（Industry），是指为同一个商品市场生产和提供产品的所有厂商的总体。同一种商品的市场和行业的类型是一致的。例如，完全竞争市场对应的是完全竞争的行业等。

经济师考点

市场结构的含义和划分标准

二、市场结构及划分标准

(一) 市场结构

1. 市场结构的含义

市场结构（Market Structure），是指市场的组织和构成，它会影响厂商的行为和活动。也可以说市场结构就是指某种产品或服务的竞争状况和竞争程度。通常根据竞争和垄断程度的强弱来划分市场结构。竞争是指每个买者和卖者与市场的规模相比微乎其微，因而它们各自没有能力影响市场价格。垄断是指某个企业可以影响出售商品的市场价格，也就是说，该企业有市场势力。

2. 判断市场的垄断与竞争程度

现实生活中，我们可以从以下 4 个要素判断市场的垄断与竞争程度：

(1) 市场上厂商的数目。某一市场的参与者数量越多，通常竞争程度就越高；反之，则竞争程度低。

(2) 厂商所生产的产品的差异程度。产品差异是指同一种产品在质量、形式、包装等方面的差异。产品差异越大，垄断程度就越高；产品差异越小甚至雷同，竞争程度就越高。

(3) 单个厂商对市场价格的控制程度。由市场供求关系决定产品交易价格的市场，通常竞争程度较高；厂商在不同程度影响产品交易价格的市场，一般竞争程度较弱，且易形成垄断。

(4) 厂商进入或退出一个行业的难易程度。一个行业的进入门槛越高，进入限制越多，垄断程度就越高；一个行业的进入门槛越低，进入限制越少，竞争程度就越高。

3. 形成垄断的原因

形成垄断的主要原因包括：自然原因和立法原因。自然原因是指某些厂商对某一特定资源控制，例如，美国铝业公司由于不断扩张规模而对原生铝市场占有压倒性的份额，从而形成垄断。某些行业由于规模报酬递增的存在，当规模扩大时，其平均成本会随着产量的扩大而降低。这样的行业需要巨大的资本设备才能有效经营，例如自来水厂、汽车行业等。另一些厂商得到特许经营权、许可证或专利技术，从而形成垄断。特许经营权是指政府通过立法把某个行业的经营权交给某个企业，其他企业不得从事这个行业，例如邮政业务由邮政局垄断。许可证制度是指某些行业由政府发放许可证，没有许可证不得进入这个行业。例如，出租车必须有营业牌照才可以经营。专利和著作权是政府为鼓励发明创造，保护发明家和投资者利益而制定的权利。发明创造和著作权一旦经过审核批准，发明家和投资者就获得了独家经营的特权，在其有效期内便是垄断者。上述内容如图 5-1 所示。

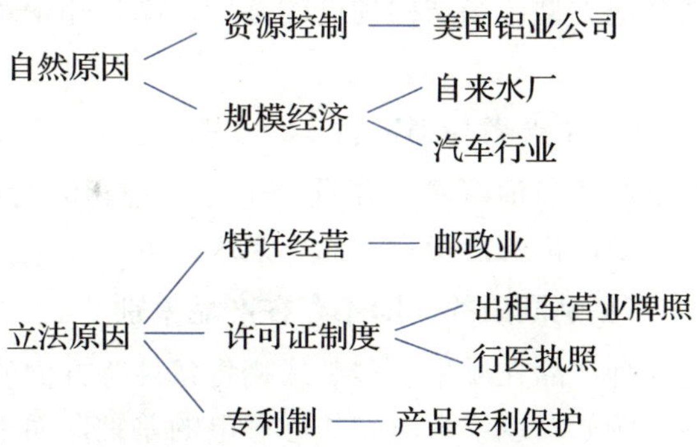

图 5-1　自然原因和立法原因

（二）市场结构的标准和特征

经济师考点

市场结构的特征

根据是否为纯粹的竞争市场，经济学将市场分为完全竞争市场和不完全竞争市场两大类，在此基础上又根据竞争和垄断程度的强弱将市场划分为完全竞争市场、完全垄断市场、垄断竞争市场、寡头垄断市场 4 个类型。这 4 种不同类型的市场及厂商的特点见表 5-1。

各市场结构的特征

表 5-1　市场类型的划分及厂商特点

市场类型	厂商数量	产品差别程度	个别厂商控制价格程度	厂商进出行业的难易程度	现实中接近的市场
完全竞争市场	很多	几乎没有	厂商只能被动地接受市场价格	很容易	农产品
垄断竞争市场	较多	有很小的差异	有很小的影响力	较容易	服装、餐饮
寡头垄断市场	只有几个	有差异或者无差别	有较大的影响力	困难	汽车、钢铁、石油
完全垄断市场	一个	只有一种产品，没有替代品	价格受厂商的控制	不可能	自来水、电力

任务二　认识完全竞争市场

一、完全竞争市场的条件

完全竞争市场又称纯粹竞争市场，是指只有竞争没有垄断的市场结构。完全竞争市场理论是其他类型市场结构理论的基础。满足完全竞争市场的条件有以下 4 个。

（一）市场上有许多生产者与消费者

市场上有许多生产者与消费者，并且每个生产者和消费者的规模都很小。每个主体都是既定市场价格的接受者，而不是决定者。

（二）市场上的产品是同质的，即不存在产品差别

产品差别是指同种产品在质量、包装或销售条件等方面的差别，不是指不同产品之间的差别。例如，创维彩电与长虹彩电的差别，而不是彩电与空调的差别。因此，厂商不能凭借产品差别对市场实行垄断。

（三）资源完全自由流动

各种资源都可以完全自由流动而不受任何限制。任何一个厂商都可以按照自己的意愿自由地扩大或缩小生产规模，进入或退出某一完全竞争的行业。

（四）市场信息畅通

厂商与居民双方都可以获得完备的市场供求信息，双方不存在相互的欺骗。

理论分析上所假设的完全竞争市场的条件是严苛的，它是一种理想的市场结构。在现实经济生活中，完全竞争市场是不存在的，但经济学家们提供了一个标准，对照这个标准，现实生活中的农产品等市场可以被看作近似于完全竞争市场。

二、完全竞争市场的需求曲线和收益曲线

（一）完全竞争市场的需求曲线

经济师考点

完全竞争市场行业和个别厂商需求曲线的区别

消费者对整个行业所生产的商品的需求量称为行业需求量，相应的需求曲线称为行业需求曲线。消费者对行业中的单个厂商所生产的商品的需求量称为厂商需求量，相应的需求曲线称为厂商需求曲线。

对整个行业而言，需求曲线是一条向右下方倾斜的曲线，供给曲线是一条向右上方倾斜的曲线，整个行业产品的价格就由这种需求与供给决定。在图 5-2（a）中，向右下方倾斜的 D 曲线就是完全竞争市场的行业需求曲线，供给曲线是一条向右上方倾斜的曲线，需求曲线与供给曲线交点处的价格 P_0 就是整个行业的均衡价格。

完全竞争市场的需求曲线和收益曲线

对个别厂商来说情况就不同了。当市场价格确定之后，对个别厂商来说，这一价格就是既定的，无论它如何增加产量都不能影响市场价格。也就是说，在既定的价格下，市场对个别厂商产品的需求是无限的。因此，市场对个别厂商产品的需求曲线是一条由既定市场价格出发的平行线，如图 5-2（b）中的 D 所示。它的含义是，完全竞争市场中的厂商只能被动接受既定的市场价格，单个厂商无法通过改变销售量来影响市场价格。而且，这条需求曲线的需求价格弹性系数为无限大，即在每一既定价格水平下，单个厂商总能把其愿意销售

的任何数量的产品销售出去。**在完全竞争市场上，厂商需求曲线 D 与平均收益曲线 AR 和边际收益曲线 MR 三条线重合在一起。**

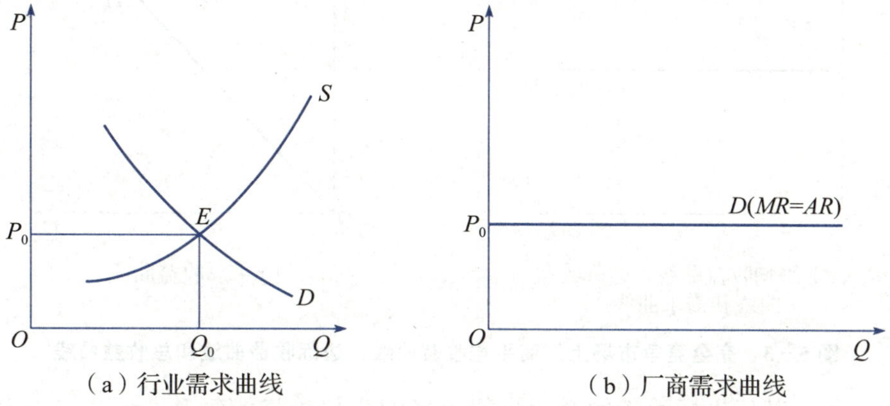

图 5-2 完全竞争市场上的行业需求曲线和厂商需求曲线

（二）完全竞争市场的收益曲线

经济师考点

完全竞争市场的收益曲线

厂商收益就是厂商的销售收入，可以分为总收益、平均收益和边际收益。

总收益（Total Revenue，TR）是指厂商销售一定量产品所得到的全部收入，即价格与销售量的乘积。以 P 表示商品的市场价格，以 Q 表示销售量，则有：

$$TR=P\times Q$$

总收益曲线是一条从原点出发的、斜率为产品价格的直线，如图 5-3（b）所示，随着厂商销售量的增加，厂商的总收益不断增加。

平均收益（AR）是指厂商在平均每一单位产品销售上所获得的收入。用公式表示为：

$$AR=\frac{TR}{Q}=\frac{P\cdot Q}{Q}=P$$

边际收益是厂商每增加一单位产品销售所获得的总收入的增量。用公式表示为：

$$MR=\frac{\Delta TR}{\Delta Q}=\frac{P\cdot \Delta Q}{\Delta Q}=P$$

由于 $AR=P$，$MR=P$，所以 $AR=MR=P$，如图 5-3（a）所示。

注意：在各种类型的市场上，平均收益与价格都是相等的（即 $AR=P$），因为每单位产品的售价就是其平均收益。但只有在完全竞争市场上，对个别企业来说，才有平均收益=边际收益=价格（$AR=MR=P$）。因为只有在完全竞争市场上，个别厂商销售量的增加才不影响价格。在完全竞争市场上，厂商每增加一单位产品的销售，市场价格仍然不变，从而每增加一单位产品销售的边际收益 MR 也不变，边际收益等于价格。

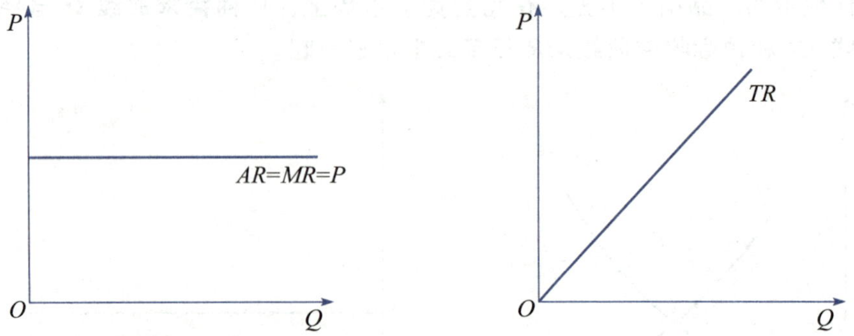

（a）平均收益曲线、边际收益曲线和需求曲线　　（b）总收益曲线

图 5－3　完全竞争市场上厂商平均收益曲线、边际收益曲线和总收益曲线

例如，某奶牛场面临的全国牛奶市场的牛奶价格为每升 6 元，它的总收益、平均收益和边际收益如表 5－2 所示。由于某一个奶牛场牛奶的产量在全国牛奶市场中微不足道，它所处的牛奶市场近似于完全竞争市场，因此它只有被动地接受市场决定的价格，而且平均收益＝边际收益＝价格＝6 元（$AR=MR=P=6$）。

表 5－2　某奶牛场的收益表

产量（升）（Q）	价格（元）（P）	总收益（元）（$TR=PQ$）	平均收益（元）（$AR=TR/Q$）	边际收益（元）（$MR=\Delta TR/\Delta Q$）
1	6	6	6	—
2	6	12	6	6
3	6	18	6	6
4	6	24	6	6
5	6	30	6	6
6	6	36	6	6
7	6	42	6	6
8	6	48	6	6

经济师考点

厂商产量决策的基本原则

三、完全竞争市场上的短期均衡

厂商利润最大化的条件：边际收益＝边际成本（$MR=MC$）。

当 $MR=MC$ 时，厂商实现利润最大化，但并不意味着厂商肯定盈利，究竟是盈利还是亏损，只能比较在均衡数量下的市场价格和平均成本。如果市场价格大于平均成本，厂商便有盈利；如果市场价格小于平均成本，厂商便会亏损。仍以上述某奶牛场为例，其成本与收益表如表 5－3 所示。

表 5-3 某奶牛场的成本与收益表

产量(升)(Q)	价格(元)(P)	总收益(元)($TR=PQ$)	总成本(元)(TC)	利润(元)($TR-TC$)	平均收益(元)($AR=TR/Q$)	边际收益(元)($MR=\Delta TR/\Delta Q$)	平均成本(元)($AC=TC/Q$)	边际成本(元)($MC=\Delta TC/\Delta Q$)	平均固定成本(元)(AFC)	平均可变成本(元)(AVC)
1	6	6	5	1	6	6	5	—	3	2
2	6	12	8	4	6	6	4	3	1.5	2.5
3	6	18	12	6	6	6	4	4	1	3
4	6	24	17	7	6	6	4.3	5	0.8	3.5
5	6	30	23	7	6	6	4.6	6	0.6	4.0
6	6	36	30	6	6	6	5	7	0.5	4.5
7	6	42	38	4	6	6	5.4	8	0.4	5
8	6	48	47	1	6	6	5.9	9	0.4	5.5
9	6	54	54	0	6	6	6	7	0.3	5.7
10	6	60	61	−1	6	6	6.1	6	0.3	5.8
12	6	72	76	−4	6	6	6.3	7	0.3	6
15	6	90	110	−20	6	6	7.3	10	0.2	7.1

表 5-3 反映了某奶牛场的成本与收益情况，从表中可以看出，奶牛场通过调整自己的产量来影响边际收益和边际成本，从而实现利润最大化。根据表 5-3 作图。

(1) 当市场价格 $P=AR>AC$ 时，厂商获得超额利润。

当它的产量在 1～8 升时，$P=AR=6>AC$，可以获得 1～7 元的超额利润，如图 5-4 (a) 所示。

(2) 当市场价格 $P=AR=AC$ 时，厂商超额利润为零，但可获得正常利润。

当它的产量为 9 升时，$P=AR=AC=6$ 元，超额利润为 0，如图 5-4 (b) 所示。

(3) 当 $P=AR<AC$，$AR>AVC$，厂商亏损，但仍继续生产。

当它的产量为 10 升时，$P=AR=6$ 元$<AC=6.1$ 元，AR (6 元) $>$ AVC (5.8 元)，奶牛场亏损 1 元，但因继续生产除可收回全部可变成本外，还可补偿部分固定成本的损失，所以仍可继续生产，如图 5-4 (c) 所示。

(4) 当 $P=AR=AVC$ 时，厂商亏损，停止营业。

当它的产量为 12 升时，$P=AR=AVC=6$ 元，奶牛场亏损 4 元，此时达到停止营业点，如图 5-4 (d) 所示。

(5) 当 $P=AR<AVC$，厂商亏损且停止生产。

当它的产量为 15 升时，$P=AR=6$ 元$<AVC$ (7.1 元) $<AC$ (7.3 元)，奶牛场亏损扩大至 20 元，没有继续生产的必要，如图 5-4 (e) 所示，E 点是停止生产点。

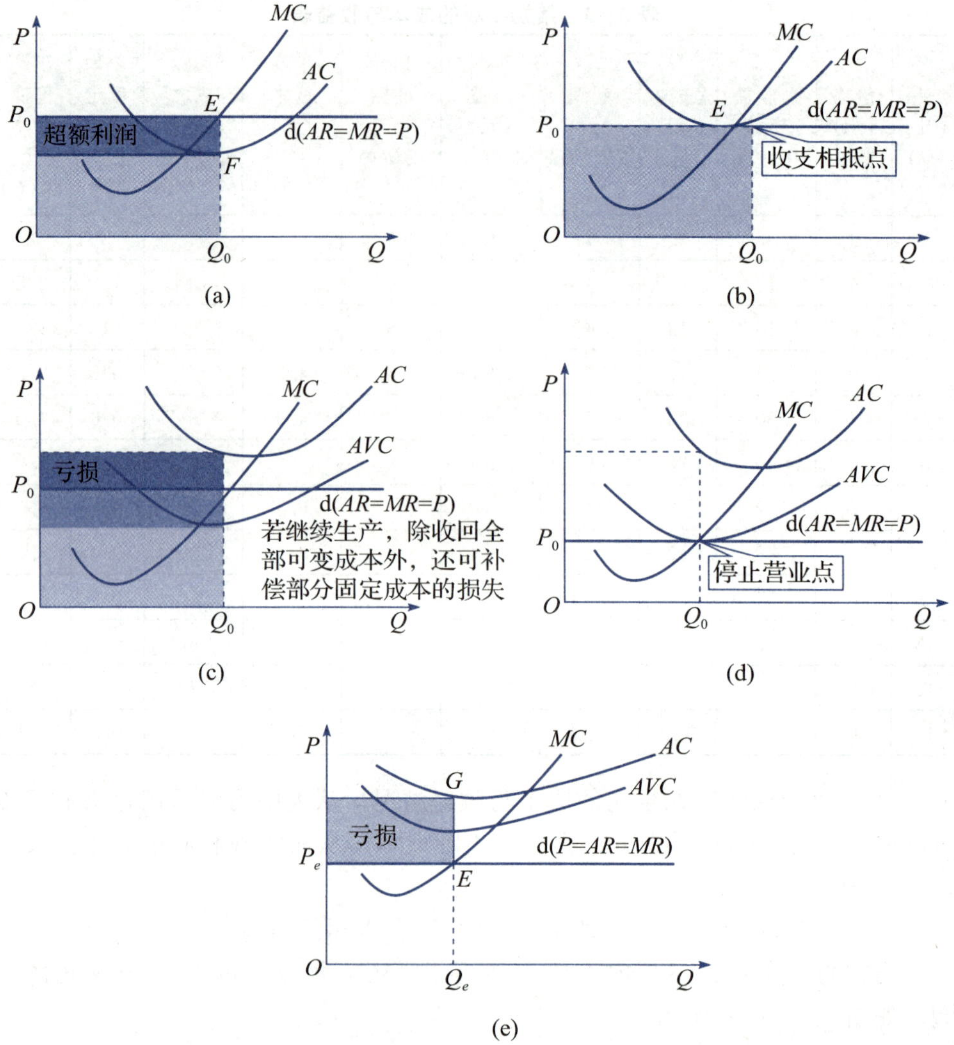

图 5-4　完全竞争市场上厂商短期均衡

【课堂练习】

完全竞争行业中某厂商的成本函数为 $TC=Q^3-5Q^2+20Q+50$，假设产品价格为 45 元。

（1）求利润最大时的产量及利润总额。

（2）如果市场需求发生变化，由此决定的新的价格为 25.5 元，在新的价格下，厂商是否会发生亏损？如果亏损，亏损多少？

（3）该厂商在什么情况下停止营业？

解：（1）根据完全竞争厂商 $MR=MC$ 利润最大化原则，求出利润最大化时的产量。

$$STC=Q^3-5Q^2+20Q+50 \quad MC=dTC/dQ=3$$

$$P=MC=45 \quad 3Q^2-10Q+20=45$$

$3Q^2-10Q+20-45=0$

$(3Q+5)(Q-5)=0$

$Q_1=-5/3$(舍去)　$Q_2=5$

当 $Q_2=5$ 时，利润 $=TR-TC=PQ-(Q^3-5Q^2+20Q+50)=45\times5-(5^3-5\times5^2+20\times5+50)=75$（元）。

（2）当 $P=25.5$ 时，根据 $P=MC$　即：

$25.5=3Q^2-10Q+20$

$Q_1=3.81$　$Q_2=-0.48$(舍去)

利润 $=TR-TC=PQ-(Q^3-5Q^2+20Q+50)$

$=25.5\times3.81-(3.81^3-5\times3.81^2+20\times3.81+50)$

$=-11.78$(元)

所以在新的价格下，厂商会发生亏损。

（3）当市场价格下降到 P 小于等于平均可变成本 AVC，即 $P\leqslant AVC$ 时，厂商必须停产。

因为 $TC=VC+FC$，$FC=50$

所以 $VC=Q^3-5Q^2+20Q$

$$AVC=TVC/Q=\frac{Q^3-5Q^2+20Q}{Q}=Q^2-5Q+20$$

对 Q 求导：

令 $AVC/dQ=0$，即 $2Q-5=0$　$Q=2.5$ 时，AVC 达到最小值。

把 $Q=2.5$ 代入 AVC，$AVC=13.75$。所以当市场价格 $P=13.75$ 时，厂商必须停产。

四、完全竞争市场的短期供给曲线

在短期中，厂商的供给曲线位于平均可变成本曲线最低点以上的短期边际成本曲线[或称：停止营业点以上（$P\geqslant AVC$）的那部分边际成本曲线所代表的曲线]。如图 5-5 中的 E_3MC。

经济师考点

完全竞争市场厂商短期供给曲线的特点

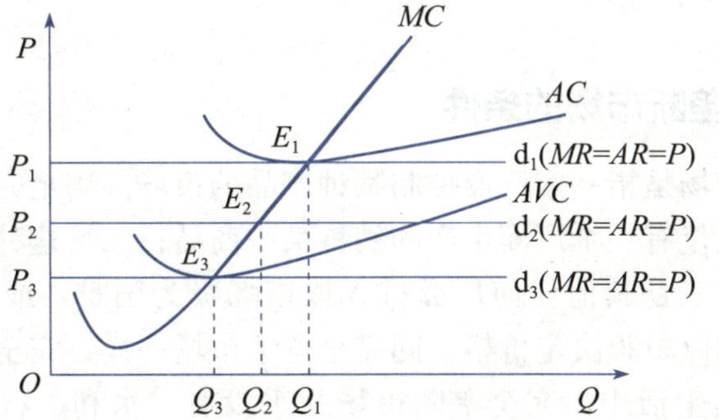

图 5-5　完全竞争市场上厂商的短期供给曲线

五、完全竞争市场的长期均衡

在完全竞争市场上，短期内厂商来不及调整固定投入，只要市场价格大于或等于平均可变成本，就会继续生产，因而可能出现获得超额利润或亏损的情况。但在长期生产中，所有的生产要素投入量都是可以调整的，厂商可以对生产规模进行调整，也可以进入或退出一个行业。长期均衡时，厂商依旧要遵循 $MR=MC$（LMC）的原则。但是，由于长期生产的特点，完全竞争市场上厂商的长期均衡只有一种状态：所有厂商都达到零利润均衡，都只获得正常利润，如图 5－6 所示。

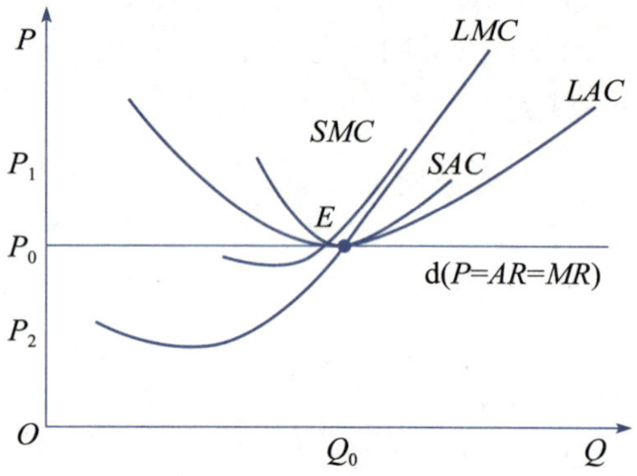

图 5－6 完全竞争市场上厂商的长期均衡

说明：

1. 图中长期均衡点 E 又是收支相抵点，此时厂商所获得的只是作为生产要素之一的企业家才能的报酬——正常利润；

2. 实现长期均衡时，$LMC=LAC$，此时，AC 处于最低点。这说明在完全竞争条件下，可以实现成本最小化，即经济效率最高。这就是经济学家把完全竞争作为最优状态的理由。

完全竞争下的长期均衡条件：$MR=LMC=SMC=LAC=SAC$。

任务三 认识完全垄断市场

一、完全垄断市场的条件

完全垄断市场是指一家厂商控制某种产品的市场。满足完全垄断市场的条件：一是市场上仅有一个厂商生产和销售某一商品；二是这种商品不存在任何相近的替代品；三是其他任何厂商进入该市场极为困难，或者是根本不可能的；四是厂商可以单独决定价格。同完全竞争市场一样，完全垄断市场的假定条件严苛，现实生活中，完全垄断市场几乎没有。水利、石油、电信业、铁路、航空、烟草、金融、证券、天然气、电力等市场类似于完全垄断市场。

二、完全垄断厂商的需求曲线和收益

（一）需求曲线

完全垄断市场（行业）中只有一个厂商，因此完全垄断市场中的厂商面临的需求曲线就是市场的需求曲线。它是一条表明需求量与价格呈反方向变动的向右下方倾斜的曲线。垄断厂商是产品价格的决定者，所以它可以通过减少销售量的办法来提高市场价格，也可以用增加销售量的办法来压低市场价格。

经济师考点

完全垄断厂商需求曲线的特征

经济师考点

完全垄断厂商平均收益与边际收益曲线特征

完全垄断市场的需求曲线、平均收益和边际收益

（二）平均收益与边际收益

表 5-4 是某自来水供应商的收益表。从表中可以知道，自来水的市场价格 P 随着销售量的不断增加而下降，边际收益 MR 也是呈现不断下降的趋势，且比平均收益下降得更快，即 $MR<AR(P)$。供应商的总收益 TR 则是先增加后减少。

表 5-4　某自来水供应商的收益表

水量（立方米）(Q)	价格（元）(P)	总收益（元）($TR=PQ$)	平均收益（元）($AR=TR/Q$)	边际收益（元）($MR=\Delta TR/\Delta Q$)
0	11	0	—	
1	10	10	10	10
2	9	18	9	8
3	8	24	8	6
4	7	28	7	4
5	6	30	6	2
6	5	30	5	0
7	4	28	4	−2

根据表 5-4 可得平均收益、边际收益和总收益曲线，如图 5-7 所示。

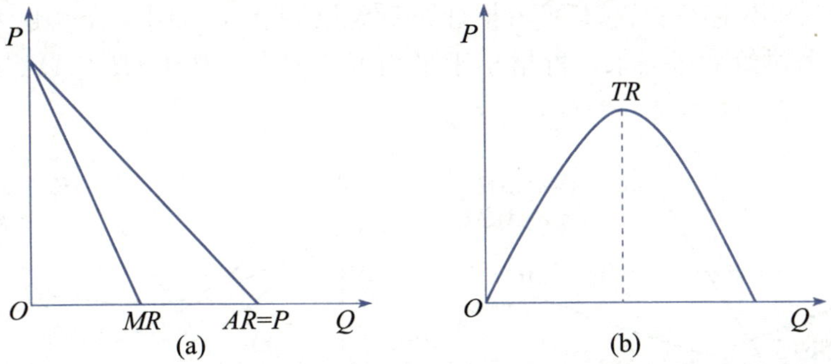

图 5-7　完全垄断厂商的收益曲线

完全垄断厂商的收益曲线有如下特征：

第一，厂商的平均收益曲线 AR 与需求曲线 D 重合，它们是一条向右下方倾斜的曲线。这说明在每一个销售量上厂商的平均收益都等于商品的价格，

即 $AR=P$。

第二，当销售量增加时，产品的价格会下降，厂商的边际收益减少，边际收益曲线 MR 向右下方倾斜，且位于平均收益曲线的左下方。这说明在每一个销售量上厂商的边际收益都小于平均收益，即 $P=AR>MR$。

第三，厂商的总收益先增加后减少，只要 MR 为正值，总收益就是增加的；当 MR 为负值时，总收益就开始减少；当 MR 为零时，收益最大。

经济师考点

完全垄断厂商产量和价格决策的基本原则

三、完全垄断厂商的短期均衡

在完全垄断市场上，厂商可以通过对产量和价格的控制来实现利润最大化。但也不能为所欲为，要受市场需求状况的限制。

在完全垄断市场上，厂商仍依据 $MR=MC$ 的原则来决定产量，这种产量决定后，短期中难以完全适应市场需求进行调整。这就会出现供大于求或供小于求或供求相等的状况。供大于求时会有亏损；供小于求时会有超额利润；供等于求时则只有正常利润。

完全垄断企业进行产量和价格决策基本原则

在短期均衡时，垄断厂商是盈利还是亏损，主要取决于市场价格与平均成本的比较。若市场价格高于平均成本，则有盈余；若市场价格低于平均成本，则会出现亏损。

(1) 若供给小于需求，价格高于平均成本，$P=AR>AC$，厂商获得超额利润。如图 5-8 (a) 所示。

(2) 若供给等于需求，价格等于平均成本，$P=AR=AC$，厂商获得正常利润。厂商处于盈亏平衡点，如图 5-8 (b) 所示。

(3) 若供给大于需求，价格低于平均成本，$P=AR<AC$，$AR>AVC$，厂商亏损，但仍继续生产，因为其所获得的总收益在弥补了全部可变成本后，还可以补偿固定成本中的一部分，所以短期内维持生产比停止生产亏损要小，如图 5-8 (c) 所示。

(4) 若供给大于需求，价格等于平均可变成本，$P=AR=AVC$，完全垄断厂商认为生产和不生产一样。厂商亏损且处于停止营业点，如图 5-8 (d) 所示。

(5) 若供给大于需求，价格小于平均可变成本，$P=AR<AVC$，厂商亏损且停止生产，如图 5-8 (e) 所示。

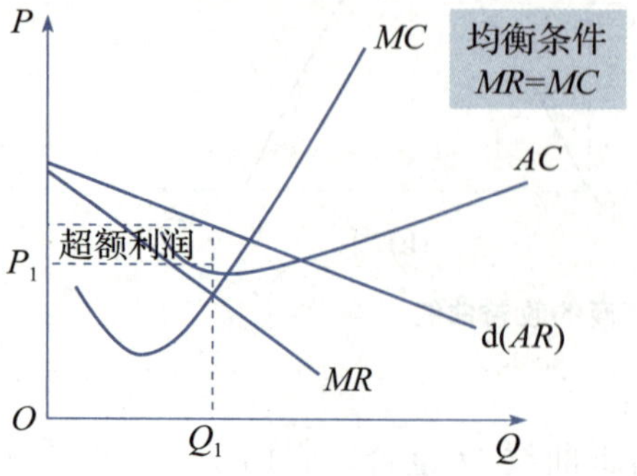

(a)

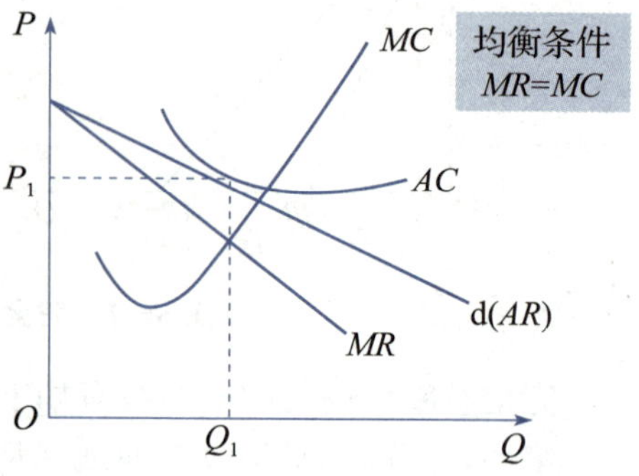

(b)

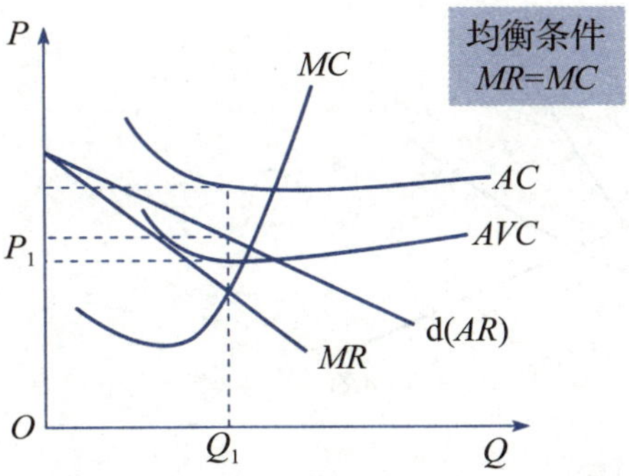

(c)

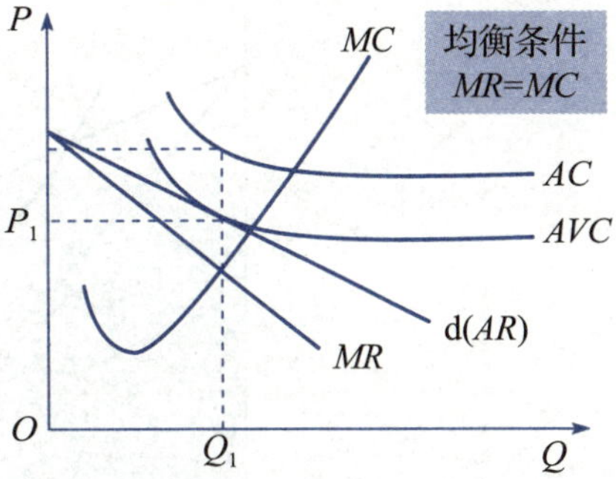

(d)

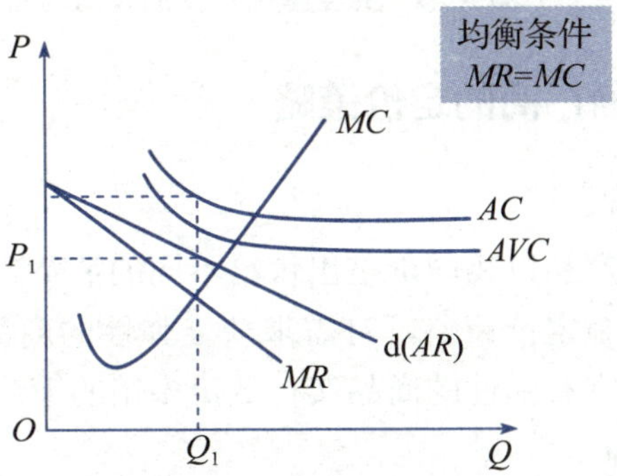

(e)

图 5-8　完全垄断厂商的短期均衡

四、完全垄断厂商的供给

完全垄断厂商是通过对产量和价格同时调整来实现 $MR=MC$ 的利润最大化的，而且 P 总是大于 MR 的。随着厂商所面临的需求状况的变动，厂商的价格和产量之间不再必然存在如同完全竞争条件下的那种一一对应关系，而是有可能出现一个价格水平对应几个不同的产量水平，或一个产量水平对应几个不同价格水平的情形。

由此可以得到一个一般性的结论：凡是在或多或少的程度上带有垄断因素的不完全竞争市场中，或者说，凡是在单个厂商对市场价格有一定控制力的情况下，是不存在具有规律性的厂商和行业的短期供给曲线的。

五、完全垄断厂商的长期均衡

在长期中，垄断厂商可以通过调节产量与价格来实现利润最大化。均衡条件是：$MR=LMC=SMC$，当价格大于平均成本（$P>AC$）时，垄断厂商在长期中也能获得超额利润，如图 5-9 所示，超额利润为 $NKFG$ 的面积。

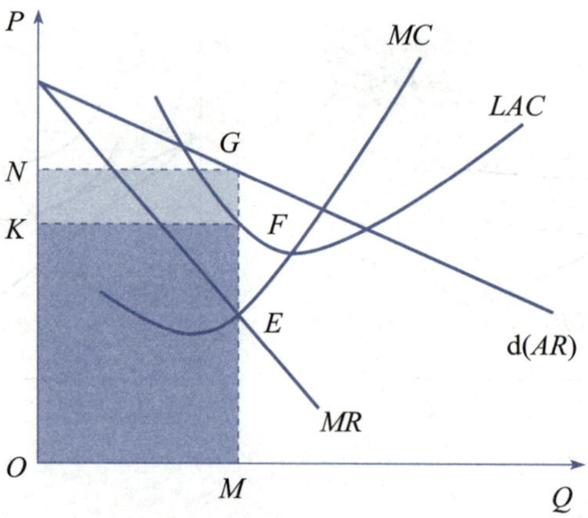

图 5－9 完全垄断厂商的长期均衡

六、完全垄断厂商的定价策略

（一）单一定价

经济师考点

完全垄断厂商定价的简单法则

单一定价是指产品以相同价格出售给不同的消费者。其实施的原则是根据市场需求的特点实施定价策略，对需求缺乏弹性的商品实行高价少销的策略，例如石油；对需求富有弹性的商品实行低价多销的策略，例如通信产品。

（二）价格歧视

价格歧视

1. 价格歧视的含义

价格歧视是指厂商在同一时间内对同一成本的产品向不同顾客收取不同的价格。由于完全垄断市场是一家厂商垄断整个市场，因此完全垄断厂商可以依靠自己的完全垄断地位来实施价格歧视，从而获得垄断利润。

2. 实施价格歧视的前提条件

经济师考点

价格歧视的含义及实施条件

实施价格歧视必须具备以下 3 个条件：

第一，必须是完全垄断的市场。在竞争性市场中，竞争者会以竞争价格来破坏差别价格。

第二，必须能够把不同市场或市场的各个部分有效地分割开来，否则，产品将由低价市场流向高价市场。

第三，各个市场必须具有不同的需求价格弹性。如果各个市场弹性相同，就谈不上差别价格。

3. 价格歧视的类型

完全垄断厂商实行价格歧视的类型主要包括一级价格歧视、二级价格歧视和三级价格歧视。

一级价格歧视又称完全价格歧视，是指完全垄断厂商根据每个消费者对买进每一单位产品愿意并能够支付的最高价格即需求价格来逐个确定产品售价，以榨取全部消费者剩余的定价方法。例如，艺术品的拍卖市场中，通过消费者之间的相互竞价，每一件艺术品都可能按其最高价格出售。

二级价格歧视是指垄断厂商根据不同的购买量实行不同的价格，这样可以榨取相当一部分的消费者剩余。例如，超市规定买五送一、买十送三；又例如，手机话费前三分钟每分钟两角，超过部分一分钟一角。

三级价格歧视是指垄断者对同样的产品在不同的市场（或对不同的消费群体）采取不同的销售价格。例如，同一商品在豪华商场与在超级市场、在城市与在农村等，其价格差别很大。又例如，电力公司对工业用电收费低，对居民用电收费高。

任务四　认识垄断竞争市场

一、垄断竞争市场的条件

垄断竞争是指既有垄断又有竞争的市场结构。垄断竞争市场的条件主要有以下 3 点：

第一，在市场中有大量的企业生产有差别的同种产品，这些产品之间是非常接近的替代品。如个人电脑在速度、型号、内存、维修服务以及调制解调器和声音系统等方面都有很大的差异。

第二，由于市场中的企业数量多，以至于每个厂商都会认为自己的行为影响很小，不会引起竞争对手的注意和反应。

第三，厂商的生产规模相对较小，因此，进出一个行业是比较容易的。

在现实的经济生活中，垄断竞争在轻工业、零售业和服务业中是较常见的。服装、鞋帽、家具制造、图书出版、化妆品等也大都符合垄断竞争的市场结构。

二、垄断竞争厂商的短期均衡

经济师考点

垄断竞争市场生产者行为

垄断竞争市场上的每个企业在许多方面很像垄断企业。因为它的产品与其他企业提供的这种产品有差别，所以它面临一条向右下方倾斜的需求曲线。因此，垄断竞争市场遵循垄断者的利润最大化规律：它选择 $MR=MC$ 的产量，然后用其需求曲线找出与这种产量相一致的价格。

在短期内，垄断竞争的每一家厂商都可以依靠自己的产品特色对一部分消费者形成垄断地位，从而控制产量与价格，在高价少销与低价多销之间做出选择，实现利润的最大化。因为在短期内其他竞争对手不会加入，这些企业可以向完全垄断者那样行事。如图 5－10 所示，厂商依然按照 $MR=MC$ 的利润最大化原则进行生产，最

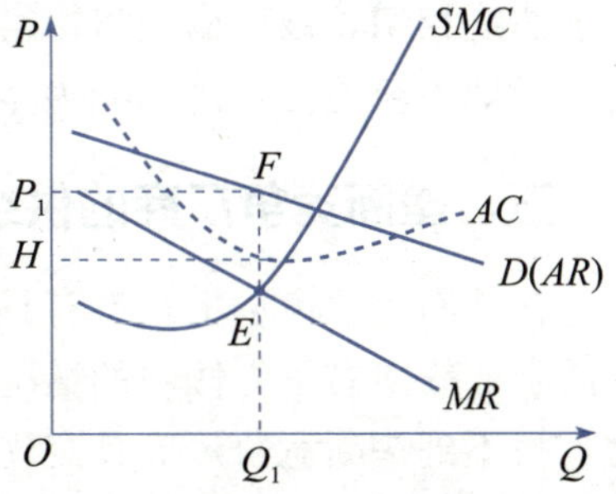

图 5－10　垄断竞争厂商的短期均衡

优产量是在边际收益曲线 MR 与长期边际成本曲线 MC 的交点 E，对应产量为 Q_1，穿过 E 点做垂直于横坐标轴的虚线，虚线与需求曲线相交于 F 点，F 点对应的价格为 P_1。

三、垄断竞争厂商的长期均衡

垄断竞争市场生产者行为

在长期中，生产有差别的垄断竞争厂商可能在短期获得相当可观的经济利润，但这不可能长久，因为经济利润会吸引新的厂商进入该行业，或者模仿其差别特色，或者创造出自己的特色，从而就会形成激烈的竞争。新的有差别的相似产品会瓜分该行业市场。竞争的结果是价格等于平均成本，每一个企业只能实现收支相抵，没有经济利润。这时既没有新厂商进入也没有原有厂商退出该行业。

在图 5－11 中，厂商依然按照 $MR=MC$ 的利润最大化原则进行生产，边际收益曲线 MR 与长期边际成本曲线 LMC 的交点 E 决定了产量为 Q_2，穿过 E 点做垂直于横坐标轴的虚线，虚线与需求曲线 D 相交于 F 点，F 点对应的价格为 P_2，平均收益与平均成本都为 FQ_2，总收益等于总成本，都是矩形 OQ_2FP_2 的面积，既没有超额利润也没有亏损，只获得了正常利润，实现了长期均衡。因此，垄断竞争市场上的长期均衡条件为：$MR=LMC=SMC$，$P=AR=LAC=SAC$。在长期均衡数量上，垄断竞争厂商的利润为零。

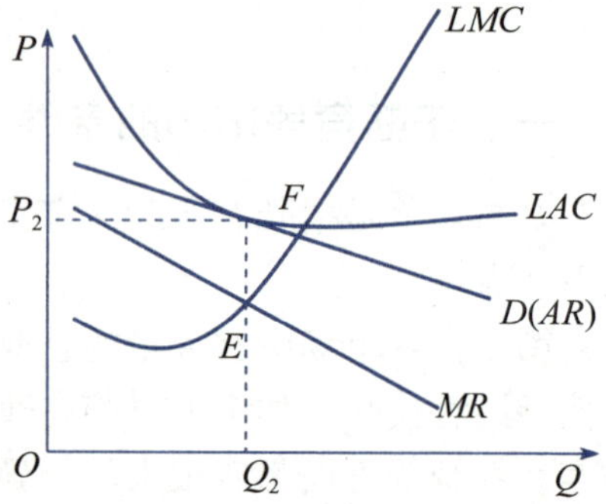

图 5－11 垄断竞争厂商的长期均衡

四、垄断竞争市场上的非价格竞争

在垄断竞争市场中，厂商之间不仅存在着价格竞争，而且存在着非价格竞争，如更好的服务、产品保证、免费送货、更吸引人的包装、广告等。

在短期中，厂商可能盈利是因为有相对较少的竞争者或是它发现了吸引消费者的新方法。但在长期中，盈利的厂商会发现由于新厂商的进入，它的成功的非价格竞争做法被仿效，使它的需求曲线向左移动。最后，平均成本曲线与需求曲线相切，该厂商仍将取得零经济利润。非价格竞争的结果使垄断竞争厂商在长期中获得的经济利润为零，只能获得正常利润。

五、垄断竞争厂商的供给曲线

在垄断竞争市场上，没有具有规律性的供给曲线。这是因为在厂商所面临的需求曲线向右下方倾斜的情况下，厂商的产量和价格之间不再一一对应，因此，找不到垄断竞争厂商具有规律性的供给曲线。

任务五 认识寡头垄断市场

一、寡头垄断市场的特征

寡头垄断市场是指少数几家厂商控制整个市场的产品生产和销售的一种市场组织形式。像钢铁、汽车、石油、化工、烟草等行业都属于这种市场结构。在这种市场上4家最大的企业所占的市场份额在60%以上。按照集中率作为测定寡头垄断程度的标准。

集中率是指一定数量厂商（如4个）的销售量（或产量、雇佣人数、资产等）占全行业的比率。集中率越大，垄断程度也就越高。

寡头垄断市场一般具有以下4个特点。

（一）厂商数量很少

寡头垄断市场上的厂商只有少数几家，每个厂商在其市场上都有相当大的份额，都具有举足轻重的地位。

（二）各寡头间相互依存

厂商做出产量与价格决策时，不仅要考虑自己的成本收益，还要考虑同行业其他厂商的反应。

在寡头垄断条件下，价格不是由市场供求决定的，而是由少数寡头通过无形的勾结，形式不同的协议或默契等方式决定。这种价格被称为操纵价格或价格领导。寡头价格一经确定，不易改变。

为了最大利润，面对其他厂商，寡头的选择是合作或者竞争。

（三）进出市场困难

寡头垄断市场在石油、钢铁、汽车等行业中普遍存在。由于规模、资金、信誉、市场、专利、法律等原因使其他厂商很难进入，由于投入巨大，寡头退出市场困难。

（四）产品同质或异质

寡头垄断厂商生产的产品或同质或异质。寡头垄断市场根据寡头厂商的产品差别程度，将其分为纯粹寡头和差别寡头。纯粹寡头是指产品同质、没有差别的寡头垄断。例如，石油、钢铁、炼铝、水泥等产业。这类寡头厂商之间彼此关系密切，相互依存程度很高，垄断性更强。差别寡头是指生产的产品性质相同，但在产品规格型号、质量外观、售后服务等方面各有自己的特色，彼此有差别，各厂商之间必然存在竞争。

二、寡头垄断市场上的价格决定

经济师考点

寡头垄断市场上的价格决定

寡头垄断市场上价格的决定要区分存在或不存在勾结。在不存在勾结的情况下，价格决定的方法是价格领先制和成本加成法；在存在勾结的情况下，则是卡特尔。

（1）价格领先制。

价格领先制又称价格领袖制，是指一个行业的价格通常由某一寡头率先制定，其余寡头追随其后确定各自价格。领价者往往既不是自封的，也不是共同推选的，而是自然形成的。这种自然形成的领价者或者说价格领袖，一般有 3 种情况：第一，支配型价格领袖。领先确定价格的厂商是本行业中规模最大、具有支配地位的厂商。第二，效率型价格领袖。领先确定价格的厂商是本行业中成本最低、效率最高的厂商。第三，晴雨表型价格领袖。这类厂商并不一定在本行业中规模最大，也不一定效率最高，但它在掌握市场行情变化或其他信息方面明显优于其他厂商。

（2）成本加成法。

成本加成法是寡头垄断市场上最常用的定价方法，就是在核定成本的基础上，加上一个百分比或预期利润额来确定价格。这是按照利润最大化原则事先确定利润目标的定价方法。它之所以能为市场所接受，是因为垄断组织控制着生产和市场销售的最大份额。

（3）卡特尔（Cartel）。

经济师考点

卡特尔的含义

寡头垄断市场生产者行为

卡特尔就是寡头垄断厂商之间用公开和正式的方式进行勾结的一种形式。它是一个行业的独立厂商之间就价格、产量和市场划分等事项达成明确的协议而建立的垄断组织。在卡特尔中，参与市场活动的各个厂商往往签订关于价格、产量和销售区域等事项的明确协议。如：OPEC 石油输出国组织，成功地在 1973—1974 年将石油的价格提高至原来的 4 倍；在 1979—1980 年，它再次掀起了巨大的价格上涨浪潮。

三、寡头垄断市场模型

（一）寡头的竞争博弈

博弈论（Game Theory）研究人们在各种策略的情况下如何行事。这里的"策略"是指每个人在决定采取什么行动时，必须考虑其他人对这种行动会做出什么反应的状况。寡头市场上的每个企业都必须考虑到它的决策会如何影响所有其他企业的生产决策。

在寡头市场上，厂商既相互勾结又相互欺瞒，它们经常考虑的是采取什么策略打败对手。经济学用博弈论来分析在价格、产量、广告、研发等方面竞争寡头（非合作寡头）的策略。

【案例】囚徒困境

我们先通过“囚徒困境”这个经典例子来说明博弈论的基本思想。囚徒困境是一个关于两名被警察抓住的犯罪分子的故事。我们把这两名犯人称为张三和李四。警察有足够的证据证明张三和李四犯有非法携带枪支的轻罪，因此每人都要在狱中度过一年。警察还怀疑这两名罪犯曾合伙抢劫银行，但他们缺乏有力的证据证明这两名罪犯有严重罪行。警察在分开的屋子里分别审问了张三和李四，而且向他们每个人提出以下条件：如果两人都不坦白，各判 1 年；如果两人都坦白合伙抢劫银行，各判 8 年；如果一方坦白另一方不坦白，坦白方获得自由，不坦白方判 20 年。

如果张三和李四是银行抢劫犯，只关心自己的刑期，你预计他们会怎么做呢？图 5－12 表明了他们的选择。每个囚犯都有两种策略：坦白与抵赖。他们每个人的刑期取决于他们所选择的策略，以及同伙选择的策略。

博弈规则

两人都坦白，各判8年；
两人都抵赖，各判1年；
一人坦白，另一人抵赖，坦白者释放，抵赖者判20年。

	张三的决策	
李四的决策	坦白	抵赖
坦白	−8， −8	0， −20
抵赖	−20， 0	−1， −1

图 5－12 囚徒困境

首先考虑张三的决策。他会如此推理：“我并不知道李四将会怎么做。如果他抵赖，我的最好策略是交代，因为我将自由而不是在狱中待 1 年；如果他坦白，我的最好策略仍然是坦白，因为这样我将在狱中待 8 年而不是 20 年。因此，无论李四怎么做，我选择坦白会更好些。”

如果无论另一个参与者采用什么策略，它都是一个参与者所遵循的最好的策略，那么，这种策略被称为占优策略。在这个例子中，坦白是张三的占优策略。无论李四是承认还是抵赖，如果张三承认了，他在狱中待的时间就短。

现在考虑李四的决策。他面临着和张三同样的选择，而且他的推理也与张三相似。无论张三怎么做，李四都可以通过坦白减少他待在狱中的时间。换句话说，坦白也是李四的占优策略。

最后，张三和李四都坦白了，两人都在狱中待了 8 年。但从他们的角度来看，这是一个糟糕的结果。如果他们两人都抵赖，他们两人的状况都会更好些，只会因为持有枪支而在狱中待 1 年。由于追求自己的利益，两个囚徒共同达到了使每个人状况变坏的结果。

（二）博弈论在商界的应用

当两个企业用广告来吸引顾客时，它们面临与囚徒困境类似的问题。例如，如果A与B两家公司都不做广告，它们平分市场，各得40亿元利润。如果两家公司同时做广告，它们依然平分市场，但只能各得30亿元（扣除广告成本）的利润。如果A公司做广告，B公司不做广告，则A公司的市场份额增大，可得50亿元利润，而B公司市场份额缩小，只得20亿元利润。反之，如果B公司做广告，A公司不做广告，则B公司的市场份额增大，可得50亿元利润，而A公司市场份额缩小，只得20亿元利润。如图5-13所示。经过上述分析，我们可知两家公司的利润取决于它们的策略。如果它们都不做广告，整体的效益会更好。但是，在不清楚对方决策的情况下，个体企业通常会认为做广告是占优策略，结果两家公司都做广告，使其陷入囚徒困境。

		A公司的决策	
		做广告	不做广告
B公司的决策	做广告	30亿元，30亿元	50亿元，20亿元
	不做广告	20亿元，50亿元	40亿元，40亿元

图5-13 广告博弈

1971年美国国会通过了禁止在电视上做香烟广告的法律。在法律实施后，烟草公司的利润反而增加了。这项法律为烟草公司做了一件它们自己做不到的事，即通过强制措施帮助烟草公司实现了低（无）广告、高利润的合作，结果破解了囚徒困境难题。

四、寡头厂商的供给曲线

如同垄断厂商和垄断竞争厂商一样，寡头垄断的需求曲线也是向右下方倾斜的，寡头厂商的均衡数量和均衡价格之间也不存在一一对应的关系。所以，不存在寡头厂商和行业的具有规律性的供给曲线。

任务六 了解市场结构与企业行为的关系

一、不同市场经济效率的比较

经济效率是指利用经济资源的有效性。高的经济效率表示对资源的充分利用或能以最有效的生产方式进行生产；低的经济效率表示对资源的利用不充分或没能以最有效的方式进行生产。

通过对不同市场条件下厂商的长期均衡状态的分析可得出结论，市场的经济效率由高到低的排列顺序为：完全竞争市场→垄断竞争市场→寡头垄断市场→完全垄断市场。可见，市场的竞争程度越高，则经济效率越高；反之，市场的垄断程度越高，则经济效率越低。

二、市场结构与厂商行为的关系

经济师考点
市场结构与厂商行为

厂商以利润最大化为目标来确定自己产品的价格与产量，处在不同市场结构的厂商所采用的竞争手段不同，因此在不同市场中，厂商行为也不同。

（1）在完全竞争市场中，厂商只能在市场价格既定时决定产量和进入或退出。其实现利润最大化的关键在于提高厂商的效率，降低成本，使厂商成本低于行业成本。

（2）在垄断竞争市场中，实现利润最大化的关键在于创造产品差别，使自己的产品不同于同类其他产品，使自己的产品与众不同。

（3）在寡头垄断市场中，行业成为微利行业，只能通过大量生产来实现利润最大化，市场的关键是规模经济。

（4）在完全垄断市场中，厂商可以根据市场需求，高价少销以实现利润最大化，也可以低价多销以实现利润最大化。垄断厂商是市场价格的决定者，可以在这两种目标中任选其一。在完全垄断市场中关键在于如何定价。

拓展阅读
中国平台经济反垄断制度创新

即测即评

扫一扫　练一练

项目六

熟悉生产要素市场与收入分配

素养目标：引导学生掌握社会主义公平观，建立理论自信。

知识目标

1. 掌握完全竞争情况下生产要素市场需求理论；
2. 掌握劳动市场工资决定理论；
3. 掌握资本市场利息决定理论；
4. 了解地租决定理论和级差地租；
5. 了解利率的决定机制；
6. 了解洛伦兹曲线和基尼系数。

技能目标

培养学生能熟练运用劳动价格决定理论解释现实中的工资构成，能够运用地租理论分析地租形成机制，能运用洛伦兹曲线和基尼系数衡量收入分配差距，能运用社会再分配理论解释提高社会公平度问题。

经济师考点

1. 生产者使用生产要素的原则；
2. 生产要素的需求曲线；
3. 劳动供给原则；
4. 劳动供给曲线的特征；
5. 均衡工资的决定；
6. 土地的供给曲线和均衡地租的形成。

知识图谱

- 生产要素市场与收入分配
  - 生产要素
    - 生产要素的需求
    - 生产要素的供给
    - 生产要素价格的均衡
  - 劳动市场
    - 劳动需求
    - 劳动供给
      - 收入效应与替代效应
      - 劳动供给曲线
    - 劳动市场均衡工资决定
  - 资本市场
    - 资本的需求与供给
    - 均衡利率
  - 土地市场
    - 地租决定理论
    - 级差地租
  - 分配理论
    - 洛伦兹曲线
    - 基尼系数

项目导读

2023 年，比亚迪全年累计销售 302 万辆新能源汽车，再次蝉联全球新能源汽车销量冠军。在 2023 年《财富》杂志世界 500 强榜单中，比亚迪成为当年排名升幅最大的中国企业，被誉为实现新能源汽车技术创新与突破的“黑马”。以比亚迪为代表的中国新能源汽车，正推动中国从“汽车大国”迈向“汽车强国”。

比亚迪发展新能源汽车已走过了 20 多个年头，它的全球总部在深圳坪山区，2012 年获批国家级新能源汽车产业基地。现又投资 250 亿元建设深汕比亚迪汽车工业园，一期正开足马力生产，二期也部分投产，项目全部达产后年产值将超 2 100 亿元。20 多年来，比亚迪累计研发投入超过 1 000 亿元，拥有 11 个研究院、超 9 万名研发人员，平均每天专利申请 19 件、专利授权 15 件。

任何企业（厂商）进行生产必然存在对生产要素的需求。比亚迪在新能源汽车生产过程中投入使用了一定量的土地（厂房）、劳动（制造工人和研发人员）、资本等各种生产要素。从经济学角度分析，企业家什么情况下增加或是减少土地、劳动、资本、土地等生产要素？如何才能实现利润最大化？本项目通过讨论劳动、土地和资本三种生产要素的价格决定规律以及社会收入再分配问题，来回答和解决这些问题。

任务一　认知生产要素

生产要素（Factors of Production）是用于生产产品或服务的投入。其实企业在决定生产什么、生产多少、如何生产的时候，生产要素报酬是非常重要的制约因素。企业购买土地使用权建厂房，要支付地租；借贷资金去购买机器、设备、原材料，要支付利息；雇用劳动者、管理者，要支付工资或薪金；等等。生产者为获得生产要素进行现实的生产活动，必须向要素所有者支付报酬，这对企业来说，形成其生产经营的成本，对要素所有者来说，则形成收入。这种关于劳动、土地和资本如何取得报酬的理论被称为新古典分配理论。

在许多方面，要素市场类似于我们前几个项目中分析的产品和服务市场：一种要素的收入量取决于供给与需求，一种要素的需求取决于其边际生产率。当均衡时，每种要素都赚到了其边际产量值，但两者也有所区别。两者在需求者与供给者上换位。在产品市场上，需求者是家庭，供给者是企业；在要素市场上，需求者是企业，供给者是个人或家庭。换句话说，家庭在产品市场上以需求者身份出现，在要素市场上以供给者身份出现；企业在产品市场上以供给者身份出现，在要素市场上以需求者身份出现。

一、生产要素的需求

生产要素的需求

劳动、资本、土地、企业家才能是4种最重要的生产要素。对应着生产要素的价格为工资、地租、利息和利润。如，一家生产新的软件程序的电脑企业，它需要程序员的时间（劳动）、机构所处的实际空间（土地）、办公楼和电脑设备（资本）和管理者的管理（企业家才能）。

（一）生产要素需求的性质

1. 生产要素的需求是一种派生需求

经济师考点

生产者使用生产要素的原则

产品市场的需求，是家庭对各种消费品的直接需求，目的是通过消费达到效用最大化，而要素市场上的需求，则是企业由追求利润最大化的目的所派生出来的需求。企业购买生产要素不是为了自己的直接需要，而是为了生产和出售产品以获得收益。生产者对生产要素的需求量很大程度上取决于消费者对产品的需求量。**生产者使用生产要素的原则是：在一定时间内和一定条件下，根据企业内部的生产状况和市场情况，确定要素的使用量，以实现利润最大化，即边际要素成本等于边际收益产品。**

2. 生产要素的需求是一种联合的需求

在现代生产中，生产总是各种要素相结合的过程，几乎没有一个企业可以只用一种要素来进行生产，生产通常是多种生产要素共同作用的结果。即企业同时需要劳动、资本、土地以及企业家才能，企业对生产要素的需求是一种联合需求。一种要素的供给变动还会影响其他要素市场。

（二）影响生产要素需求的因素

（1）市场对产品的需求以及产品的价格。

（2）生产技术状况。生产技术水平决定了对某种生产要素需求的大小。如果技术是资本密集型的，则对资本的需求大。

（3）生产要素的价格。企业一般用低价格的生产要素替代高价格的生产要素。

（三）生产要素的需求曲线

经济师考点

生产要素的需求曲线

生产要素的需求取决于该要素的边际生产力。边际生产力是指在其他条件不变的情况下，每增加一个单位生产要素的投入所增加的产量。以收益来表示生产要素的边际生产力，称为边际收益产品（MRP）。由于边际收益递减规律的存在，因此生产要素的边际收益曲线是一条向右下方倾斜的曲线，这条曲线也就是生产要素的需求曲线，如图 6－1 所示。

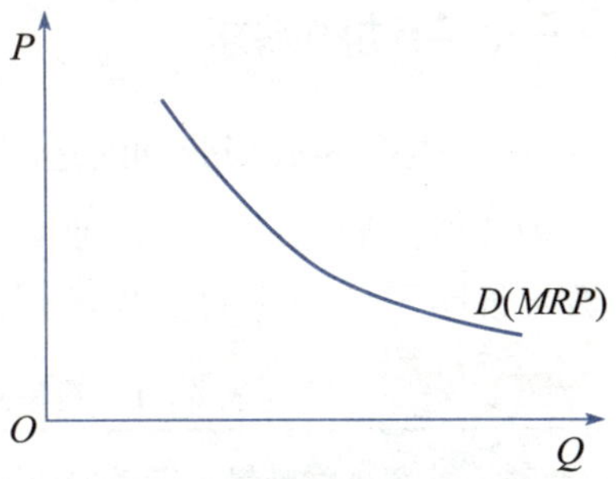

图 6－1 生产要素的需求曲线

二、生产要素的供给

就要素的供给来看，它不是来自厂商，而是来自个人或家庭。一般来说，供给数量与价格成同方向变化。所以，生产要素的供给曲线表现为一条向右上方倾斜的曲线，如图 6－2 所示。

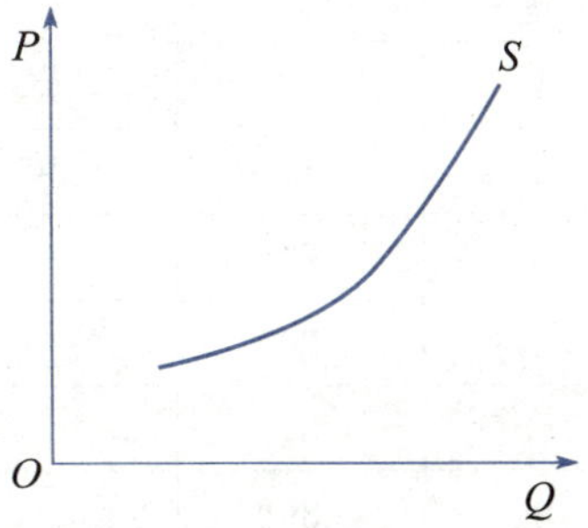

图 6－2 生产要素的供给曲线

三、生产要素价格的均衡

生产要素市场的价格与产品价格一样，也是取决于供求关系，因此生产要素分配理论实际上是前面理论的延伸。但是生产要素市场的价格决定具有特殊性，在产品市场中，消费者按照价格支付费用，就购买了产品本身。但在要素市场中，一般来说，要素的价格并非指它本身的价格，而是指它在生产中所提供的某种形式服务的价格。

一般情况下，生产要素的供给曲线与需求曲线相交于 E 点，相对应的均衡价格为 OP_e，均衡数量为 OQ_e，如图 6－3 所示。

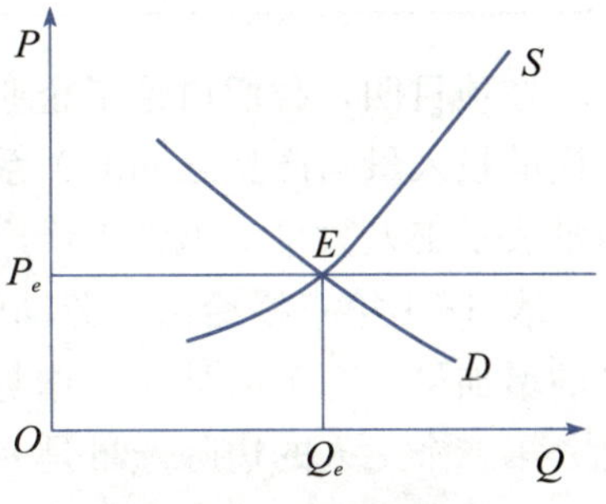

图 6－3 不完全竞争要素市场下的均衡

任务二　掌握劳动市场与工资决定

对绝大多数人来说，收入主要由其所从事的工作来决定。经济学从劳动市场的需求与供给来说明工资的决定。本部分以完全竞争的劳动市场为例，说明工资的决定机制，完全竞争的劳动市场是指无论是劳动的买方还是劳动的卖方都不存在对劳动垄断的情况。在完全竞争的劳动市场中，工资是由劳动的需求和供给共同决定的。

一、劳动的需求

（一）生产函数与劳动的边际产量

为了做出雇佣决策，企业必须考虑工人数量是如何影响产量的。表 6－1 用数字说明了该企业的生产函数。

表 6－1　竞争企业如何决定雇用的工人数量

劳动（工人数量）	每小时产量（件）	劳动的边际产量（件）	单价等于 3 元时的边际收益（元）	单价等于 5 元时的边际收益（元）
0	0	—	—	—
1	9	9	27	45
2	17	8	24	40
3	24	7	21	35
4	30	6	18	30
5	35	5	15	25
6	39	4	12	20
7	42	3	9	15
8	44	2	6	10

在项目四，我们讨论了企业或厂商生产决策时，用生产函数来描述生产中使用的投入量与产量之间的关系。根据表 6－1 可以绘制出该企业的生产函数，横轴表示工人数量，纵轴表示产量，如图 6－4 所示。

表 6－1 第三栏给出了劳动的边际产量，即增加一个单位的劳动引起的产量的增加量。把工人从 1 个增加到 2 个的时候，产量从 9 件增加到 17 件，因此，第二个工人的边际产量是 8 件。

一般情况下，假定资本设备数量不变，随着劳动投入量的增加，劳动的边际收益产品是递减的。这是因为，劳动使用量增加以后，由于设备总量不变，

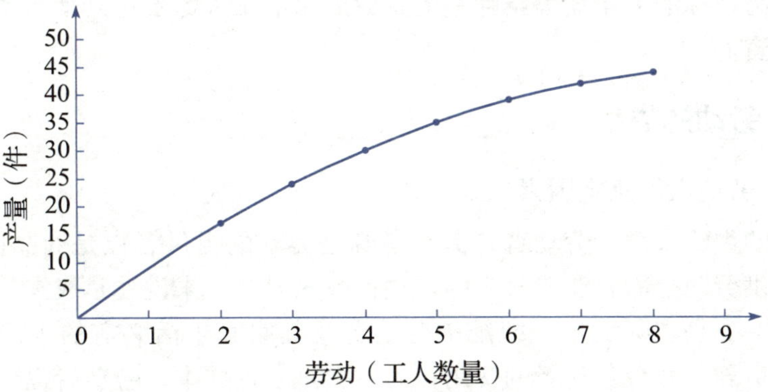

图 6-4　生产函数

每单位劳动所使用的设备量逐渐减少，劳动生产率受到影响，生产过程表现出边际产量递减。在本企业中，随着工人数量的增多，增加的工人不得不等待专用工具，另外，还可能产生冲突等。因此，随着雇用工人的数量越来越多，则每个增加的工人对产量的贡献越来越小。因此，图 6-4 中的生产函数随着工人数量的增加变得越来越平坦。

（二）边际收益和劳动需求

劳动的需求来自企业。**企业需要多少劳动，是由劳动的边际收益和边际要素成本的对比决定的。企业为了使利润最大化，一定会把劳动量使用到劳动的边际收益等于劳动的边际成本为止。**

所谓劳动的边际收益，是指增加 1 个单位劳动所增加的收益。劳动的边际成本是指增加 1 个单位劳动所增加的成本即工资，确切地说是工资率。

在其他条件不变的情况下，工资率越低，即产品中劳动成本越低，企业生产每单位产品得到的利润就越多，因此，**劳动的需求量会随工资率的下降而增加。**

图 6-5 描述了劳动边际收益情况。该图中还包括了一条市场工资水平线。为了使利润最大化，企业雇用的工人数要达到这两条线的相交点。低于这个雇佣水平，边际收益大于工资，因此如果再雇用一个工人则会增加利润；高于这个雇佣水平，边际收益低于工资，雇用该边际工人是无利可图的。因此，**以利**

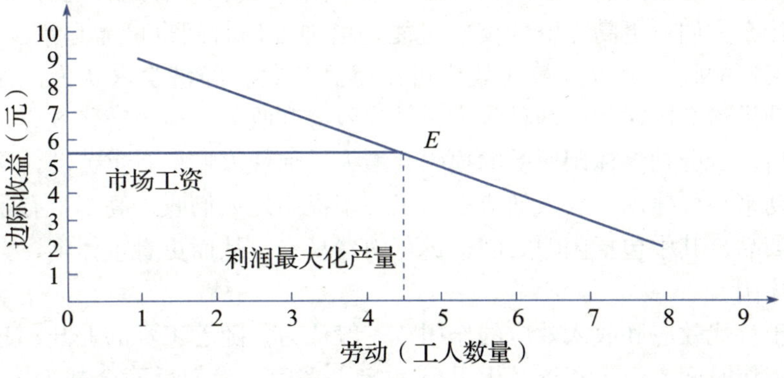

图 6-5　劳动边际收益

润最大化为目标的完全竞争条件下的企业雇用的工人数要达到使劳动的边际收益等于工资。

二、劳动的供给

（一）劳动供给决定因素

经济师考点

劳动供给原则

劳动供给曲线和市场工资决定理论

劳动的供给来源于劳动者，劳动者既是劳动的提供者也是商品的消费者。劳动者提供劳动是需要获取收入的，这种收入对企业来说就是成本。这种成本有两类：一类是实际成本，即维护劳动者及其家庭生活必需的生活资料的费用，以及培养、教育劳动者的费用；另一类是心理成本，劳动者提供劳动是以牺牲闲暇时间为代价的，劳动会给劳动者心理带来负效应。劳动者需要取得收入（在完全竞争市场条件下，劳动的边际收益等于工资率），劳动者在提供劳动时，也会按照边际收益等于边际成本的原则决定劳动供给量。

劳动的边际成本，是增加 1 个单位的劳动时间给劳动者带来的负效用，这种负效用随着劳动时间的增加逐渐递增，这主要是因为劳动者的剩余闲暇时间越少，闲暇资源越稀缺，从而牺牲单位闲暇时间所带来的负效用就越大。另外，工作时间越长，劳动者越劳累，负效用就越高。

（二）工作与闲暇的权衡取舍

经济师考点

劳动供给曲线的特征

从单个劳动者看，劳动的供给有一个生理的界限。一天 24 小时，可以分为两部分，劳动时间和闲暇时间。劳动者在劳动时间从事生产活动，在闲暇时间吃饭、休息、娱乐和社交。这两类时间此消彼长，劳动时间多了，闲暇时间就少了，反之，劳动时间短了，则闲暇时间就多了。劳动者不可能选择闲暇时间为零，因为闲暇实质上是劳动者维持自身再生产的条件，对劳动者来说是必需的。

劳动者愿意提供的劳动小时数取决于身体状况、家庭其他成员的收入、家庭负担等。撇开众多的因素不说，只看劳动供给量与工资率的关系，一般来说，工资率上升时，劳动供给量会增加，反之，工资率下降，劳动供给量减少，劳动的供给曲线会呈现向上倾斜的状态。但是仔细观察现实经济生活，你会发现好多场合，随着工资率的上升，劳动力供给反而减少。也就是说，劳动供给曲线也可能是向后弯曲的，如图 6 - 6 所示。如何解释这种经济现象呢？

为什么人们对更高工资的反应可能是增加工作时间也可能是减少工作量？考虑高工资的收入效应与替代效应可以得到答案。经济学家认为，提高工资率，劳动供给会同时产生两种效应，替代效应和收入效应。替代效应是指工资率提高后，少劳动多休闲所受的损失会增大，促使人们更看重劳动，因而选择增加劳动来替代休闲。收入效应是指工资率提高，人们收入高了，有条件购买更多的商品，其中包括闲暇时间，进行消费享受，从而更看重休闲，会选择少劳动多休闲。

由于替代效应和收入效应的作用，一般认为，随着工资的上升，起初人们会增加工作时间，但工资继续上升到一定水平后，人们反而会减少工作时间，因此，劳动供给曲线是一条先向右上方倾斜，而后又向后弯曲的曲线。

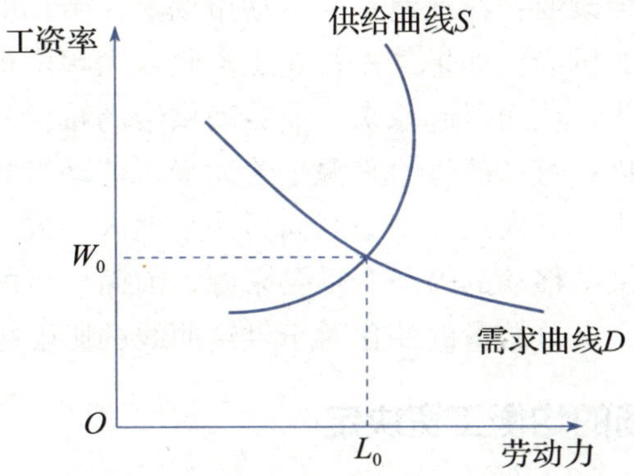

图 6-6 劳动供给曲线

通常，在工资水平较低的阶段，替代效应（使工人工作更多时间）大于收入效应（使工人工作时间减少），随着工资的增加，劳动的供给增加，供给曲线的斜率为正。当工资率达到较高的水平时，则收入效应大于替代效应，那么工资的增加可能带来劳动供给数量的减少，供给曲线的斜率为负，向后弯曲了。在现实的企业管理中，当雇员的工资水平不高时，提高工资水平、发放加班费和奖金可以起到很好的激励雇员加班加点增加劳动量的作用；但是当雇员的收入达到相当高的水平之后，单纯依靠增加工资等物质刺激手段难以产生激励效果，必须辅以表彰先进等精神奖励手段，以适应劳动供给的这种规律性。

（三）劳动供给曲线移动

只要人们改变他们在某一既定工资水平时的工作量，劳动供给曲线就会发生移动，如图 6－7 所示。现在我们来考虑可能会引起这种移动的一些因素。

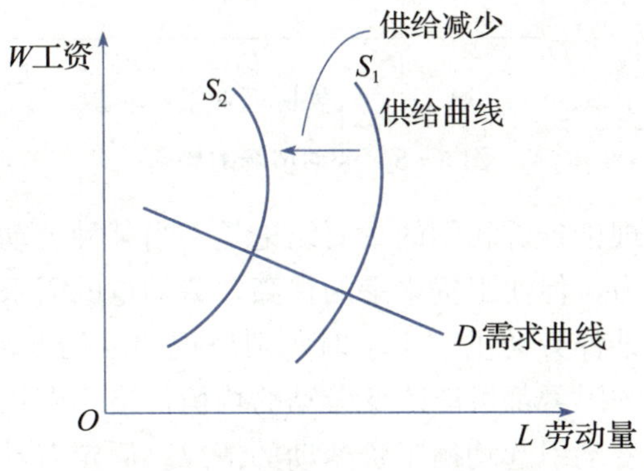

图 6－7 劳动供给曲线移动

嗜好变动： 由于嗜好变动引起的新生代农民工进城，增加了城市劳动供给。农民工是我国在特殊的历史时期出现的一个特殊的社会群体，农民工群体数量越来越大，对其解释就是嗜好或对工作态度的改变。尤其是“80 后”“90 后”新生代农民工，他们与老一辈农民工相比，在学历、思想和职业诉求上都发生了相当大的变化，他们达到入学年龄后就上学，上完学以后就进城打工，相对来讲，对农业、农村、土地、农民等不是那么熟悉，他们渴望进入、融入城市社会。

可供选择的机会改变：在任何一个劳动市场上，劳动的供给取决于其他劳动市场上可以得到的机会。如果某一行业工资收入大幅度提高，其他行业的工人倾向于选择该职业，从而引起原来行业劳动供给的减少。

劳动者数量变化：劳动的供给来源于劳动者，劳动者数量的变化必然带来劳动供给曲线的变化。工人从一个地区向另一个地区，或从一个国家向另一个国家的流动是劳动供给移动的另一个重要来源，前面分析的农民工进城就属于这一类来源。另外，人口总量的变化对于供给曲线的影响也不容忽视。

三、劳动市场的均衡工资决定

经济师考点

均衡工资的决定

在劳动市场，所有厂商对劳动需求的加总构成整个劳动市场的需求，所有工人对劳动供给的加总构成整个劳动市场的供给。劳动的需求和供给两方面的力量共同决定劳动的市场价格。劳动需求曲线和劳动供给曲线的交点为劳动市场的均衡点，该点对应的工资即均衡工资，是劳动的均衡价格，对应的劳动量为实际就业量，如图 6－8 所示。

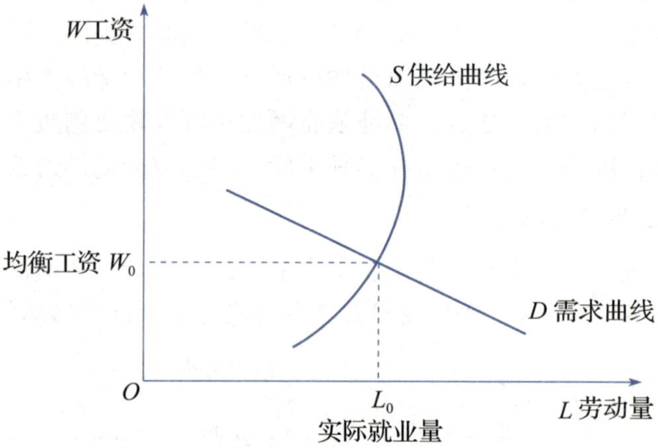

图 6－8　劳动市场的均衡

劳动市场均衡理论告诉我们的重要结论是：当某种劳动供不应求时，市场出现工资上升的压力，促使工资水平的提高，劳动量的需求量因此调整，劳动供求趋于均衡；当某种劳动供过于求时，则出现相反的变动态势。从长期看，改变劳动供求状况的因素都可能改变劳动的均衡价格，即均衡工资。

先看劳动供给变动引起均衡工资变动的情况。假定劳动的需求不变，即需求曲线不变，劳动供给曲线向左移动，即劳动供给减少，如图 6－9（a）所示，供给曲线从 S_1 移动到 S_2，均衡工资从 W_1 上升到 W_2，就业量则从 L_1 减少到 L_2。

再来看劳动需求变动引起均衡工资变动的情况。假如随着城市居民收入的增加，对家政服务需求增加，即使供给不变，均衡工资也会上升。如图 6－9（b）所示，当劳动需求曲线从 D_1 向 D_2 移动时，均衡工资从 W_1 上升到 W_2，均衡就业量从 L_1 增加到 L_2。

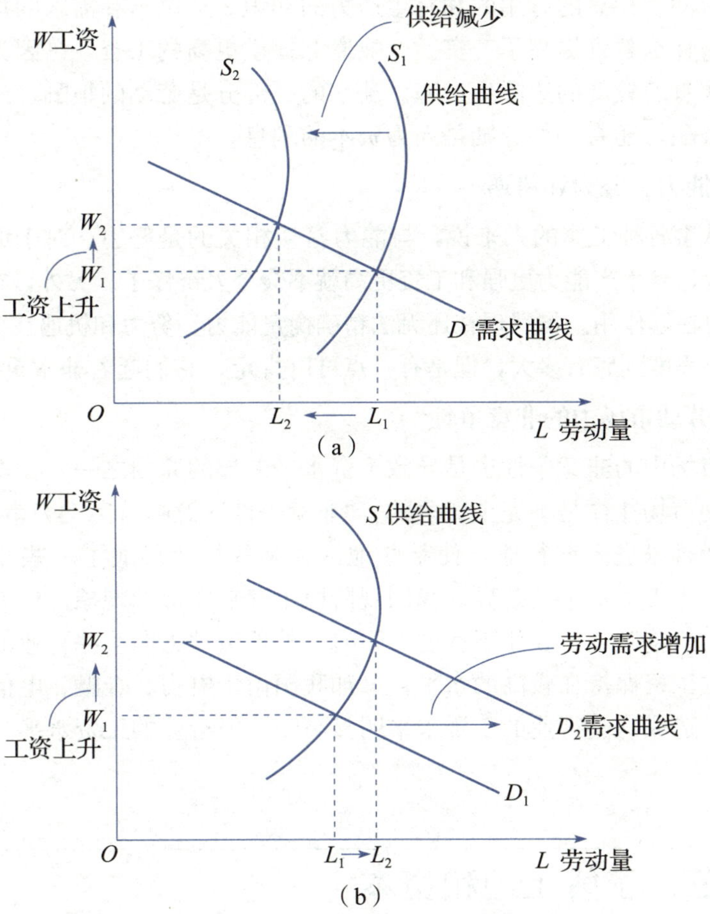

图 6－9　劳动供给曲线移动

四、劳动市场工资的差异

劳动报酬是劳动者利益的体现，工资率是由劳动的供给和需求决定的，但在实际生活中，行业之间、个人之间广泛存在着工资差异，其原因是多方面的。

（一）补偿性工资差别

补偿性工资差别也称非货币利益差别。当一个工人决定是否接受某一个工作时，工资仅仅是其考虑的众多工作特性之一。各种职业在安全、辛苦、环境和声誉等方面的不同，对劳动者产生的心理成本也不同，或者说给劳动者带来的非货币利益不同。在市场经济条件下，由于劳动市场的供求规律的作用，企业必然给那些大家都不愿意从事的工作以较高的报酬。

（二）人力资本

现今的经济学家用人力资本投入的不同来说明工资的差异。人力资本是一种特殊类型的生产资本，它是劳动者为了提高其对雇主的价值而接受的教育和培训，是劳动者积累的有用的和有生产力的知识。从供给和需求的角度可以很容易说明为什么教育提高了工资。企业愿意提供更高的工资，是因为受教育程度高的工人有着较高的边际生产率。薪水的一部分是劳动的报酬，一部分是稀缺才能的报酬，还有一部分则是人力资本的利息。

（三）能力、努力和机遇

对于从事各种工作的人来说，与能力密切相关的是努力，对于那些工作勤奋的人来说，其生产能力更强和工资更高就不会令人奇怪了。另外，在工资决定中，机遇也在起作用。虽然现在还无法精确衡量能力、努力和机遇在决定工资过程中的重要程度到底有多大，但是有一点可以肯定，它们起着非常重要的作用。

（四）劳动市场中的非竞争性

劳动市场中的非竞争性也是导致工资水平差异的原因之一。在现实经济生活中，劳动市场往往是不完全竞争的。“非竞争性”意味着劳动力市场被分割，新的劳动者难以进入该行业，使某些地区、某些行业形成了一些非竞争性群体，从而产生工资水平的差异。我国现阶段也存在类似的现象。比如我国城市普遍实行的户籍制度，在相当程度上阻碍了外地劳动力向某些行业的流入，使城市居民的工资保持在较高的水平；又如我国由于电力、金融、电信等行业垄断的存在，造成这些行业的工资水平明显高于一般行业的工资水平。

任务三 了解土地和资本

在企业雇用工人的同时，它们还要决定其他生产投入——土地和资本。案例导入中介绍了土地、资本、劳动之间的相互影响，那么土地和资本的价格形成机制又是如何运行的呢？三者之间有什么内在联系呢？

一、资本与利息

资本市场利息决定理论

劳动收入是一个容易理解的概念，但资本收入含义就不那么容易理解了。实际上，企业通常从其所拥有的资本中赚得收入。资本的这些收入最终要支付给家庭。一些资本收入以利息的形式支付给借钱给企业的家庭，一些资本收入以红利的形式支付给家庭。另外，企业不一定将所有收入都支付出去，企业会留存一部分，这部分叫作留存收益。无论是以何种形式支付给家庭，或是留在企业，资本收入都是根据资本的边际效益来向资本付酬的。下面我们以利息为例，说明资本收入的形成机制。

利息是厂商为使用一定时期内资本的生产力所支付的代价，或者说是资本所有者让渡一定时期内资本使用权所获得的报酬。利息是由资本的供求关系决定的。

（一）资本的需求与供给

资本需求是指一定时期内企业在不同利率水平下所需要的资本总额。我们知道企业投资的目的在于获取利润，因此企业对资本的需求取决于其对新增投资的预期利润率或资本的边际生产力。假定市场利率为5%，企业借入一单位资本的预期利润率高于5%，假定是7%，那么该企业借入一单位资本可获利2%，对企业来说追加投资是有利的。但是如果该企业的预期利润率低于5%，投资收益小于投资成本，企业就宁可储蓄也不愿意投资。由于报酬递减规律的作用，资本投入的增加必然会降低其预期利润率。企业根据市场利率与预期利润率的对比关系，调整资本的需求量或使用量，直到其资本的边际生产力或预期利润率等于市场利率。由此可见，假如预期利润既定，利率提高，则对资本的需求量较少，利率降低，则对资本的需求量增加。需求曲线是从左上向右下倾斜的，如图6-10所示。

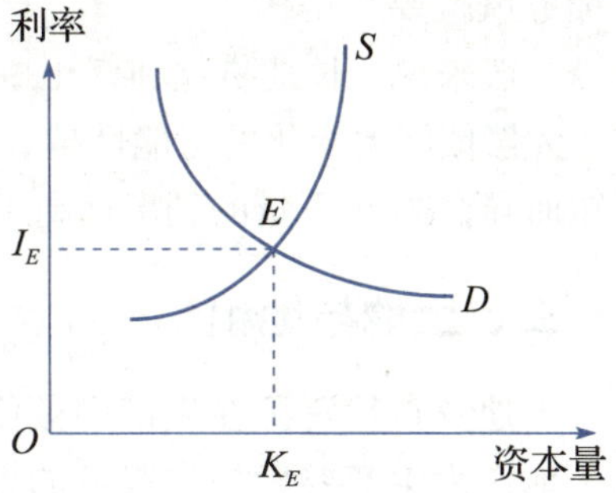

图6-10 均衡利率

资本的供给是资本所有者在各个不同的利率水平上愿意并且能够提供的资本数量。对于资本的供给者来说，借出资本，让渡一定时期的资本使用权，是有损失和风险成本的。例如，有人年初时拥有100万元，按照当时房产市场价格，可以买单价1万元的公寓房100平方米。到年底时，同样的房子价格上涨到每平方米1.2万元，买100平方米的公寓就需要120万元。可见，人们推迟购买，不仅损失消费商品带来的满足，而且要承担价格波动的风险。利息是对于资本供给者抑制或推迟眼前消费的一种补偿，利率越高，补偿越多，人们愿意提供的资本也就越多。因此，一般来说，资本的供给与利率同方向变化，资本的供给曲线是向右上方倾斜的，如图6-10所示。

在图6-10中，横轴代表资本量，纵轴代表利率。和前面分析的生产要素价格决定一样，资本的价格——利率也是由供求关系平衡所决定的。资本需求曲线与供给曲线的交点——E为均衡点，该点所对应的利率I_E为均衡利率。在均衡利率水平上，资本的需求量与供给量相等，市场达到均衡。

（二）差别利率

均衡利率的出现，并不意味着所有现实的利率都处在同一个相同的水平上。它只是代表着资本市场平均的利率水平或资本回报率，代表市场上任何一笔投资的机会成本，代表不同行业利率的一个趋同点。这种趋势是通过资金的自由流动来实现的。比如在某个时期投资建造一座炼钢厂的收益比用同样投资建造一个发电厂得到更多的收益，资本就会投向炼钢厂。钢材供应的增加将会使市场钢材下降，从而使投资炼钢厂的投资回报降低。同样，发电厂由于投资减少将增加投资电厂的回报。经过一段时间后，投资者会把资本从炼钢生产拿出来，转而投向电力生产，直到两个行业的投资回报相等为止。

在现实经济生活中，不仅各行各业的贷款，甚至同一行业中的每一笔贷款，其利率都可能出现差异。形成利率差异的原因很多，归根到底取决于风险。具体而言，取决于债务人的信用度和贷款期限。

债务人信用级别越高，违约的可能性越小，风险越小，利率可以低一些；相反，债务人信用级别越低，违约的可能性越大，风险越大，利率应该高一些，因为风险需要补偿。这也就是人们把国债称作“金边”债券，其利率往往低于企业债券利率的原因。因为相比任何一个企业，国家的信用级别高得多，其债务风险要小得多。

一般来说，长期贷款利率比短期贷款利率要高一些，因为贷款的期限越长，债务人偿债能力变化的可能性越大，风险也就越大。购房贷款利率随还贷年限的长短而异，30 年还贷的利率远高于 10 年还贷的利率，就是这个原因。

二、土地与地租

土地及自然资源在生产中被使用，它的拥有者必然要求获得回报。地租是对土地作为生产要素提供服务的报酬，是企业在一定时期内利用土地所支付的代价。地租是由土地市场的需求和供给决定的。

地租决定理论和级差地租

（一）均衡地租

经济师考点

土地的供给曲线和均衡地租的形成

土地的需求取决于土地边际生产力。我们知道，随着社会对土地需求量的增加，人们只能使用越来越贫瘠的土地，因而土地的边际生产力递减，即每增加 1 单位土地使用所增加的收益是递减的。地租越高，对土地的需求就越少；地租越低，对土地的需求就越多。土地的需求曲线和其他生产要素的需求曲线一样，表现为一条向右下方倾斜的曲线，如图 6－11 所示。

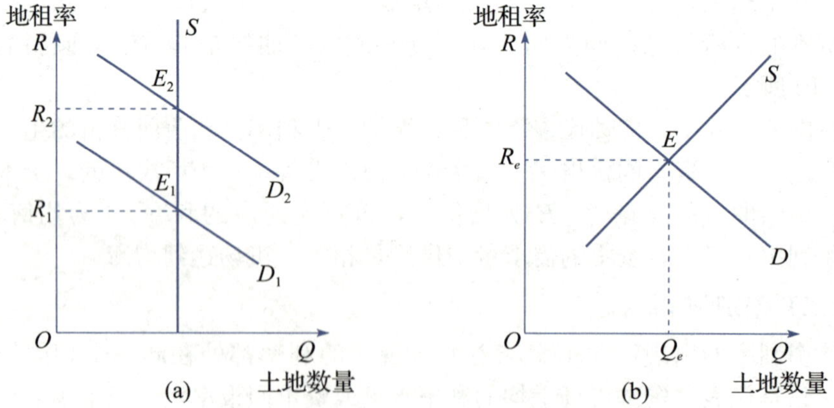

图 6－11 地租的决定

一个国家或一个地区，在一定时期内利用的土地总是有限的，这是因为土地不能移动、不可再生。这样，**土地的供给曲线是一条与横轴垂直的直线，即无论地租怎样变动，土地供给是个固定的量。**如图 6－11（a）所示。

在图 6－11（a）中，横轴代表土地数量，纵轴代表地租率，即单位土地的租金。S 曲线为土地供给曲线，D 曲线为土地需求曲线。土地需求曲线 D_1 与供给曲线相交于 E_1，决定地租率为 R_1。如果社会对土地的需求增加，需求曲线从 D_1 移动至 D_2，则地租率上升至 R_2。由此可见，土地供给固定时，地租率的高低取决于对土地的需求，与需求呈同方向变化。所以，一个国家和地区，随着经济的发展、人口的增加，对土地的需求也增加，地价和房价会有增长的趋势。

从一个行业或一个企业的角度看土地的供给，则供给量是可变的，会随着地租的变化而变化。比如，当农田用来生产蔬菜的收益高于生产粮食时，原本种植粮食的土地会转用于生产蔬菜；当土地用来建筑住宅产生较高的收益，获得较高的地租时，用以种植的土地会逐步转用于房产开发。图 6－11（b）表示一个行业或一个地区的土地供求曲线，土地的供给曲线不是横轴的垂直线，而是向右上方倾斜的曲线，即土地供给随着地租的上涨而增加，随着地租的下降而减少。土地供给曲线与需求曲线相交，决定均衡地租 R_e。

（二）级差地租和绝对地租

同样面积的土地，由于肥沃程度不同，农作物的收成会很不一样；同一座矿山，随着开采年份的推移，矿藏由富到贫，产量会有很大不同；都是住宅建筑，由于交通条件不同，交通便利地段的房价要比交通相对不便利地段的要高得多。企业租用不同等级的土地，向土地所有者支付的地租是不同的，经济学把这种由于土地贫瘠程度和地理位置不同引起的地租称为级差地租。让我们来看级差地租是怎样形成的。

一般来说，对土地的使用会根据土地上产品的需求情况，从优至劣依次进行。最先使用的是相对优等的土地，随着经济的发展和人口的增加，对土地上生产的产品的需求增加，倘若供给不变，产品价格就会上升。价格上升驱动产品生产企业租用劣等土地，以增加产品供给。在这种情况下，租用优等土地的企业由于成本消耗低于劣等土地产品的平均成本，因此能够获得超额收益。这一超额收益由于土地经营者争相租用优等土地的竞争最终会落到土地所有者手中，形成级差地租。

在市场经济条件下，即使使用劣等土地也要支付一定的代价，否则土地所有者宁可让土地闲置。这种使用任何一种等级的土地都要支付的地租在经济学上称为绝对地租。级差地租是使用高等级土地而支付的高于绝对地租的地租，随着新的土地被开发和利用，级差地租有逐步上升的趋势。

（三）准地租和经济地租

根据以上分析可知，地租是供给完全缺乏弹性时土地的使用价格。在现实经济中，有些生产要素具有类似于土地的供给曲线，如厂房、大型设备等耐久性设备。这些资源固定性强，很难移动，不易转产，其供给曲线在一定时期内是垂直的，即无论租金如何变动，供给总是不变的。经济学上称这类资源的租金为准地租。

在长期内，一切生产要素都是可流动的，某些行业为了留住一些重要的资源，支付的报酬必须超过它们转移到其他行业所能获得的最大报酬，这个超过的部分，称为经济地租或者经济租。由于经济地租是生产要素提供者所得到的超过其愿意接受的收入部分，因此又称为生产者剩余。

三、生产要素之间的联系

生产要素的价格取决于该要素的边际收益，其边际产量又取决于可以得到的那种要素的量。生产要素的供给与需求决定了生产要素的价格。但是，一个企业并不是使用一种生产要素，大多数情况下，生产要素是以一种组合方式在一起使用的，这就使得每种要素的生产率都取决于生产过程中使用的其他要素的可获得量。结果，任何一种生产要素的供给发生变化都会改变所有要素的收益。任何一种要素收入的变动，都可以通过分析某个事件对该要素边际效益的影响来确定。

任务四　理解收入分配中的平等与效率

人类生活在同一个地球，但是贫富差别很大。首先是国与国之间的收入差别，其次是同一个国家人们的收入差距。在经济学上，收入差距是如何衡量的呢？

一、收入分配差距的衡量

（一）贫困率和贫困线

常用的收入分配判断标准是贫困率。贫困率是家庭收入低于贫困线绝对水平的人口百分比。贫困线是指国家为救济社会成员因自然、社会、经济、生理和心理等方面原因收入减少或中断难以维持基本生活而制定的社会救济标准。根据这一标准给予经济或实物方面的救济，使社会成员能维持基本生活的制度即贫困线救济制度。贫困线根据价格水平的变动进行调整。各个国家的贫困线并非一致，基本上是根据本国的实际生活水平制定的。

国际贫困标准（International Poverty Line Standard）的制定实际上使用的是收入比例法。经济合作与发展组织在1976年组织了对其成员国的一次大规模调查后提出了一个贫困标准，即以一个国家或地区社会中位收入或平均收入的50%作为这个国家或地区的贫困线，这就是后来被广泛运用的国际贫困标准。世界银行2008年宣布，将国际贫困标准从每天生活费1美元提升至1.25美元。

1986年，中国首次制定206元的绝对贫困线标准，对应的贫困人口数量为1.25亿。2011年1月29日，中央决定将农民人均纯收入2 300元（2010年不变价）作为新的国家扶贫标准，对应的贫困人口数量为1.22亿。

截至2020年年底，我国脱贫攻坚战取得了全面胜利，现行标准下9 899万农村贫困人口全部脱贫，832个贫困县全部摘帽，12.8万个贫困村全部出列，区域性整体贫困问题得到解决，完成了消除绝对贫困的艰巨任务，为人类减贫事业做出了巨大贡献。在此基础上，中国继续推进乡村振兴战略，并提出“共同富裕”的奋斗目标，从脱贫攻坚到共同富裕，中国普通民众的生活得到真实改善。

（二）洛伦兹曲线和基尼系数

目前，国际上比较权威的衡量国民收入差距的标准主要有五等分法和基尼系数法两种。五等分法，即用20%的最高收入家庭与20%的最低收入家庭进行比较，但使用最为广泛的是基尼系数法。

洛伦兹曲线和基尼系数

著名统计学家洛伦兹提出用一条曲线衡量一个国家一定时期收入分配差距。具体方法是：将一国总人口按收入由低到高的累计百分比排队分成若干组，再统计各组得到的收入在总收入中的累计百分比，画一个坐标系，横轴代表人口百分比，纵轴代表收入百分比，添加平行于横轴和纵轴的线，把坐标系围起来形成一个正方形，然后找出这两个累进百分比的一一对应关系的点并连接起来，得到的曲线就是洛伦兹曲线。表6－2是根据世界银行集团发展数据局公布的相关数据整理的2011年卢旺达的收入分配资料，图6－12表示的是与表6－2相对应的洛伦兹曲线。

表6－2　卢旺达2011年的收入分配

群体	本群体收入百分比	人口累积百分比	收入累积百分比
最低20%	5.2	20	5.2
第二个20%	8.3	40	13.5
第三个20%	11.9	60	25.4
第四个20%	17.8	80	43.2
最高20%	56.8	100	100

资料来源：根据世界银行集团发展数据局网站资料整理。收入的比例份额是指按五等分法划分的各人口组别所占的份额。

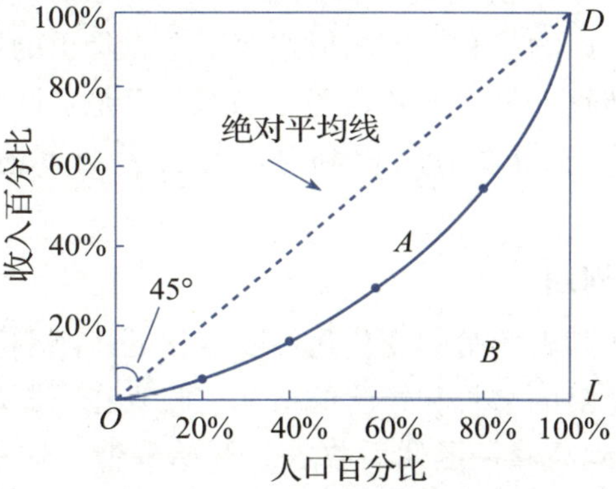

图6－12　卢旺达2011年的收入分配洛伦兹曲线示意图

从表6-2和图6-12中可以看出，收入最低的20%的人口所得的收入仅占总收入的5.2%，80%的人口只得到43.2%的收入，而最富有的20%的人口得到56.8%的收入。通过原点的45°线OD代表绝对平等线，显然，2011年卢旺达的洛伦兹曲线是向横轴凸出的。洛伦兹曲线与45°线之间的面积A叫作“不平等面积”，A的面积越大，表明收入分配差距越大、越不平等。当收入达到完全不平等时，洛伦兹曲线成为一条折线OLD。这条折线与45°线之间的面积$A+B$就是完全不平等面积。不平等面积A与完全不平等面积之比，称为基尼系数。用以下公式表示：

$$基尼系数(G)=\frac{A}{A+B}$$

基尼系数是现在国际上比较通行的用来衡量一国居民贫富差距的标准。显然，基尼系数不会大于1，也不会小于0，而是$0\leqslant G\leqslant 1$。$G=0$时，表示国民收入完全平等分配。$G=1$时，则表示国民收入完全不平等分配。

按照国际惯例，基尼系数在0.2以下，表示居民之间收入分配“绝对平均”；0.2～0.3表示“相对平均”；0.3～0.4表示“比较合理”。同时，国际上通常把0.4作为收入分配贫富差距的“警戒线”，认为0.4～0.6为“差距偏大”；0.6以上为“高度不平均”，意味着收入分配严重不公，后果会十分严重。

由于基尼系数中的收入数据存在口径不完全统一问题，国内学界关于基尼系数值的看法很不一致。

二、衡量收入分配差距时应注意的问题

前面介绍的贫困线和基尼系数有助于我们了解社会收入分配不平等的程度，但是人们最终关心的不仅仅是收入，还需要考虑货币收入之外的改变生活水平的其他因素。

(一) 实物转移支付

通过各种政府计划，低收入者得到了许多非货币物品，例如低保医疗补贴、经济适用房等。以物品和劳务的形式而不是以货币的形式给予低收入者的转移支付称为实物转移支付。另外，还有一部分不是贫困阶层，也享受着上述实物转移支付，例如单位发放的福利等，都会影响上述数据的真实性和代表性。

(二) 经济生命周期

人一生中的收入随着年龄的变化是不断变化的。刚刚毕业的年轻人的收入是比较低的。随着年龄的增长和经验的增加，收入在不断增加。一般企业工人收入在45～50岁达到高峰，退休后收入又开始降低。这种规律的收入变动形式称为经济生命周期。

（三）暂时收入与持久收入

人一生中的收入不仅仅因为预期的生命周期而变动，还会因为暂时力量或随机事件而变动。例如 2023 年 7 月北京市门头沟区发生洪涝灾害，使得部分家庭损失严重，短期内居民收入会大幅度降低。但是政府心系老百姓，紧急抢险救灾、恢复生产，并给予补贴。所以受灾居民虽然收入暂时减少，但不影响整体生活水平。家庭生活水平取决于其持久收入，即正常的或平均收入。持久收入分配比当期暂时收入分配更能体现平等程度。

三、收入分配的调节

（一）收入分配调节中平等与效率之间的矛盾

收入分配的差距是否应该加以调节呢？经济学家对此有不同的看法。

一些经济学家认为，**应当保持人们的收入差距**，因为收入差距是市场机制本身决定的，**是一个社会保持效率的必然要求**。在市场经济中，收入分配是依据要素的供给进行的，人们拥有的要素状况不同，收入报酬也就不同。社会为了鼓励人们努力学习和工作，不断提高自己的能力，鼓励人们积极进行财富的积累，必须给要素所有者或供给者以相应的回报。如果取消或过分缩小这种差别而追求收入的均等化，客观上会挫伤人们钻研科学、努力工作、节俭储蓄、冒险投资、不断创新的积极性。结果是鼓励懒惰、鼓励奢侈浪费，社会经济就难以发展，平等只能导致普遍的贫穷。总之，承认差别是竞争的基础，而竞争是社会发展进步的动力所在。

另一些经济学家则认为，**应当控制和缩小人们的收入差距，保持收入的基本均等。**其理由是：平等是天赋人权，竞争引起的收入差距是对这种权利的侵犯。他们认为，首先，市场经济中人们参与竞争的前提条件并不是公平的。既然竞争不是从同一条起跑线上开始的，那么就谈不上竞争的公平。其次，就现实的市场而言，市场垄断的存在，性别、年龄等非经济因素影响人们就业的情况，使得按照要素供给分配收入的市场规则大打折扣，人们收入的差别并不一定是勤奋和懒惰造成的。既然如此，保持收入差距并不一定能起到促进效率的作用。相反，倘若收入差距过大，引起人们对收入分配不公的普遍不满，可能造成社会动荡，危及正常经济秩序，对整个社会经济效率的提高产生不良影响。

经济学家的不同观点，是平等与效率之间矛盾关系的反映。理论与实践告诉我们，平等和效率虽然难以兼得，但要兼顾，兼顾不仅是必要的，而且是可能的。兼顾的基础如下：

第一，在效率优先的原则下兼顾平等。从长期看，经济社会应把保持和提高效率放在首位，这是因为，效率是提高社会生产力、增加社会产品的条件，从而是推进平等的物质基础。在一个经济落后、产品匮乏的经济社会里，所谓平等是一句空话，没有任何意义。当然，效率优先并不是可以让收入差距越来越大，而是应该在效率优先的前提下尽可能考虑平等的要求，把差距控制在一个适当的限度之内。

第二，平等和效率的重点地位可以转换。在一个经济社会的某一发展阶段，应当根据平等与效率关系上存在的矛盾的主要方面来确定解决问题的重点，协调两者关系。当效率受到影响时，应适当拉开收入差距；当公平问题严重时，要注意缩小收入差距。每一时期都应该有重点，没有重点也就没有政策，而且不同时期的重点应当是可以转化的。社会正是在不断地追求平等与效率目标的交替过程中实现发展的。

第三，以较小的替代成本寻求平等与效率的结合点。平等与效率之间的替代需要付出代价。当拉开收入差距时，实际上牺牲了平等；当缩小收入差距，限制公共福利时，势必会影响效率。兼顾两者要求我们以尽可能小的不平等牺牲来换取尽可能高的效率，或者以尽可能小的效率损失换取尽可能大的平等。

（二）收入再分配的标准和措施

1. 社会收入分配标准

西方经济学家认为，收入分配有 3 种标准：第一是贡献标准，即按生产要素的价格进行分配；第二是需要标准，即按社会成员对生活必需品的需要来分配国民收入；第三是平均标准，即按公平的准则来分配国民收入。第一个标准有利于提高经济效率，但会引起社会的不平等；第二个和第三个标准有利于社会平等，但有损于经济效率。

2. 社会收入分配政策

要协调公平与效率之间的矛盾，就应该设法以尽可能小的不公平换取尽可能高的效率，或者牺牲尽可能小的效率换取尽可能大的公平。在社会收入分配过程中，在强调按要素贡献比率分配社会产品和收入的同时，还要尽可能兼顾公平。为此，在社会收入分配政策上可以采取以下措施：

（1）实行税收调节政策。实行税收调节政策的目的是通过税收手段来缩小收入差距。实行税收调节政策的主要手段是征收个人所得税。个人所得税通过征收累进税来调节社会成员收入分配的不公平状况。

（2）社会福利政策。社会福利政策的特点是通过给低收入者补助来实现收入分配的平等化。其主要内容为：第一，提供各种形式的社会保障与社会保险；第二，向贫困者提供就业机会与培训；第三，提供医疗保险和医疗援助等。

（3）增加教育费用支出。增加教育费用支出，一方面可以使低收入者获得赚取较高收入的能力，有助于缩小社会的收入差距，以利于公平的实现；另一方面也可以使全社会受益，既提高了整个社会的劳动生产率，又有利于经济效率的提高。

（4）改善住房条件。主要措施有：以低房租向低收入者出租国家兴建的住宅；对私人出租的房屋实行房租限制；资助无房者建房，如提供低利率的长期贷款，或低价出售国家建造的住宅；实行住房房租补贴；等等。这种政策的实施既可改善低收入者的住房条件，也有利于实现收入分配平等化。

（5）最低工资标准。最低工资保障制度是我国一项劳动和社会保障制度。

《劳动法》规定用人单位支付劳动者的工资不得低于当地最低工资标准。政府会根据生活费用水平、职工平均工资水平、经济发展水平的变化对最低工资标准进行调整。

2021 年 8 月，习近平总书记在中央财经委员会第十次会议上指出，“构建初次分配、再分配、三次分配协调配套的基础性制度安排，加大税收、社保、转移支付等调节力度并提高精准性……使全体人民朝着共同富裕目标扎实迈进”。党的二十大报告指出：“完善分配制度。分配制度是促进共同富裕的基础性制度。坚持按劳分配为主体、多种分配方式并存，构建初次分配、再分配、第三次分配协调配套的制度体系。”初次分配、再分配和第三次分配既相互区别又有紧密的联系。初次分配是基础，市场对资源配置应起到决定性作用，遵循公平竞争的原则，形成勤劳创新致富、机会公平的要素分配机制；再分配是重要保障，通过完善政府对收入分配进行调节的机制构建“提低扩中限高”的政策体制；第三次分配是补充，提高社会成员的自愿参与积极性，建立先富帮后富的社会环境，最终形成有效市场、有为政府与有爱社会相统一的局面。①

即测即评

扫一扫　练一练

① 李莹．实现全体人民共同富裕的现代化：二次分配的定位、挑战与政策．当代经济管理，2023(7).

项目七

认知市场失灵

素养目标： 帮助学生正确理解市场失灵能击溃市场万能的神话，以及科斯定理成立的前提条件，引导学生从事实出发，对市场进行严谨的分析。

知识目标

1. 了解市场失灵的含义与原因；
2. 了解外部性对资源配置效率的影响；
3. 了解公共物品的含义和特征及与市场失灵的关系；
4. 了解垄断造成的社会低效率及政府对垄断的治理。

技能目标

1. 对现实经济现象中的外部效应做出判断并熟知如何去纠正；
2. 认识并能有意识分析垄断造成的损失；
3. 能运用市场因素和政府作用解释市场失灵问题。

经济师考点

1. 市场失灵与外部性的含义；
2. 科斯定理；
3. 政府对外部性纠正的措施；
4. 垄断对资源配置效率的影响；
5. 政府打破垄断的措施；
6. 信息不对称的含义；
7. 逆向选择的含义；
8. 道德风险的含义；
9. 资源最优配置标准——帕累托最优状态；
10. 实现帕累托最优的条件。

知识图谱

- 市场失灵
  - 市场失灵及影响因素
    - 外部性与市场失灵
    - 公共物品与市场失灵
    - 垄断与市场失灵
    - 信息不对称与市场失灵
      - 逆向选择
      - 道德风险
  - 私人办法和干预政策
    - 私人解决办法
      - 企业间合并消除外部性
      - 明晰产权消除外部性——科斯定理
    - 政府干预
      - 通过税收和补贴消减外部性
      - 通过管制和限制消减外部性
      - 通过可交易的污染排放指标减轻外部性
      - 承担公共物品主要提供者的职责
      - 通过价格管制、实施反垄断法、对垄断企业拆分使垄断走向竞争
      - 通过法律或管制规范市场，维护市场公平
  - 社会福利最大化
    - 帕累托最优
    - 帕累托改进

项目导读

市场不是万能的

市场做了许多好事，但并不是能做好每一件事。例如，有些化工厂、制药厂排出的废水流入河里，导致河水被污染。企业如果装一套污水处理设备，使污水达到环保标准后再排放，就可以避免污染问题，不过这得花好多钱，甚至还会造成亏损。因此为了省钱，企业选择直接排水，从而使河流被污染。上游的人排污，下游的人饮水。但是，在市场经济体制下，污染造成的后果却与环境污染者无关，它们不需要为此付出代价，这就是经济中的负外部性，也是市场经济的无能为力，即“市场失灵”。

任务一　了解外部性

经济学的核心问题是社会资源的有效配置。现实生活中，市场机制在某些领域不能或不能有效地发挥作用，从而导致市场失灵。市场失灵问题的存在，使政府干预成为提高资源配置效率的一种必要。因此，本项目着重分析导致市

场失灵的各种因素，并提出政府干预的手段。

市场失灵是指由于市场价格机制在某些领域不能有效发挥作用而导致社会资源无法得到最有效的配置。引起市场失灵的因素主要有 4 个，即外部性、公共物品、垄断和信息不对称。

经济师考点

市场失灵与外部性的含义

市场失灵与外部性的含义

一、外部性的含义

萨缪尔森在第 17 版的《经济学》中指出："外部性或溢出效应是指企业或个人向市场之外的其他人所强加的成本与收益。"

外部性又称外部效应、外溢性，是指一个经济活动的主体（个人、家庭、企业或其他经济主体）的行为对其他经济活动主体（个人、家庭、企业或其他经济主体）产生的利益或成本影响。

外部性的影响方向和作用结果具有两面性，可以分为**外部经济**和**外部不经济**。外部经济又称为正的外部效应，外部不经济又称为负的外部效应。如果某种产品的消费或生产使消费者或者生产者以外的社会成员获得收益且无须支付报酬，即收益外部化，则称为外部经济或正的外部效应；反之，那些能够引起社会或其他个人成本增加或导致收益减少的外部性，则称为外部不经济或负的外部效应，它对个人或社会是不利的。例如，环境污染者给他人和环境造成损失，导致外部不经济现象，理应受到惩罚。

外部效应可以分为生产的外部正效应、生产的外部负效应、消费的外部正效应、消费的外部负效应，以及公共资源造成的外部正负效应问题。生产的外部正效应也可称为生产的外部收益，典型的例子是邻近的果园和养蜂场，相互可以从对方获得好处却无须支付报酬。生产的外部负效应也可称为生产的外部成本，如钢铁厂因为排放了过多的废气、废水，使当地居民健康受损。消费的外部正效应也称消费的外部收益，如上班时衣着得体，让别人看了感觉很好，从而增加了别人的效用。消费的外部负效应也称消费的外部成本，比如在高峰时段上网，每个人上线都给别人造成了拥挤和卡顿。公共资源的外部效应问题是由公共资源的稀缺性和使用无限制性造成的，比如在公共牧场上无限制地放牧，每个羊群的增加都给别人造成成本增加或收益下降，最终会破坏牧场。外部性的种类如表 7－1 所示。

表 7－1　外部性的种类

分类标准	生产	消费	公共资源
正外部性	邻近的果园和养蜂场，相互给对方带来收益	上班时衣着得体，让别人看了感觉很好，从而增加了别人的效用	灯塔建造，指引过往船只
负外部性	企业生产排放废水、废气，给他人和环境造成损失	高峰时段上网，每个人上线都给别人造成了拥挤和卡顿	公共牧场上无限制地放牧，每个羊群的增加都给别人造成成本的增加

二、外部性的影响

外部性现象的出现，是因为边际私人成本和边际社会成本、边际私人收益和边际社会收益的不一致。当边际私人成本低于边际社会成本，那么生产或消费水平会高于最优水平；当边际私人收益低于边际社会收益，那么生产或消费水平会低于最优水平，从而使生产的社会收益大于私人收益，$Q_1 > Q_2$（生产萎缩），如图 7-1 所示。外部性的存在是造成经济无效率的原因之一，使市场机制不能实现优化资源配置的基本功能。

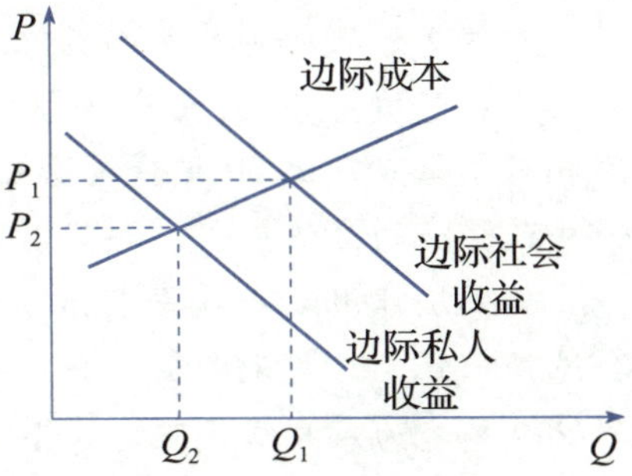

图 7-1　外部性的影响

三、外部性的治理

解决外部性问题可用私人解决的方法和政府解决的方法。私人解决的方法包括企业合并或产权变动；政府解决的方法包括税收和补贴、管制、可交易的污染排放指标等。

外部性治理

（一）外部性的私人解决方法

1. 企业合并

一个企业对另一个企业可能产生正外部性或负外部性，但当两个企业进行合并，在合并后的一个企业内部核算成本与收益时，就消除了外部性影响，即使其“内部化”了。例如，由一个企业同时经营养蜂和种植苹果两种业务。养蜂对苹果种植产生正外部性，苹果种植对养蜂产生正外部性，养蜂和苹果种植同时决策，得到最优数量。

2. 产权和产权变动

产权是指企业或个人对某种资源或财产所享有的权利，一般包括资源或财产的使用权、收益权和自由转让权。英国经济学家科斯认为，造成外部性的原因从根本上说是由于产权界定不明晰，只要解决了产权的界定和交易费用过高的问题，则完全可以通过市场交易解决外部性问题，市场资源就能实现有效配置，这就是著名的科斯定理。

经济师考点

科斯定理

科斯定理

【案例】科斯定理的典型案例

假定一个工厂周围有 5 户居民，工厂的烟囱排放的烟尘因为使居民晒在户外的衣物受到污染而使每户损失 75 美元，5 户居总共损失 375 美元。

解决此问题的办法有 3 种：

一是在工厂的烟囱上安装一个防尘罩，费用为 150 美元；

二是每户添置一台除尘机，除尘机价格为 50 元，总费用是 250 美元；

三是每户居民有75美元的损失补偿，补偿方是工厂或者是居民自身。

假定5户居民之间，以及居民与工厂之间达到某种约定的成本为零，即交易成本为零，在这种情况下：

如果法律规定工厂享有排污权（这就是一种产权规定），那么，居民会选择每户出资30美元去共同购买一个防尘罩安装在工厂的烟囱上，因为相对于每户拿出50元钱买除尘机，或者自认75美元的损失来说，这是一种最经济的办法。

如果法律规定居民享有清洁权（这也是一种产权规定），那么，工厂会选择出资150美元购买一个防尘罩安装在工厂的烟囱上，因为相对于出资250美元为每户居民配备一个除尘机，或者拿出375美元对每户居民赔偿75美元的损失来说，购买防尘罩也是最经济的办法。

因此，当交易成本为零时，无论法律是规定工厂享有排污权，还是制定相反的规定即居民享有清洁权，最后解决烟尘污染衣物导致375美元损失问题的成本都是最低的，即150美元，这样的解决办法效率最高。

经济师考点

政府对外部性纠正的措施

（二）政府对外部性的纠正

政府主要通过以下措施对外部性进行纠正。

1. 税收与补贴

政府通过对产生负外部性的企业征税，使其私人成本等于社会成本；通过对产生正外部性的企业进行补贴，使其私人收益等于社会收益。

2. 运用行政措施（管制）

政府可以采取直接的行政干预、强制性管制措施或推行强制性标准以及采取限制措施对资源配置进行安排或处置。

3. 可交易的污染排放指标

所谓排污权交易制度，是指在实施排污许可证管理及排放总量控制的前提下，鼓励企业通过技术进步和污染治理节约污染排放指标，这种指标作为“有价资源”可以“储存”起来以备自身扩大发展之需，也可以在企业之间进行商业交换。那些无力或忽视使用减少排污手段导致手中没有排放指标的企业，可以按照商业价格向市场或其他企业购买指标。

一个企业节约下来的污染排放指标，可以作为商品出售给其他缺少排放指标的企业。目前，我国已将市场机制引入污染防治领域，着手建立和推广排污权交易制度。国家环保总局（现为生态环境部）自2002年起在全国部分省市开展了排污权交易的综合试点工作，探索在市场经济条件下，运用经济杠杆的作用，充分调动企业主动削减污染物排放总量的积极性。

建立排污权交易制度，并不意味着企业只要有钱就能无所顾忌地增加排污量。无论是买方还是卖方，其交易都只能在满足国家总量控制的前提之下进行。

任务二　辨析私人物品与公共物品

一、私人物品与公共物品

（一）私人物品与公共物品的含义及特征

社会的资源分为两类：一类是私人物品，另一类是公共物品。

私人物品是指只能由某个经济主体消费的物品或劳务。例如，个人手机、衣服等。私人物品同时具备两个特征：一是竞争性，二是排他性。竞争性是指一个人需要通过一定的竞争才能取得对某物品或劳务的消费。排他性是指一个人对物品的消费会影响其他人对该物品或劳务的消费，只能独享。例如，个人手机需要支付一定费用才可以拥有，当你购买并使用了这部手机后，其他人就不能再购买和使用同一部手机。私人物品是市场机制、价格机制可以有效配置的。

公共物品是指私人不愿意或无能力生产而由政府提供的具有非排他性和非竞争性的物品。公共物品具有两个特征：一是非竞争性，即个人不需要通过一定的竞争才能取得对某物品或劳务的消费；二是非排他性，即任何人都不能因为自己的消费而排除他人对该物品的消费。例如，博物馆是一种公共物品，当你参观博物馆时，其他人也可以参观。公共物品是市场机制下企业不愿意提供的，需要政府提供。

（二）公共物品的分类

与私人物品相对的物品是公共物品，公共物品按照是否**同时**具有非排他性和非竞争性，分为纯公共物品和准公共物品（见表 7－2）。

表 7－2　物品的分类

竞争性或非竞争性	排他性或非排他性	
	非排他性	排他性
竞争性	公共资源	私人物品
非竞争性	纯公共物品	俱乐部物品

（1）纯公共物品。纯公共物品是指同时具有非排他性和非竞争性的产品。如国防、大海上的灯塔等。

（2）准公共物品。准公共物品是指具有不完全排他性和竞争性的产品。准公共物品又分为两类：一类是具有非竞争性和排他性的物品，称为俱乐部物品，如有线电视、社区绿化等；另一类是具有非排他性和竞争性的物品，称为公共资源，如公海中的鱼类资源、拥挤的免费道路等。

（三）公共物品导致市场失灵

公共物品与市场失灵

1. 公共物品的非排他性导致市场失灵

例：某公司曾生产一种对汽车尾气进行过滤的装置，该装置对净化城市空气大有益处，但却增加了汽车销售成本而遭到汽车制造商的拒绝，汽车消费者同样拒绝购买这种对每个人都有好处的东西。

2. 公共物品的非竞争性导致市场失灵

例：对不交有线收视费的家庭禁止观看有线电视节目，对不太拥挤的桥梁禁止未付费者通过，会损害效率或减少社会总福利。

【课堂练习】

请思考：由政府提供的物品一定是公共物品吗？

解：不一定。判断某一物品是否是公共物品，要看它是否具备公共物品的特性，即非排他性、非竞争性。政府提供的物品如养老金、失业保险、邮政服务等并不是公共物品。

二、公共物品的供需矛盾

（一）公共地悲剧

在一片水草肥美的公共草原上，牧民们都愿意来这里放羊牧马，久而久之，草原由于过度放牧变成了荒漠。公共草原的悲剧缘何造成？如何制止？如何避免“公共地悲剧”？

公共地是一种典型的公共资源，由于它是开放的，人人都想多占用、多放牧，而对保护公共资源却没有动力，于是有了哈丁的著名评述：“这是一个悲剧，每个人都被锁定在一个迫使他在有限范围内无节制地增加牲畜的制度中，毁灭是所有人都奔向的目的地。因为在一个信奉公共地自由使用的社会里，每个人均追求自己的最大利益，最后公共地自由给所有人带来了毁灭。”这就是“公共地悲剧”。

（二）“搭便车”难题

“搭便车”是指不进行购买而消费某种物品的行为。如果一个人不用购买就可以消费某种物品，他就绝对不会购买，从而使个人取得公共物品的成本为零。然而，提供公共物品却是要花费成本、付出代价的。

在市场经济条件下，每个人都追求个人利益最大化，因而就没有自发的力量生产公共物品，增加公共物品的供给。公共物品的特征决定了消费者既要分享公共物品的收益，又希望“搭便车”不主动出价。这就出现了一个矛盾，社会需要公共物品，却没有人愿意提供。

（三）公共物品的提供

公共物品的非竞争性、非排他性特征决定了政府提供的必要性和明显优势。在私人物品领域非常有效的市场机制，在公共物品领域却显得无能为力。这是因为，公共物品具有的非排他性和非竞争性，使得“搭便车”行为不可避免。长此下去，任由“搭便车”现象存在，最终必然出现公共物品短缺现象，所以，这些公共物品需由政府提供。

如果政府经济实力强，就可以多提供些纯公共物品，如果政府经济能力弱，应该尽可能地提供准公共物品，到一定阶段再把它变成纯公共物品，这样一来，人民的生活水平就会提高。

任务三　了解垄断与市场失灵

一、垄断性失灵

经济师考点

垄断对资源配置效率的影响

垄断与市场失灵

（一）垄断造成市场效率低下

垄断市场的商品和服务的价格由垄断厂商自行确定，为了获取超额利润，厂商的定价通常比竞争市场的高，产量比竞争市场的低，这样就会对市场资源配置产生误导。

（二）垄断造成社会福利损失

垄断对社会福利造成的损失主要表现为使消费者剩余大大减少。如图 7－2 所示。

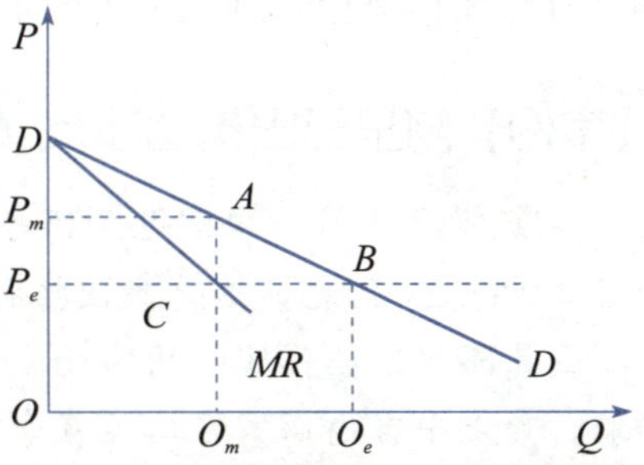

图 7－2　垄断造成社会福利损失

在完全竞争条件下，高于均衡价格 P_e 的价格反映的效用水平就是消费者剩余，即图中$\triangle DBP_e$ 部分。在垄断条件下，高于垄断价格 P_m 的价格反映的效用水平就是消费者剩余，即图中$\triangle DAP_m$ 部分。显然，前者大于后者，二者之差即 AP_mP_eB 部分，其中 ACP_eP_m 部分为垄断利润，$\triangle ABC$ 部分就是社会福利损失，即垄断产量限制对社会造成的损失。

［思考］如何度量垄断造成的社会福利损失？
答：可以用消费者剩余来度量垄断造成的社会福利损失。

（三）垄断造成寻租

寻租通常是指那些通过公共权力形成垄断后参与市场经济从而谋取非法收益的非生产性活动。由于寻租扰乱正常市场经营活动，因此会造成社会资源的浪费和社会福利水平的降低。

（四）企业失去技术进步的动力

垄断厂商在当前无须改进技术就可通过定价获得超额利润，因此可能失去技术进步的动力。

经济师考点

政府打破垄断的措施

二、政府对垄断的干预

（一）价格管制

价格管制是指政府有关部门对自然垄断行业产品的价格进行限制，规定某些垄断行业的产品或服务的最高售价。具体方法：一是按边际成本定价；二是按平均成本定价；三是按一个合理的资本回报率确定价格。此外，政府为了防止企业定价过高，也可以采用价格上限的政策，即规定一个企业不能超过的最高价格，在此范围由企业自行定价。

（二）实施反垄断法

政府通过制定反垄断法或反托拉斯法对垄断进行干预。《中华人民共和国反垄断法》（以下简称《反垄断法》）于 2008 年 8 月 1 日开始实行。《反垄断法》规定，禁止具有竞争关系的经营者达成包括固定或变更商品价格的垄断协议，行业协会不得组织本行业的经营者进行《反垄断法》第二章禁止的垄断行为，如果违反了该法规定，反垄断执法机构可以处 50 万元以下的罚款，情节严重的，社会团体登记管理机关可以依法撤销其登记。

【案例】阿里巴巴集团违反《反垄断法》被罚

2021 年 4 月，中国电子商务巨头阿里巴巴集团因违反《反垄断法》被罚款 182.28 亿元，这是我国执行《反垄断法》以来开罚金额最高的一次。原因是阿里巴巴集团滥用市场支配地位，对平台内商家提出“二选一”要求，禁止平台内商家在其他竞争性平台开店或参加促销活动，并借助市场力量、平台规则和数据、算法等技术手段，维持、增强自身市场力量，获取不正当竞争优势。阿里巴巴有关行为排除、限制了市场竞争，降低了平台经营效率，影响网络零售平台服务在充分竞争中不断优化和发展，损害效果会传递到消费终端，减损社会总体福利水平。

（三）拆分垄断企业

反垄断的另一个重要手段是拆分垄断企业，即通过将一个大的垄断企业拆分成几个企业，从而引入竞争机制。

【案例】我国垄断行业企业拆分案例

1994 年 3 月，国务院批准邮电部“三定”方案。1995 年 4 月，原电信总局变更为企业法人。1999 年 2 月，中国电信按业务纵向切分为中国联通、中国移动、中国电信、中国网通4家公司。2002年，中国电信再次进行南北拆分。

1998年7月，在原中国石油天然气总公司的基础上，分拆成立了中国石油天然气集团公司（中石油）和中国石油化工集团公司（中石化）。

2002年，中国民航业通过行业重组，合并成立了5大集团，包括3家航空公司、1家航空保障公司、1家航空信息服务公司。同时，外资投资航空公司和机场的股份比例放宽至49%以上，民间资本可投资民航业。

我国通过对垄断企业的一系列拆分，引入竞争机制，产品和服务质量进一步提高，价格大幅下降，使消费者真正得到了实惠。

任务四 理解信息不对称

一、信息不对称的含义及原因

经济师考点

信息不对称的含义

信息不对称是指参与经济活动的当事人拥有不同信息的状况，即有些人拥有比其他人更多的相关信息。在某些市场，买方掌握的信息较多，如保险市场；在另一些市场，卖方掌握的信息较多，如旧车市场。

信息不对称的产生是多种因素造成的。首先，获取信息需要成本。其次，人们认识能力的局限性和差异性使其不可能掌握全部的信息。此外，充分占有信息的一方会为了自身利益而故意向对方隐藏信息。

二、逆向选择

经济师考点

逆向选择的含义

逆向选择是指在交易双方信息不对称的情况下，优质商品被劣质商品逐出市场的状况。与货币流通中的劣币驱逐良币现象类似。如在二手车市场与保险市场上就存在逆向选择。

例：假设在医疗保险市场上存在着健康的与疾病缠身的两类人，且数量相等，前者每年的医疗费用为2 000元，后者每年的医疗费用为8 000元。投保人知道自己的身体健康状况，而保险公司不知道。于是，保险公司确定一种平均医疗保险费为5 000元的保险。面对昂贵的保费，那些健康的人就选择不投保。由于保险市场上只剩下疾病缠身的人来投保，保险公司必然将保费提高到8 000元。这样，保险市场上患病风险高的客户将患病风险低的客户逐出了市场。

在存在逆向选择的条件下，市场最终的交易量低于完全信息条件下的交易量：交换双方的福利都受到损害，导致市场失灵。

三、道德风险

经济师考点

道德风险的含义

道德风险是指由于信息不对称，市场的一方不能观察到另一方的行动，则另一方就可能在最大限度地增加自身效用的同时做出不利于他人的行动，也叫机会主义。如买了家庭财产保险的人，就没有多大的热情安装各种家庭防盗装置了。

经济生活中的信息不对称，使逆向选择和道德风险问题普遍存在，这一方面造成了交易市场的严重萎缩，另一方面导致社会资源的极大浪费，影响了资源的配置效率。

任务五　熟悉社会福利最大化的必要条件

经济学家庇古（A. C. Pigou）的观点是：国民收入总量越大，社会经济福利越大。国民收入越平均，社会经济福利就越大。

经济学家帕累托（V. Pareto，1848 年—1923 年）是新福利经济学的代表人物。帕累托的基本观点是：以效率作为福利经济学的唯一目标。在实际经济生活中，一项经济政策是否可取，要看社会经济福利是否净增加。

经济师考点

资源最优配置标准——帕累托最优状态

帕累托最优与帕累托改进的含义

一、帕累托最优与帕累托改进的含义

1897 年，帕累托在研究资源配置时，提出了一个最优状态标准，人们简称为“帕累托最优（效率）”。其主要内容包括：在某种既定的资源配置状态，任何改变都不可能使至少一个人的状况变好，而又不使任何人的状况变坏。否则，就不是帕累托最优，而是帕累托改进。帕累托最优的市场条件是：完全竞争市场。如果资源配置达到了一种不损人就不能利己的状态，那就是帕累托最优。在不损人又利己的条件下，增进效率或福利，那就是帕累托改进。

我们可以从交换、生产以及交换与生产相结合三个方面的均衡来理解帕累托最优的含义。

（一）交换的帕累托最优

（1）分析的目的：通过商品交换使交换双方得到最大效用。

（2）假设：在完全竞争的市场上只有两个消费者 A 和 B，他们都拥有两种商品 X 和 Y，$X=X_A+X_B$；$Y=Y_A+Y_B$。

说明：消费者 A 和 B 对商品 X 和 Y 的偏好不同，只有通过交换才能使 A、B 双方的效用达到最大。

如果 A 和 B 进行交换后，两个人的福利水平都有所提高，社会的总产量也提高，这就是一种帕累托改进。

（二）生产的帕累托最优

（1）分析的目的：通过生产要素的交换使产量达到最大。

（2）假设：在完全竞争的市场上只有两个生产者 A 和 B，运用两种生产要素 L 和 K，生产两种产品 X 和 Y，$L=L_X+L_Y$；$K=K_X+K_Y$。

（3）说明：生产要素 L 和 K 的组合不同，X 和 Y 的产量不同，只有通过交换，L 和 K 才能使产量最大。

（三）生产与交换的帕累托最优

生产和交换都达到均衡的条件是：X 对 Y 的边际转换率 $MRPT_{XY}$＝X 对 Y 的边际替代率 $MRCS_{XY}=\mathrm{d}Y/\mathrm{d}X$。即：

$$MRPT_{XY}=MRCS_{XY}$$

二、实现帕累托最优的条件

经济师考点

实现帕累托最优的条件

在一个经济社会中，整个经济实现一般均衡，并且资源配置达到帕累托最优是有条件的。这些条件包括：经济主体是完全理性的、信息是完全的、市场是完全竞争的、经济主体的行为不存在外部影响。因此实现帕累托最优的最好舞台是完全竞争市场，在完全竞争市场上，每种商品的价格 $P=MR=MC$，每种要素的价格 $P=VMP=MFC$，每个消费者都能根据其偏好选择和交换商品以获取最大效用，生产者能根据利润最大化原则进行生产，所有人都在自由竞争中实现最大的目标，全社会的福利就达到了最大化。这就是亚当·斯密阐述的“看不见的手”的市场竞争原理。

即测即评

扫一扫　练一练

项目八

认知国民收入核算与决定

素养目标：通过介绍GDP核算的常见指标及其潜在问题，使学生理解国内生产总值的意义和局限性。

知识目标

1. 掌握国内生产总值的含义及核算方法；
2. 掌握简单国民收入决定理论；
3. 理解乘数理论；
4. 理解IS-LM模型以及该模型作为宏观经济政策理论根据的意义；
5. 理解总需求和总供给变动对均衡国民收入和价格的影响。

技能目标

培养学生能用支出法、收入法和部门法核算GDP；掌握投资乘数、政府购买支出乘数等原理及计算。

经济师考点

1. 国内生产总值的含义；
2. 国内生产总值的核算方法；
3. 两部门储蓄投资恒等式；
4. 三部门储蓄投资恒等式；
5. 四部门储蓄投资恒等式；
6. 消费理论；
7. 储蓄函数的概念及表达式；
8. 消费函数与储蓄函数的关系；
9. 投资函数的概念及表达式；
10. 投资乘数的含义及表达式；

11. 总需求的含义和总需求曲线；
12. 总供给的含义和总供给曲线的特征；
13. 国民收入与价格水平的决定。

知识图谱

- 国民收入核算与决定
  - 国民收入核算理论
    - 国内生产总值及相关概念
    - 国内生产总值的核算方法
      - 支出法
      - 收入法
      - 部门法（生产法）
  - 国民收入决定理论
    - 宏观经济均衡基本模型
    - 简单国民收入决定模型
      - 总需求决定均衡国民收入水平
      - 消费、储蓄和投资
        - 消费理论
          - 莫迪利安尼的生命周期理论
          - 弗里德曼的持久收入理论
          - 凯恩斯的消费理论
        - 储蓄函数
        - 投资函数
        - 乘数理论
    - IS-LM模型
    - 总需求–总供给模型

项目导读

从《政府工作报告》看宏观经济指标

2022 年 3 月 5 日，李克强总理在第十三届全国人民代表大会第五次会议上作的《政府工作报告》中回顾："经济保持恢复发展。国内生产总值达到 114 万亿元，增长 8.1%。全国财政收入突破 20 万亿元，增长 10.7%。城镇新增就业 1 269 万人，城镇调查失业率平均为 5.1%。居民消费价格上涨 0.9%。国际收支基本平衡。创新能力进一步增强。国家战略科技力量加快壮大。关键核心技术攻关取得重要进展，载人航天、火星探测、资源勘探、能源工程等领域实现新突破。企业研发经费增长 15.5%。数字技术与实体经济加速融合。经济结构和区域布局继续优化。粮食产量 1.37 万亿斤，创历史新高。高技术制造业增加值增长 18.2%，信息技术服务等生产性服务业较快发展，产业链韧性得到提升。区域发展战略有效实施，新型城镇化扎实推进。""人民生活水平稳步提高。居民人均可支配收入实际增长 8.1%。脱贫攻坚成果得到巩固和拓展。基本养老、基本医疗、社会救助等保障力度加大。教育改革发展迈出新步伐。新开工改造城镇老旧小区 5.6 万个，惠及近千万家庭。"

改革开放 40 多年来，中国经济总量连上台阶，综合国力大幅提升。国内生产总值由 1978 年的 3 645 亿元迅速跃升至 2021 年的 126 万亿元。中国的经济总量居世界位次稳步提升，1978 年，我国经济总量仅位居世界第十位；2010 年超过日本，居世界第二位，成为仅次于美国的世界第二大经济体。人均 GDP 从 1978 年的 381 元上升到 2021 年的 8.94 万元。

上述这些数字都是描述宏观经济的指标。什么是宏观经济学呢？宏观经济学以整个国民经济为研究对象，研究一个国家整体经济的运行情况以及政府如何运用经济政策来影响国家整体经济的运作。宏观经济学要达到的目标是：经济稳定持续增长、物价稳定、充分就业、国际收支平衡，如何达到这些目标呢？在本项目中，我们将探讨反映经济增长总量指标的国民收入核算和国民收入决定理论。

任务一　熟悉国民收入核算理论

一、什么是国内生产总值

（一）国内生产总值的含义

经济师考点

国内生产总值的含义

国内生产总值（Gross Domestic Product，GDP）就是指经济社会（一国或一地区）在一定时期内（通常为一年），在本国领土范围内，运用生产要素所生产的全部最终产品和劳务的市场价值的总和。也就是说，一个国家或一个地区在一年内究竟创造了多少新的物质财富。国内生产总值有 3 种形态，即价值形态、收入形态和产品形态。从产品形态看，国内生产总值是所有常住单位在一定时期内（通常为一年）最终使用的货物和服务价值减去货物和服务进口价值。

GDP 是衡量一国产品和劳务产出总量的最综合的指标，被认为是衡量国家经济状况的最佳指标，它在一定程度上反映了一个国家国力与财富。那么，哪些项目计入 GDP 中呢？以下加以详述。

第一，国内生产总值是指最终产品的总值，因此，在计算时不应包括中间产品产值，以避免重复。

在表 8-1 中，棉花、棉纱是中间产品（用于生产其他产品的产品），棉布则是最终产品（以消费和投资为目的的现期生产和出售的产品）。产品销售价值总额为 730 元，其中包括中间产品的价值，棉花的价值重复计算了两次，棉纱的价值重复计算了一次。为了避免重复计算，只有采用最终产品价值计算（棉布 300 元），这正好和新增价值的总和相等。

表 8-1　棉布生产过程中的价值增值　　单位：元

价值	棉花	棉纱	棉布	合计
产品销售价值	200	230	300	730
新增价值	200	30	70	300

第二，某年的国内生产总值只包括该年内所生产的产品和劳务的总值，而不是所卖掉的产品总值。

第三，国内生产总值指的是一国在本国领土内所生产的产品和劳务，既包括本国企业所生产的产品和劳务，也包括外国企业或合资企业在本国生产的产品和劳务。

第四，国内生产总值指的是合法的市场活动导致的最终产品市场价值的总和。家务劳动、自给自足生产等不经过市场销售的最终产品没有价格，无法计入国内生产总值。此外，非法的市场交易，例如走私、赌博等黑市活动，也不计入 GDP。

如果我们用一个国家的 GDP 除以这个国家的总人口，就可以得到人均 GDP。例如，如果一个国家的 GDP 为 2 万亿美元，其人口为 1 亿，那么这个国家人均 GDP 就是 2 万美元。

（二）名义国内生产总值和实际国内生产总值

由于 GDP 是用货币来计算的，因此，一国 GDP 的变动由两个因素造成：一是所生产的物品和劳务的数量的变动，二是物品和劳务的价格的变动。为弄清 GDP 变动究竟是由数量还是由价格变动引起的，需要区分名义 GDP 和实际 GDP。

名义 GDP（Nominal GDP）是用生产物品和劳务的当年价格计算的全部最终产品和劳务的市场价值。

实际 GDP（Real GDP）是用从前某一年作为基期的价格计算出来的全部最终产品和劳务的市场价值。实际 GDP 矫正了名义 GDP 中的通货膨胀效应。

名义 GDP 与实际 GDP 的关系可以用 GDP 平减指数来表示。GDP 平减指数是名义 GDP 和实际 GDP 的比率，即：

$$\text{GDP 平减指数}=\frac{\text{名义 GDP}}{\text{实际 GDP}}\times 100$$

GDP 平减指数反映的是这一时期 GDP 和基期相比的价格变动，而不是数量的变动。

假设：已知一个简单经济只有两个生产部门，生产电动汽车和台式电脑产品。其产量与价格在 2022 年与 2023 年的变动情况如表 8－2 所示。

表 8－2　简单经济的 GDP 数据

年份	生产量		价格（元）	
	电动汽车（辆）	台式电脑（台）	电动汽车	台式电脑
2022	4	1	70 000	6 000
2023	5	3	84 000	6 000

续表

年份	生产量		价格（元）	
	电动汽车（辆）	台式电脑（台）	电动汽车	台式电脑
计算名义 GDP				
2022 年（每辆汽车 70 000 元×4 辆汽车）+（每台电脑 6 000 元×1）=286 000 元 2023 年（每辆汽车 84 000 元×5 辆汽车）+（每台电脑 6 000 元×3）=438 000 元				
计算实际 GDP（以 2022 年为基期）				
2022 年（每辆汽车 70 000 元×4 辆汽车）+（每台电脑 6 000 元×1）=286 000 元 2023 年（每辆汽车 70 000 元×5 辆汽车）+（每台电脑 6 000 元×3）=368 000 元				
计算 GDP 平减指数				
2022 年（286 000 元/286 000 元）×100=100 2023 年（438 000 元/368 000 元）×100=119				

在宏观经济学中，一个很重要的概念是经济增长率。所谓经济增长率，一般指的是实际 GDP 的增长率，也就是说：

$$\text{本期的经济增长率}=\frac{\text{本期实际 GDP}-\text{上期实际 GDP}}{\text{上期实际 GDP}}\times 100\%$$

（三）国内生产总值的相关概念

国民生产总值（Gross National Product，GNP）是指一国国民所拥有的全部生产要素，在一定时期内（通常为一年）所生产的全部最终产品（包括劳务）的市场价值总和。

国民生产总值测量一国居民的收入，包括居民从国外取得的收入，不包括外国居民在本国取得的收入。它以人口为统计标准。

国民生产总值与国内生产总值之间的关系为：

国民生产总值=国内生产总值+本国公民在国外生产的最终产品的价值总和−外国公民在本国生产的最终产品价值总和

国内生产净值（Net National Product，NDP）是指一个国家一年内新增加的产值，即在国内生产总值中扣除折旧之后的产值。

国民收入（National Income，NI）是指一个国家一年内用于生产的各种生产要素所得到的全部收入，即工资、利润、利息和地租的总和。

个人收入（Personal Income，PI）是指一个国家一年内个人所得到的全部收入。

个人可支配收入（Disposable Personal Income，DPI）是指一个国家一年内个人可以支配的全部收入。

根据上述定义，可以得知，国民收入核算中以上几个总量的关系是：

GDP−折旧=NDP

NDP－间接税＝NI

PI＝NI－公司未分配利润－企业所得税－社会保险税＋政府给居民的转移支付＋政府向居民支付的利息

PI－个人所得税＝DPI＝消费＋储蓄

其中，国民收入可以分为广义国民收入和狭义国民收入，广义国民收入指以上五个总量，前面所讲的是狭义国民收入，指国内生产总值。

二、国内生产总值的核算方法

经济师考点

国内生产总值的核算方法

在国民经济核算体系中有不同的计算国内生产总值的方法，其中主要有支出法、收入法和部门法（生产法）。

GDP 的含义及核算

图 8－1 是宏观经济行为的环形图，通过该图可以看出，人们支出货币来购买最终产品，他们每年花费的货币总流量就是一种对国内生产总值的衡量。环形图下部衡量的是产出成本的年流量，企业以工资、利息、租金、股息和企业留利形式支付，构成人们的收入流。用这两种思路计算所衡量出的 GDP 必定是相等的。支出法、收入法就是建立在该思路上的衡量方法。在图 8－1 中，GDP 既可以用（a）最终产品和劳务流量来衡量，又可以用（b）成本流量来衡量。

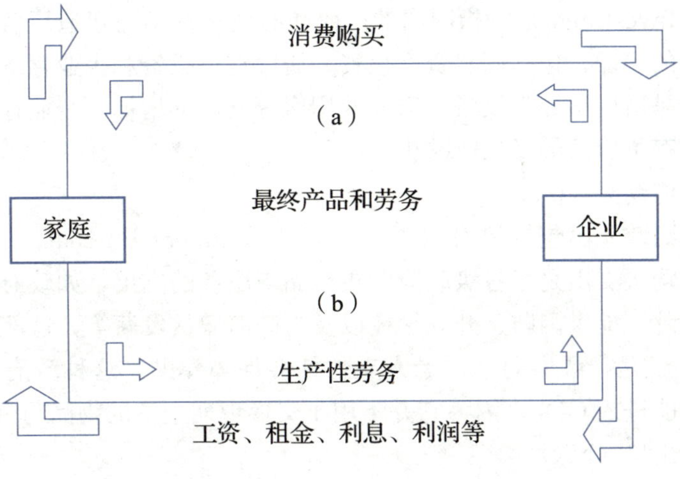

图 8－1　宏观经济行为的环形图

（一）支出法

经济师考点

国内生产总值的核算方法之一

支出法又称最终产品法。该方法**从产品的使用出发**，把一年内购买各项最终产品的支出加总，计算出该年内生产出的最终产品的市场价值。即把购买各种最终产品所支出的货币加在一起，得出社会最终产品的流动量的货币价值的总和。运用支出法核算的国内生产总值，可以计算资本形成率和最终消费率。

运用支出法核算的 2017—2021 年国内生产总值如表 8－3 所示。

表 8-3 2017—2021 年国内生产总值（支出法） 单位：亿元

指标	2017 年	2018 年	2019 年	2020 年	2021 年
国内生产总值	828 982.8	915 774.3	990 708.4	1 025 916.6	1 140 340.1
1. 总消费（最终消费）	456 518.2	506 134.9	552 631.7	556 986.4	620 921.0
（1）居民消费	320 689.5	354 124.4	387 188.1	387 176.1	438 849.4
（2）政府消费	135 828.7	152 010.5	165 443.6	169 810.3	182 071.6
2. 总投资（资本形成总额）	357 886.1	402 585.2	426 678.7	442 400.6	489 897.2
（1）固定资产形成总额	348 300.1	393 847.9	422 451.3	435 682.6	478 901.2
（2）存货变动	9 586.0	8 737.3	4 227.4	6 718.0	10 996.0
3. 净出口	14 578.4	7 054.2	11 397.9	26 529.5	29 521.9

资料来源：国家统计局网站.

（1）消费支出（C）。

消费（Consumption）是居民个人用于物品和劳务的支出。物品包括家庭用于汽车与家电等耐用品，以及食品和衣服等非耐用品。劳务包括理发、医疗和教育这类无形的东西。居民购买住房或建房用材料的支出不应计入消费，计入消费的只是代表住房服务的房租支出。

（2）投资支出（I）。

投资（Investment）是指国内的厂商和居民在一年内建造厂房、设备的支出以及库存的增加，包括固定资产投资、居民住宅投资和企业存货投资等。固定资产投资是新厂房、新设备、新商业用房等支出的增加。企业存货投资是指企业掌握的存货价值的增加或减少。

（3）政府购买（G）。

政府的财政支出包括政府购买支出（Government Purchase）和政府转移支付。政府购买支出是指各级政府购买产品与服务的支出，如政府花钱修建公路、设立法院、提供国防、开办学校以及为政府雇员发薪等，这部分政府支出计入 GDP。但是，政府向一位老人支付社会保障津贴，这种政府支出称为转移支付，不能进入 GDP，因为它并不用于交换现期生产的物品与劳务。

（4）净出口（NX）。

净出口（Net Export）等于外国人购买国内生产的物品（出口）减去国内购买的外国物品（进口）。当出口总值与进口总值相等时，称为贸易平衡；当出口总值大于进口总值时，称为贸易顺差；当进口总值大于出口总值时，称为贸易逆差。

如果用 C 表示消费支出，I 表示投资支出，G 表示政府购买，NX 表示净出口，GDP 用 Y 表示，则 GDP（Y）$=C+I+G+NX$。

经济师考点

国内生产总值的核算方法之二

（二）收入法

收入法又称要素支付法，或称要素收入法。这种方法是从收入的角度出发，把生产要素在生产中所得到的各种收入相加。即把劳动所得的工资、土地所得的地租、资本所得的利息，以及企业家才能所得的利润相加，计算国内生产总值。按收入法计算时，国内生产总值包括如下项目：

（1）工资，是雇员对企业提供劳动获得的工资和各种形式的报酬。

（2）利息，是指人们给企业提供货币资金所获得的利息收入，如银行存款的利息、各类企业债券利息、外单位欠本企业款项而取得的利息等。不过，政府公债的利息及消费信贷利息不包括在内。

（3）公司利润，是指公司型企业在一定时期内生产经营的财务成果，包括营业利润、投资收益和营业外收支净额，它在数量上就是税前利润。

（4）租金收入，包括土地和建筑物所有者得到的租金，自用房屋的估计租金以及专利和版权的收入。

（5）业主收入，是各种类型非公司型企业的收入，如农民、小业主等个体从业者的收入。业主收入其实是自我雇用的企业主的收入，是他们的工资、利息、租金和利润等要素的混合收入。

（6）间接税，是指企业缴纳的增值税和国内货物税等，企业间接税并不包括在再生产要素所有者的实际收入之中，但因为它是要素的原始收入（只是被政府拿走了），所以要把它加进来，计入国内生产总值中。

（7）补贴，是政府向生产者进行的支付，例如政府对粮食生产的补贴、出口退税等。补贴并非生产者销售最终产品和服务的收入，因此不应计入GDP。

（8）资本折旧，是指一定时期内为弥补资产损耗按照规定的资产折旧率提取的资产折旧，或按国民经济核算统一规定的折旧率虚拟计算的资产折旧。它虽然不是要素的收入，但包括在总投资中，所以也应计入GDP。

这样，按照收入法来计算，GDP的计算公式就是：

GDP＝工资＋利息＋公司利润＋租金收入＋业主收入＋间接税＋资本折旧

在用收入法计算国内生产总值时，各个国家的具体统计项目有差异，以我国为例，主要包括以下四大项：固定资产折旧；劳动者报酬；生产税净额；营业盈余。收入法国内生产总值的计算公式为：

国内生产总值＝固定资产折旧＋劳动者报酬＋生产税净额＋营业盈余＝总收入

（三）部门法（生产法）

部门法是按照所提供物质产品与劳务的各个部门的产值来计算国内生产总值。这种计算方法反映了国内生产总值的来源，所以又称生产法。

这里所指的部门是指产业部门，即国民经济基层单位进行同质性分类形成的国民经济产业部门。国民经济产业部门可以按照产业内容进行分类。第一产业，主要是农业，以自然物品为对象进行分类；第二产业，主要是工业和建筑业，以加工物品为对象进行分类；第三产业，主要是服务业，以自然人和法人为对象进行分类。

经济师考点

国内生产总值的核算方法之三

用生产法计算国内生产总值的公式为：

国内生产总值＝总产出－中间投入＝第一产业增加值＋第二产业增加值＋第三产业增加值。

运用生产法核算的2017—2022年国内生产总值如表8－4所示。

表8－4　2017—2022年国内生产总值（生产法） 单位：亿元

指标	2017年	2018年	2019年	2020年	2021年	2022年
国内生产总值（生产法）	832 035.9	919 281.2	986 515.2	1 015 986.2	1 149 237	1 210 207
1. 第一产业增加值	62 099.5	64 745.2	70 473.6	77 754.1	83 216	88 345
2. 第二产业增加值	331 580.5	364 835.2	380 670.6	384 255.3	451 544	483 164
3. 第三产业增加值	438 355.9	489 700.8	535 371	553 976.8	614 476	638 698

资料来源：国家统计局网站.

按照以上三种方法计算的国内生产总值理论上应该是一致的。但由于存在统计误差，实际上应用这三种方法所得结果并不相同。我们一般以支出法为基本方法，即以支出法计算出的结果为标准，其他两种方法计算出的结果通过误差调整项进行调整，使之达到一致。

（四）国内生产总值的意义和局限性

GDP说起来宏大而抽象，但它却有非常现实的应用价值。比如，我们通过支出法可以看到政府拉动经济增长有“三驾马车”：一是刺激总消费，二是加大总投资，三是鼓励出口。因此，做大一国的经济总量，增强一国的总体经济实力，政府会在“三驾马车”上做文章。这对我们理解政府的经济政策很有帮助。

国内生产总值只是我们社会生产的物品与劳务的总价值的测量，它还远远不是人们福利的完全测度。例如，它没有反映分配是否公平；它没有说明环境污染到了什么程度；它也不能反映财富的增长情况，有时GDP增加了，但财富减少了；等等。因此，国际上一些学者提出要用绿色GDP来计算国内生产总值。绿色GDP是指在通常的GDP指标中，扣除自然资产损失，即扣除生态成本之后形成的真实的国民财富。它实质上代表了国民经济增长的净正效应。绿色GDP占GDP的比重越高，表明国民经济增长对自然的负面效应越小，经济增长与自然环境和谐度越高。然而，作为人们一般物质福利测度，GDP还是一个有用的概念。

任务二　了解宏观经济均衡的基本模型

国内生产总值的核算遵循一个基本的平衡关系：总需求＝总供给。因此我们分别从两部门经济、三部门经济、四部门经济，由简至繁研究国民经济的流程循环模型。

一、两部门国民经济流程模型

经济师考点

两部门储蓄投资恒等式

两部门经济是指一个经济体系中只存在厂商与家庭两个主体的经济。家庭出卖劳动，到企业工作，挣来钱去购买企业生产的产品；企业生产出产品，把产品卖出去，收回钱来继续生产。一国的宏观经济要想平衡，其条件是：家庭挣的钱全花了，企业生产的产品全卖了，这样宏观经济就能够正常运行了。

宏观经济平衡的最重要条件是：储蓄（S）＝投资（I）。

在两部门经济中，总需求分为居民的消费需求和企业的投资需求。即：总需求＝消费＋投资。如果以 AD 代表总需求，以 C 代表消费，以 I 代表投资，则可以把上式写为：$\boldsymbol{AD=C+I}$。

总供给是全部产品与劳务供给的总和，产品与劳务是由各种生产要素生产出来的，所以，总供给是各种生产要素供给的总和。总供给＝消费＋储蓄。如果以 AS 代表总供给，以 C 代表消费，以 S 代表储蓄，则可以把上式写为：$\boldsymbol{AS=C+S}$。

总需求与总供给的恒等式就是：$\boldsymbol{C+I=C+S}$，如果两边同时消去 C，则可以写为：$\boldsymbol{I=S}$。

在凯恩斯的宏观经济模型中，两个部门经济要想正常运行，平衡的条件是储蓄一定要等于投资，如图 8－2 所示。

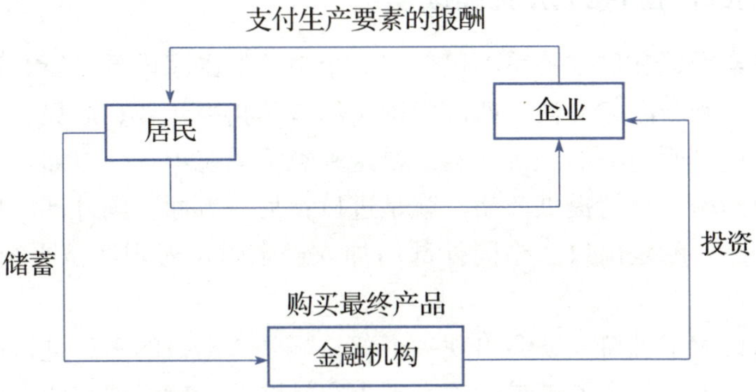

图 8－2　两部门国民经济流程模型

二、三部门国民经济流程模型

经济师考点

三部门储蓄投资恒等式

三部门经济是由居民、企业与政府这三种经济单位组成的经济社会。政府在经济中的作用主要通过政府支出与税收表现出来。政府支出分为对产品和劳务的购买与转移支付两部分，政府购买是指政府为了满足政府活动的需要而进行的对产品的购买，政府转移支付是不以换取产品为目的的支出，如各种补助金、救济金等。当我们每个人拿到收入时，要缴个人所得税，企业有了收入要缴企业所得税，还要缴企业增值税等。当大家把这些钱交给政府，政府有了收入后，就要支付出去。这样，整个宏观经济才可能正常运转。如果政府的财政收入不等于财政支出，就会出现财政赤字或者财政盈余。把政府部门加入两部门国民经济流程模型当中，这时的流程模型如图 8－3 所示。

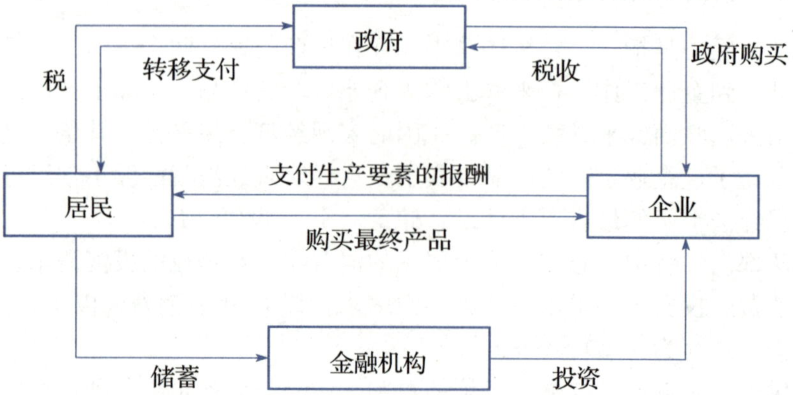

图 8－3　三部门国民经济流程模型

在三部门经济中，政府的需求可以用政府支出 G 来代表，政府提供公共物品必须得到税收，所以可以用政府税收 T 来代表政府的供给。总需求等于消费加投资再加政府支出，总供给等于消费加储蓄再加税收，**则三部门经济中总需求与总供给的恒等式就是：$AD=AS$，即 $C+I+G=C+S+T$，简化后为 $I+G=S+T$。**

经济师考点

四部门储蓄投资恒等式

三、四部门国民经济流程模型

经济要素配置和供求关系不仅仅在一个封闭的国家内部进行，还涉及与国外的生产要素和产品的交换。四部门国民经济是指由企业、居民、政府和国外这四种经济单位所组成的经济社会。在这种经济系统中，一方面，国外部门作为供给者向国内三部门提供产品，就是进口；另一方面，国外部门作为需求者购买国内产品，就是出口。当国外部门加入进来时，宏观经济平衡的条件是：出口等于进口。

如果出口大于进口，就会出现一个贸易顺差。出口的多，进口的少，赚到的钱就多了，外汇就会流进来，这表现为贸易顺差。就像现在的中国一样，我们是贸易顺差。如果一国的进口大于出口，出口的少，进口的多，就会表现为贸易逆差，就像现在的美国一样。无论是贸易顺差还是贸易逆差，都是宏观经济不平衡的表现。这时，国民经济流程模型如图 8－4 所示。

在四部门经济中，如果以 X 代表出口，以 M 代表进口。总需求等于消费加投资加政府支出再加出口，总供给等于消费加储蓄加税收再加进口，则四部门经济中总需求与总供给的恒等式就是：$C+I+G+X=C+S+T+M$，简化后为 $I+G+X=S+T+M$。

在国民收入核算中，这种恒等式是一种事后的恒等关系，即在一年的生产与消费之后，从国民收入核算表中所反映出来的恒等关系。这种恒等关系也是

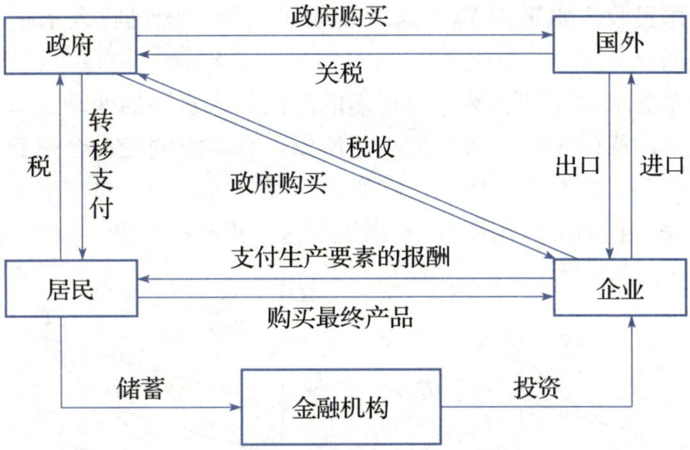

图 8-4 四部门国民经济流程模型

国民收入决定理论的出发点。但在一年的生产活动过程中，总需求与总供给并不总是相等的。有时总需求大于总供给，也有时总供给大于总需求。在国民收入决定理论中，将详细分析总需求与总供给的这种关系。

任务三 熟悉简单国民收入决定模型

简单的国民收入决定模型也称凯恩斯模型。它以一些重要的假设为前提。这些假设是：第一，潜在的国民收入水平是不变的。第二，各种资源没有得到充分利用。因此，总供给可以适应总需求的增加而增加，也就是不考虑总供给对国民收入决定的影响。第三，价格水平是既定的。第四，利率水平既定。第五，投资水平既定。凯恩斯认为短期内生产技术和经济资源等都不会变化，因而短期内决定国民收入水平的就是有效需求，即个人消费支出、投资支出、政府购买支出以及净出口构成的有支付能力的需求。短期的经济不均衡主要是由有效需求不足造成的，因此宏观经济分析要从总需求分析开始。

一、总需求决定均衡的国民收入水平

总需求表示在一定的收入水平、价格水平等条件下，消费者、企业、政府和外国想要购买的本国生产的物品和劳务的总和。所以，它由消费需求、投资需求、政府部门需求和出口四部分构成。总需求中任何一部分的增加都会使国民收入增加。

当不考虑总供给这一因素时，均衡的国民收入水平就是由总需求水平所决定的。我们可用图 8-5 来说明这一原理。

在图 8-5 中，横轴 OY 代表国民收入，纵轴 AD 代表总需求，45°线表示总需求等于总供给。AD_0 代表总需求水平，当 AD_0 与 45°线相交于 E 时，决

定了均衡的国民收入水平为 Y_0。这就说明了均衡的国民收入水平是由总需求水平所决定的。

同时，总需求的变动必然引起均衡的国民收入水平的变动。总需求水平的高低，决定了均衡的国民收入的大小。所以，总需求的变动会引起均衡的国民收入同方向变动，即总需求增加，均衡的国民收入增加，总需求减少，均衡的国民收入减少。我们可以用图 8－6 来说明这一点。

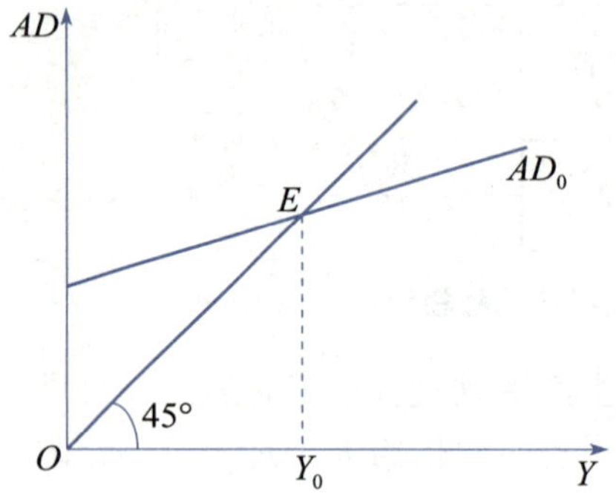

图 8－5　总需求与国民收入决定

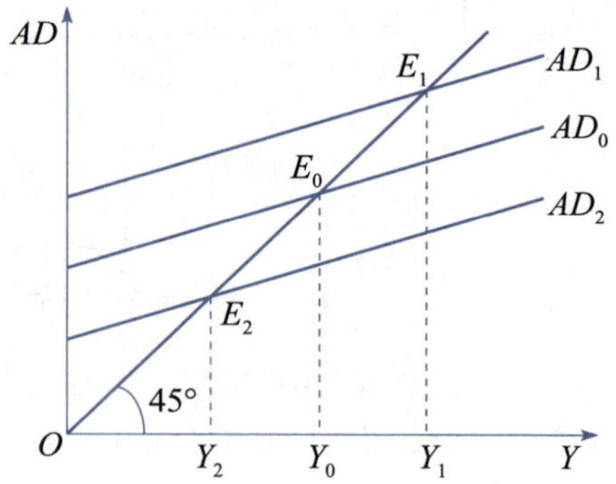

图 8－6　总需求与国民收入水平的变动

在图 8－6 中，总需求曲线向上方移动，即从 AD_0 移动到 AD_1，表示总需求增加；总需求曲线向下方移动，即从 AD_0 移动到 AD_2，表示总需求减少。当总需求为 AD_0 时，决定了国民收入为 Y_0；当总需求为 AD_1 时，决定了国民收入为 Y_1。$Y_1>Y_0$，这就说明由于总需求水平由 AD_0 增加到 AD_1，而使均衡的国民收入水平由 Y_0 增加到 Y_1；当总需求为 AD_2 时，决定了国民收入为 Y_2。$Y_2<Y_0$，这就说明由于总需求水平由 AD_0 减少到 AD_2，而使均衡的国民收入水平由 Y_0 减少到 Y_2。由此可以看出，总需求中任何一部分的增加都会使国民收入增加。

由于消费和投资是总需求的两个主要组成部分，所以，我们着重研究决定消费和投资的因素。

经济师考点

消费理论

二、消费函数与储蓄函数

（一）消费理论与消费函数（Consumption Function）

在日常生活中，影响家庭消费的因素很多，有家庭收入水平、商品价格水平、利率水平、社会的收入分配状况、消费者的偏好、家庭财产状况、可提供的消费信贷状况、消费者的年龄构成以及社会风俗习惯，等等。目前，消费理论主要包括莫迪利安尼的生命周期理论、弗里德曼的持久收入理论和凯恩斯的消费理论。

1. 莫迪利安尼的生命周期理论

意大利经济学家莫迪利安尼认为，各个家庭的消费取决于它们在生命周期内所获得的收入和财产，也就是说，消费取决于家庭所处的生命周期阶段。人的一生分为三个阶段：年轻时期、中年时期和老年时期。理性的消费者总希望自己的一生能够比较安定地生活，使一生的收入与一生的消费相等。家庭的收入包括劳动收入和财产收入，那么，一个家庭的消费函数为：

$$C=aWR+cYL$$

式中：WR——财产收入；

YL——劳动收入；

a——财富的边际消费倾向；

c——劳动收入的边际消费倾向。

在人口构成没有发生实际重大变化的情况下，从长期来看，边际消费倾向是稳定的。消费支出与可支配收入和实际国民生产总值之间存在一种稳定的关系。如果人口结构比例发生变化，边际消费倾向也会发生变化。如果社会上年轻人、老年人多，边际消费倾向会提高；中年人多，边际消费倾向会降低。

2. 弗里德曼的持久收入理论

美国经济学家弗里德曼认为，消费者的消费支出不是由他的当前收入决定的，而是由他的持久收入决定的。该理论将人们的收入分为暂时收入和持久收入，并认为消费是持久收入的稳定的函数。所谓持久收入，是指消费者可以预期到的长期收入，即预期在较长时期中可以维持的稳定的收入流量。该理论可用公式表示为：

$$C_t=c\cdot YP_t$$

式中：C_t——现期消费支出；

c——边际消费倾向；

YP_t——现期持久收入。

3. 凯恩斯的消费理论

凯恩斯认为，收入是决定消费的最重要的因素；边际消费倾向递减规律；平均消费倾向（APC）会随着收入的增加而减少。消费与收入之间的依存关系以消费函数表示。如果以 C 代表消费，Y 代表收入，则消费函数就是：$C=f(Y)$。如果两者是线性的，其公式为：

$$C=a+bY$$

式中：C——消费；

Y——可支配收入；

a——自发消费；

b——边际消费倾向；

bY——收入引致的消费。

消费与收入之间的关系可以用边际消费倾向来说明。

边际消费倾向（Marginal Propensity to Consume，MPC）是指增加的消费在增加的收入中所占的比例。如果以 MPC 代表边际消费倾向，以 ΔC 代表增加的消费，以 ΔY 代表增加的收入，则：

$$MPC=\frac{\Delta C}{\Delta Y}$$

例如：2021—2022 年，消费支出增加了 2 770 亿元，可支配收入增加了 2 850 亿元，边际消费倾向为：

$$MPC=\frac{\Delta C}{\Delta Y}=\frac{2\ 770}{2\ 850}=0.97$$

边际消费倾向递减规律：随着收入的增加，消费也会增加，但是消费增加的幅度越来越小于收入增加的幅度。边际消费倾向数值为 0～1。

经济师考点

储蓄函数的概念及表达式

（二）储蓄函数（Saving Function）

储蓄函数反映了储蓄与收入之间的依存关系。在其他条件不变的情况下，储蓄随收入的变动而同方向变动，即收入增加，储蓄增加；收入减少，储蓄减少。如果以 S 代表储蓄，则储蓄函数就是 $S=f\ (Y)$。如果两者是线性的，则储蓄函数公式为：

$$\boldsymbol{S=Y-C=Y-(\alpha+\beta y)=-\alpha+(1-\beta)y}$$

式中：$-\alpha$——负储蓄；

$(1-\beta)$——边际储蓄倾向 MPS，表示收入的引致储蓄。

储蓄与收入之间的关系，可以用边际储蓄倾向来说明。

边际储蓄倾向（Marginal Propensity to Save，MPS）是指增加的储蓄在增加的收入中所占的比例，以 MPS 表示边际储蓄倾向，以 ΔS 代表增加的储蓄，则：

$$MPS=\frac{\Delta S}{\Delta Y}$$

经济师考点

消费函数与储蓄函数的关系

（三）消费函数与储蓄函数的关系

全部增加的收入分为增加的消费与增加的储蓄，所以：$MPC+MPS=1$。

根据以上性质，消费函数和储蓄函数中只要有一个确定，另一个随之确立，当消费函数已知时，就可求得储蓄函数，当储蓄函数已知时，就可求得消费函数。消费函数和储蓄函数互为补数，二者之和总是等于收入。

根据消费与储蓄对国民收入的不同影响，凯恩斯得出这样一个结论：增加消费与减少储蓄会使国民收入增加；增加储蓄与减少消费会使国民收入减少。这正是凯恩斯主义主张政府采取扩张性政策的理论出发点。

简单的国民收入决定理论是从两部门经济模型开始讨论的。如果将两部门经济扩展为三部门经济及四部门经济，国民收入决定理论依然适用。在四部门经济中，总需求包括消费、投资、政府支出和出口；总供给包括消费、储蓄、税收和进口。简单的国民收入决定理论表明：决定国民收入大小的力量是总需求。总需求增加，则国民收入水平提高；总需求减少，则国民收入水平下降。因此，要使国民收入增加，就必须增加总需求，也就是要增加消费、投资、政府支出和出口；相反，如果要使国民收入减少，则要减少消费、投资、政府支出和出口。

三、投资与利率

由此可见，利率的变动对投资规模乃至整个经济活动的影响是巨大的。这一点，不但为西方经济学理论一再强调，而且也从实践中得到了反复证实。

案例
利率变动对投资规模乃至整个经济活动的影响

（一）投资的影响因素

通常，我们把个人购买股票、房产等个人投资都看成一种投资行为。但就整个社会来讲，投资是指一定时期内增加的新资本。

凯恩斯认为，企业投资的目的在于赢利，因而在考虑风险的条件下，企业是否投资取决于投资收益与筹资成本的比较。投资的收益由预期利润率决定，筹资的成本由市场的利率决定。如果购买一项资本品的预期利润率大于使用资本的利率，企业进行投资是有利可图的，投资是可行的；反之，企业就不会进行投资。因此，投资取决于预期利润率是否大于市场利率。

（二）投资函数

经济师考点
投资函数的概念及表达式

在决定投资的因素中，利率是首要因素。利率上升时，企业投资的成本就增加，投资需求量就会减少。利率下降时，投资成本降低，投资需求就会增加。这种利率与投资之间的反方向变动的关系就是**投资函数**。如果投资用 I 表示，利率用 r 表示，投资函数可表达为：$I=f(r)$。

一般地，为分析的简便，投资函数以线性形式表示，即：

$$I=I_0-d\cdot r$$

式中：I_0——自主投资（由于人口、技术、资源等外生变量的变动所引起的投资），不随利率的变化而变化；

$(-d\cdot r)$——引致投资，由利率的变动引起的投资的变动。

四、乘数理论

（一）乘数的含义及计算

在宏观经济体系中，某一变量初始的微小变动所引致的另一变量（国民收入）的最终巨大变动就是乘数原理。而国民收入增加量与引起这种增加量的总需求增加量之间的比率就是乘数。

（二）几种常见的乘数

经济师考点
投资乘数的含义及表达式

总需求的不同部分的增加都具有乘数作用。这里主要介绍以下两种。

1. 投资乘数

投资乘数是指如果投资增加，必然提高有效需求，引起产出水平的增加，而且产出水平的增加是投资增加的倍数。这个倍数就叫作投资乘数。投资乘数是边际储蓄倾向的倒数。

投资乘数

如果以 ΔY 代表增加的收入量，以 ΔI 代表增加的投资量，以 K_I 代表投资乘数，MPC 为边际消费倾向，则有：

$$K_I=\frac{\Delta Y}{\Delta I}=\frac{1}{1-MPC}$$

张同学毕业后投资 10 000 元购买电脑创业，如果社会边际消费倾向为 0.5，那么电脑经销商得到 10 000 元收入，花 5 000 元买配件，余 5 000 元储蓄。配件店老板从得到的 5 000 收入中支出 50%购买食品，余 2 500 元储蓄。食品店老板又从 2 500 元收入中拿出 50%购买衣服……假如这种收支一直进行下去，我们可以算出张同学最初买电脑支出的 10 000 元，最终给其他人带来了 20 000 元收入，即国民收入的增加量是消费支出的 5 倍。其乘数计算过程如下：

$$K_I=20\,000\div10\,000=1\div(1-0.5)=2$$

即投资乘数为 2。

投资乘数的大小取决于边际消费倾向。边际消费倾向越高，投资乘数就越大；边际消费倾向越低，投资乘数就越小。

2. 政府购买支出乘数

政府购买支出乘数是指政府支出的增加，如果用于消费，则推动消费乘数机制，若用于投资，则启动投资乘数，结果都会使国民产出成倍增长。

如果以 ΔG 代表政府购买支出的增加量，t 代表边际税率，则有：

$$K_G=\frac{\Delta Y}{\Delta G}=\frac{1}{1-MPC(1-t)}$$

国民经济各部门之间确实存在着乘数理论所反映的这种连锁反应，国民收入的增加也大于最初总需求的增加。只有在社会上各种资源没有得到充分利用时，总需求的增加才产生乘数作用。此外，乘数的作用是双重的，即当总需求增加时，所引起的国民收入的增加要大于最初总需求的增加；当总需求减少时，所引起的国民收入的减少也要大于最初总需求的减少。

任务四　熟悉 IS－LM 模型

利率决定投资，并进而影响国民收入。然而，利率本身又是怎样决定的呢？利率是由货币需求与供给共同决定的。这就把我们引入了货币市场。

一、货币需求与货币供给

（一）货币需求

货币需求，是指人们愿意以货币形式保存财富的数量。按照凯恩斯的说法，人们需要货币出于以下三个动机：

（1）交易动机。交易动机是指企业和个人为了进行正常的交易活动而需要

货币的动机。就个人或家庭而言，为购买日常所需的生活资料，他们经常要在手中保持一定数量的货币。就厂商而言，它们取得货款后，为了应付日常开支，如购买原材料，需要持有一定数量的货币。由于交易动机的货币需求主要决定于收入，收入越高，交易数量越大。

（2）预防动机。预防动机是指人们为了应付不可预见的事件所要进行的支付活动而需要货币的动机。预防动机的产生是由于人们对未来收入和支出的不确定性。这部分货币需求也和收入成正比。

凯恩斯认为，出于交易动机和预防动机的货币需求对利率不太敏感，因这两种用途所保留的货币主体在生活和生产中是不可缺少的，机会成本再大人们也会保留。

（3）投机动机。投机动机是指由于市场利率的不确定，人们为了避免资产损失或增加资本收益，需要及时调整资产结构，因而形成的货币需求。凯恩斯认为，用于投机目的的货币需求对利率极为敏感。利率升高，人们将不愿意持有货币而情愿将货币转换为其他形式的财产（如股票、债券等）。

货币的投机需求与收入关系不大，它受利率的影响最大，且二者成反向变化，即利率越高，投机的货币需求越少；反之，利率越低，投机的货币需求越多。

货币需求曲线：货币需求曲线向右下方倾斜，表明货币需求量随利率下降而增加（见图8-7）。

（二）货币供给

货币供给是指一定时期内一国银行系统向经济中投入、创造、扩张（或收缩）货币的行为，是银行系统向经济中注入货币的过程。货币供给量由中央银行供给基础货币与商业银行创造存款货币构成。

货币的供给与一般商品的供给有很大的差异，因为货币不是一种可以自由"生产"的普通商品，只能由国家货币当局"生产"，供给的数量取决于国家货币管理当局的货币政策，供给的目的不是盈利，因此货币的供给影响利率，但不受利率影响。决定货币供给量的是中央银行的货币发行量和存款准备金率等。如果用横轴表示货币的供给量，用纵轴表示利率，则货币的供给曲线 M_S 是一条垂直线，如图 8-8 所示。

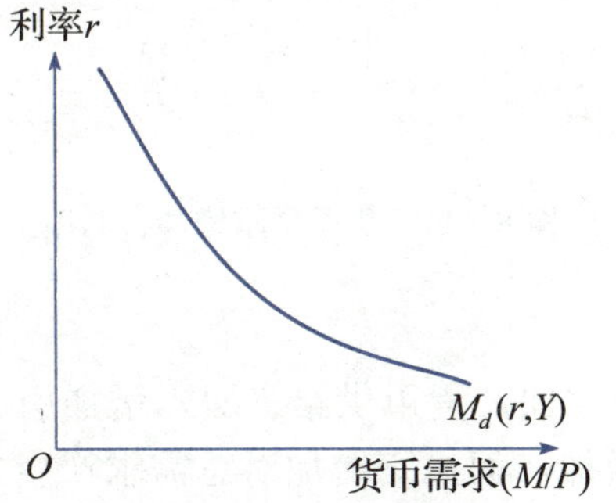

图8-7　货币需求曲线

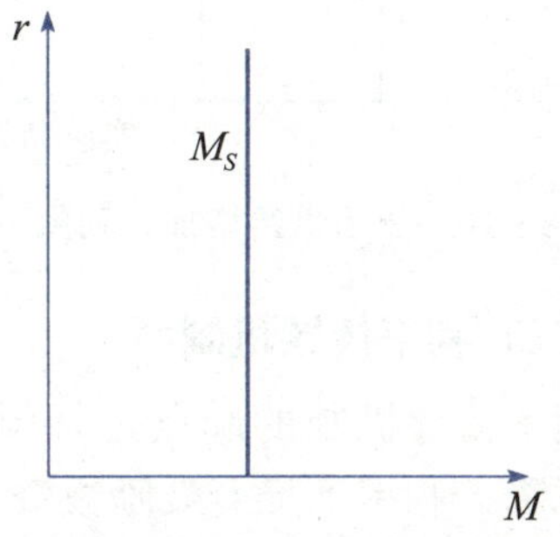

图8-8　货币供给曲线

二、均衡利率的决定

（一）什么是均衡利率

均衡利率就是货币供给与需求平衡时的利率。货币需求曲线与货币供给曲线的交点决定了均衡利率水平。图 8－9 中的 E 点就是货币市场的均衡点，该点对应的利率水平 r_e 就是货币市场的均衡利率水平，即由货币市场决定的市场利率。如果初始的利率大于 r_e，如图 8－9 中的 r' 水平，那么需求就会小于供给，出现需求缺口，市场资金找不到出路就会压低利率，使利率向 r_e 水平靠拢。反过来，如果初始利率低于 r_e，就会出现货币的供给缺口，供不应求会推动利率上升，也向 r_e 水平靠近。

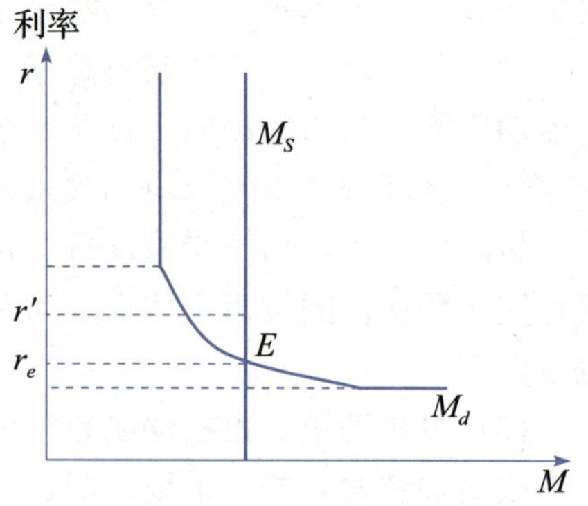

图 8－9 货币市场均衡

很明显，货币市场的均衡有可能因为货币供给的变动被打破，货币的供给是由国家的货币当局或者政府控制的。当政府增加货币供给时，供给曲线 M_S 向右边移动，如果需求不变，那么利率就会降低；反过来，如果政府减少货币供给而需求不变，那么利率就会上升。

例如在图 8－10 中，货币供给的增加使得货币供给曲线右移到 MS_2 水平，在这种情形下，均衡利率将下降。若货币供给不变，货币需求增加，利率将上升，如图 8－11 所示。

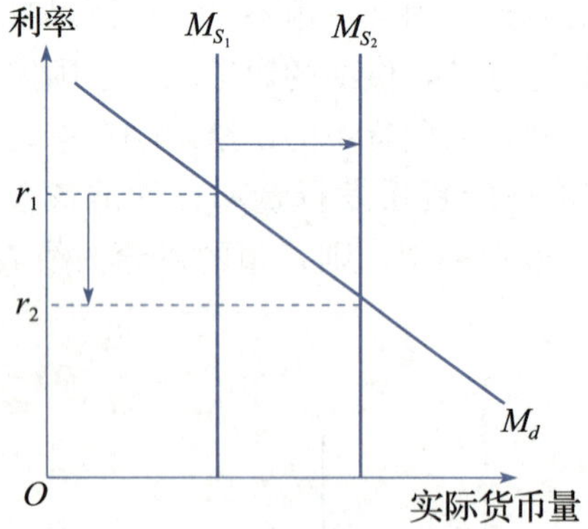

图 8－10 货币供给增加，利率下降

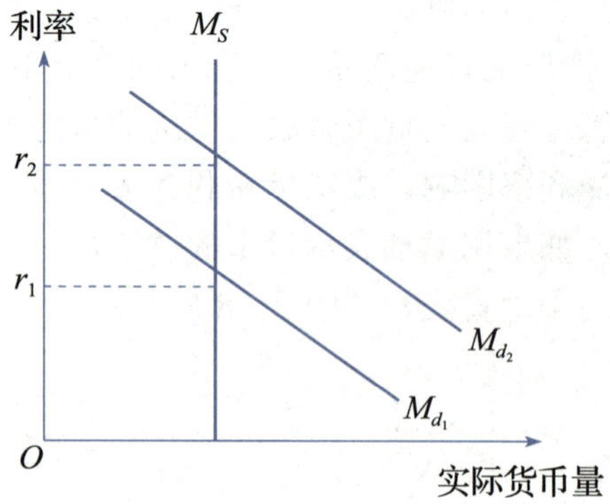

图 8－11 货币需求增加，利率上升

（二）利率传导机制

利率传导机制的起点是货币供给的增加，货币供给（M）增加引起利率（r）下降，利率下降会鼓励投资（I）增加，而投资增加对总需求产生乘数效应。反之，央行减少货币供给能够迫使利率上升，引起投资支出下降，并通过乘数机制拉动总需求下滑。这是凯恩斯模型中货币政策运行的概要。这个因果链相当长，图 8－12 可以把它表述得更清楚。

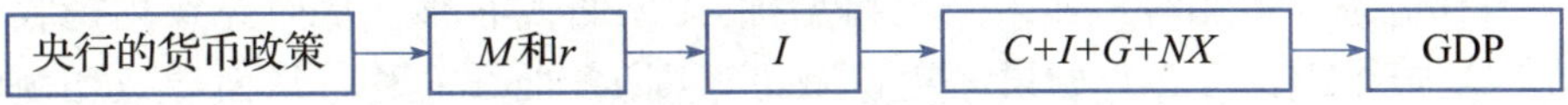

图 8－12 利率传导机制

三、IS－LM 模型

IS-LM 是说明物品市场与货币市场同时达到均衡时国民收入与利率决定的模型。在这里，I 是指投资，S 是指储蓄，L 是指货币需求，M 是指货币供给。这一模型在理论上是对总需求分析的全面高度概括，在政策上可以用来解释财政政策与货币政策，因此，被称为整个宏观经济学的核心。

（一）*IS* 曲线

***IS* 曲线**是在产品市场达到均衡的条件下，即 $I=S$ 时，利率与国民收入之间存在着反方向变动关系的曲线。*IS* 曲线如图 8－13 所示：横轴代表的是国民收入，纵轴代表的是利率。由于投资与利率负相关，利率降低将使得计划投资增加，计划投资支出的增加最终导致国民收入增加。因此，利率降低导致国民收入增加，利率升高则国民收入减少。所以，*IS* 曲线是一条向右下方倾斜的曲线。

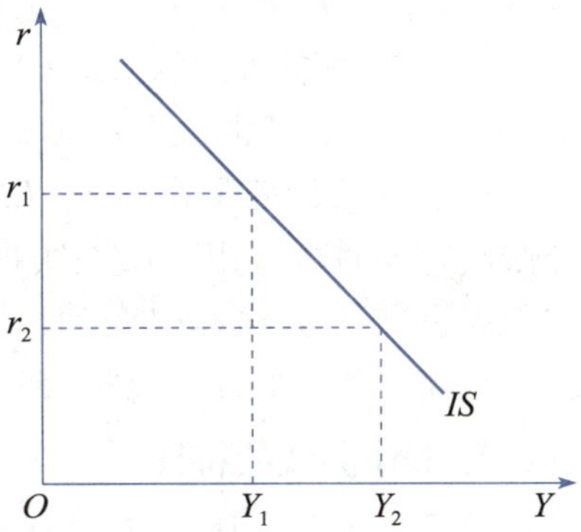

图 8－13 *IS* 曲线

（二）*IS* 曲线的移动

影响 *IS* 曲线移动的主要因素有以下几个。

1. 投资需求变动

如果其他条件不变，而投资者对投资前景乐观，投资需求就会增加，*IS* 曲线相应右移，在每一利率水平上国民收入相应增加，增加的幅度为投资需求增加额乘以投资乘数。

2. 政府支出及税收的变动

如果其他条件不变，而政府实行扩张性财政政策，增加政府支出或减免税额，其作用都类似于增加投资或刺激消费，因此 *IS* 曲线右移，从而导致均衡收入由 Y_0 增加到 Y_1；反之，如果政府实行紧缩性财政政策，减少政府支出或增加税额，其作用都类似于减少投资或是消费水平下降，因此 *IS* 曲线将左移，从而导致均衡收入由 Y_0 减少到 Y_2，其移动的水平距离分别为政府支出和税额的变动量乘以支出乘数，如图 8－14 所示。

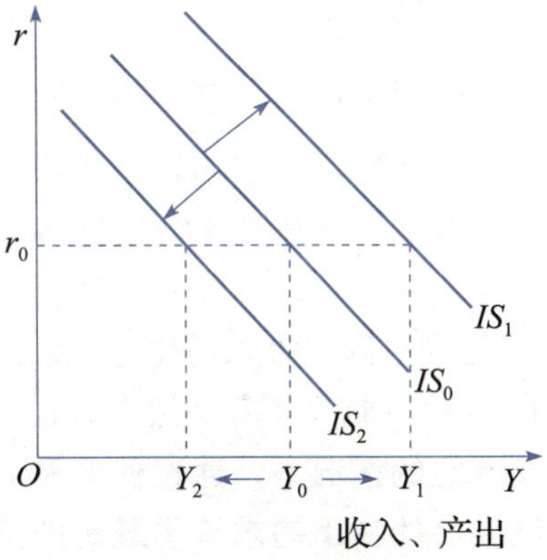

图 8－14 *IS* 曲线移动示意图

3. 净出口额变动

当其他条件不变时，如果净出口增加，*IS* 曲线右移，从而导致均衡收入由 Y_0 增加到 Y_1；反之，如果净出口减少，则 *IS* 曲线左移，从而导致均衡收入由 Y_0 减少到 Y_2。其移动的距离为净出口额的变动量乘以相应的出口乘数，如图 8-14 所示。

四、货币市场均衡与 *LM* 曲线

（一）*LM* 曲线的含义

LM 曲线是描述货币市场达到均衡时，即货币需求（L）=货币供给（M）时，国民收入与利率之间存在着同方向变动关系的曲线。

以纵轴代表利率，以横轴代表国民收入，则可得到一条反映利率（r）和国民收入（Y）之间相互关系的曲线，即 *LM* 曲线，如图 8-15 所示。*LM* 曲线上任何一点都是 $L=M$，即货币市场上实现了均衡。*LM* 曲线向右上方倾斜，表明当货币市场上实现了均衡时，利率与国民收入呈同方向变动，即利率高则国民收入高，利率低则国民收入低。

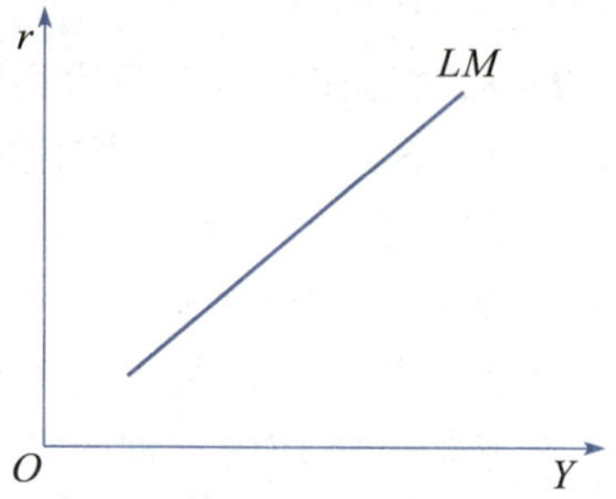

图 8-15　*LM* 曲线

（二）*LM* 曲线的特征

在货币市场上，利率与国民收入呈同方向变动可以用凯恩斯主义的货币理论来解释。根据这一理论，货币需求（L）由 L_1 与 L_2 组成。L_1 代表货币的交易需求和预防需求，取决于国民收入，与国民收入同方向变动，记为 $L_1=L_1(Y)+L_2$，即：国民收入水平越高，对货币的交易需求和预防需求越多，反之则越少。L_2 代表货币的投机需求，取决于利率，与利率反方向变动，记为 $L_2=L_2(r)$，即：利率越低，人们越愿意持有货币进行证券投资；反之，利率提高，则人们更愿意减少手中持有的投机性货币而存入银行。货币的供给（M）是指实际货币供给量，由中央银行的名义货币供给量与价格水平决定。货币市场的均衡条件是：

$$M=L=L_1(Y)+L_2(r)$$

在上式中可以看出，当货币供给既定时，随着国民收入 Y 的增加，货币的交易需求与预防需求（L_1）将增加，为了保持货币市场均衡（$L=M$），货币的投机需求（L_2）必然减少，而 $L_2(r)$ 是利率的减函数，L_2 要减少，r 必须上升。L_1 的增加是国民收入增加的结果，而 L_2 的减少又是利率上升的结果。因此，国民收入 Y 增加，利率必然上升；反之，Y 减少，r 必然下降，**这样才能在货币供给既定的情况下，通过使 Y 和 r 保持同方向变化关系来调整对货币的需求，使调整后的货币需求等于既定的货币供给，保持货币市场的均衡。**所以，当货币市场上实现均衡时，国民收入与利率之间必然是同方向变动的关系。

（三）LM 曲线的移动

货币需求和货币供给的变化，都会使 LM 曲线发生相应的变动，如图 8－16 所示。

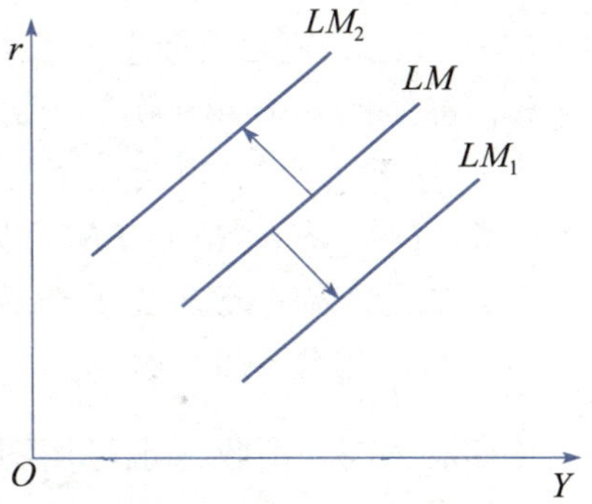

图 8－16　LM 曲线的移动

第一，货币供给的变动。如果其他条件不变，货币供给的变动将导致 LM 曲线的同方向移动，即货币供给增加，使 LM 曲线向右下方移动，货币供给减少，使 LM 曲线向左上方移动。因为当货币需求不变时，货币供给增加必然使利率下降，利率下降又刺激投资和消费，从而使国民收入增加。反之，利率上升抑制投资和消费，从而使国民收入减少。

第二，货币投机需求变动。如果其他条件不变，货币投机需求增加，LM 曲线将向左上方移动；如果投机需求减少，则 LM 曲线将向右下方移动。这是因为货币供给不变时，货币投机需求增加，货币市场上将出现供不应求，这导致利率上升，同时导致国民收入下降，从而 LM 曲线向左上方移动；反之，货币投资需求减少，则 LM 曲线向右下方移动。

第三，货币交易需求变动。如果其他条件不变，货币交易需求增加，货币市场上也会供不应求，同样会导致利率上升，国民收入下降，LM 曲线向左上方移动；反之，则向右下方移动。

需要指出的是，在使 LM 曲线移动的三个因素中，应该特别重视货币供给变动这个因素。因为，货币政策的内容正是货币当局根据货币需求情况，调节货币供给量，从而调节利率和国民收入以达到货币政策的目的。

五、产品和货币市场的一般均衡

（一）两个市场同时均衡时的利率与收入

把 IS 曲线与 LM 曲线结合在一起，就可以得出说明产品市场和货币市场同时实现均衡时利率与国民收入之间关系的 IS-LM 模型。

从前面的分析得知，在 IS 曲线上，有一系列利率与相应的收入组合可以使得产品市场达到均衡；在 LM 曲线上，又有一系列利率与相应的收入组合可以使得货币市场达到均衡。但能够使得产品市场和货币市场同时达到均衡的利率与收入只有一个。这一均衡的利率和收入可以在 IS 曲线和 LM 曲线的交点上求得，其数值可以通过求解 IS 和 LM 的联立方程得到。

【课堂练习】

已知产品市场和货币市场的均衡模型分别为：$I=1\,250-250r$，$S=-500+0.5y$，$M=1\,250$。$L=0.5y+1\,000-250r$，求均衡收入和利率。

解： $I=S$ 时，$y=3\,500-500r$　（IS 曲线）

$L=M$ 时，$y=500+500r$ （LM 曲线）

当产品市场和货币市场同时均衡时，$IS=LM$。因此，联立这两个关于 r 与 y 的方程，解方程得 $y=2\,000$，$r=3$。

当 $r=3$ 及 $y=2\,000$ 时，同时可满足 $I=S$，$L=M$ 及 $IS=LM$，因此，这两个数值是产品市场及货币市场同时均衡时的均衡利率及均衡收入。

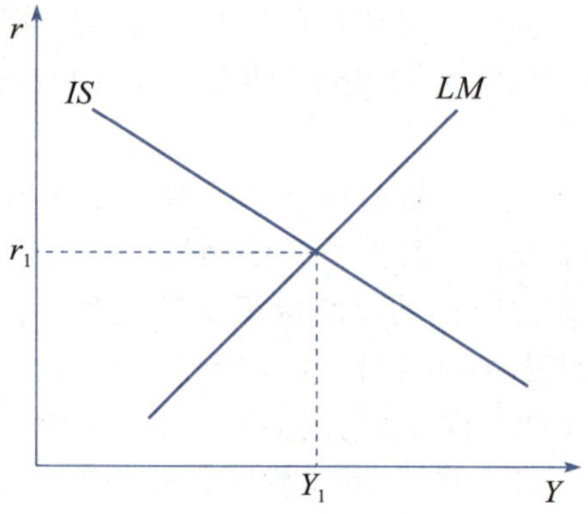

图 8－17 产品和货币市场的一般均衡

均衡利率与均衡收入也可用图形来表示。如图 8－17 所示，IS 和 LM 曲线的交点的横坐标和纵坐标形成了均衡收入和均衡利率。在交点处，实际支出等于计划支出，实际货币供给等于实际货币需求。在交点之外的任何一个区域都是不均衡的。

（二）均衡收入和利率的变动

均衡收入与利率是由 IS 曲线和 LM 曲线共同决定的，其中任一条曲线的变动或两条曲线的同时变动都将影响均衡收入和利率的水平。

1. 假定 LM 曲线不变，IS 曲线变动

当 LM 曲线不变时，IS 曲线的向右上方移动不仅会造成收入提高，利率也会随之上升，如图 8－18 所示。这是因为，IS 曲线的右移是因为自发支出（投资、消费或者政府支出）的增加，这种计划支出的增加使得产出和收入增加，收入增加后，货币的交易需求也会增加，由于货币供给不变（LM 曲线不变意味着实际货币供给不变），因此，人们只能出售有价证券来获取从事交易所需的货币，这就会导致证券价格下跌，利率上升。同理，当 LM 不变时，IS 曲线的左移会导致利率和收入下跌。

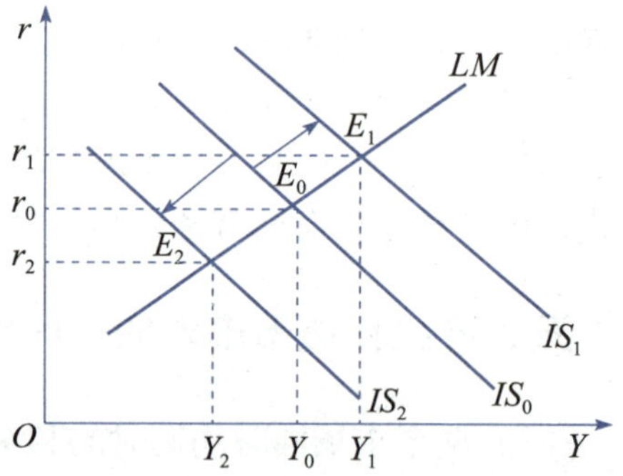

图 8－18 IS 曲线变动的影响

2. 假定 IS 曲线不变，LM 曲线变动

当 IS 曲线不变而 LM 曲线向右下方移动时，收入提高，利率下跌，如图 8－19 所示。这是因为，LM 曲线的右移意味着货币的实际供给增加了，在产品市场的供求没有发生变化的情况

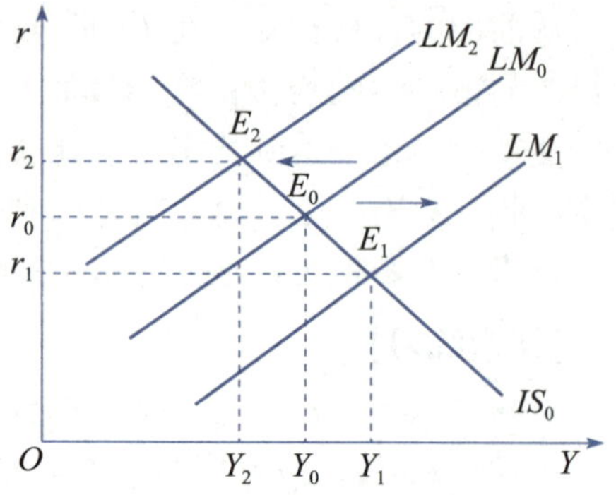

图 8－19 LM 曲线变动的影响

下，意味着货币的需求没有发生变化，货币供给的增加必然导致利率的下跌。利率的下跌刺激消费和投资，从而使得收入增加。相反，当 *LM* 曲线向左上方移动时，利率上升，收入下降。

3. 假定 *IS* 曲线和 *LM* 曲线同时变动

IS 曲线和 *LM* 曲线的交点同时实现了产品和货币市场的均衡，然而，这个均衡不一定是充分就业的均衡。如图 8－20 所示，IS_1 和 LM_1 决定的均衡收入为 Y_1，但充分就业的收入却为 Y_f，在这种情况下，短期之内靠市场的自发调节无法实现充分就业的均衡，这就需要依靠国家的财政政策或者是货币政策来进行调节。财政政策是通过政府的支出或者是税收的变动来调节国民收入的，如果政府增加支出或者减少税收，或者双管齐下，IS_1 将移动到 IS_2，达到充分就业的产出水平。货币政策是货币当局（中央银行）通过改变货币供应量来改变利率与收入，当中央银行增加货币供给时，*LM* 曲线将向右下方移动，同样也可以达到充分就业的产出水平。当然，政府还可以同时采取改变税收、政府支出、货币供应量来同时实现 *IS* 曲线和 *LM* 曲线的移动。

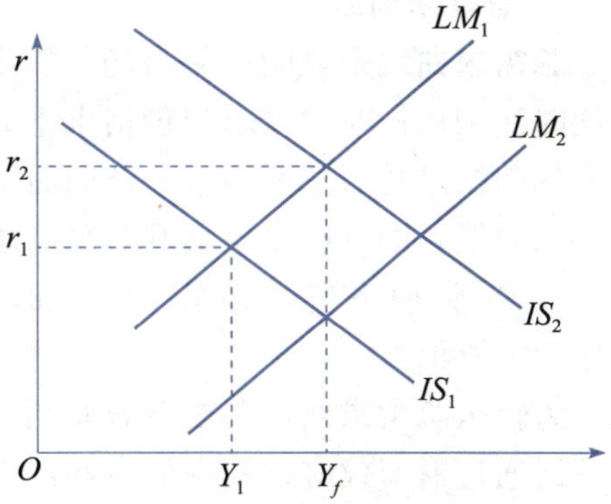

图 8－20　*IS* 曲和 *LM* 曲线的变动和新的均衡

IS-LM 模型分析了储蓄、投资、货币需求和货币供给是如何影响国民收入和利率的。在政策上，它为政府的宏观经济政策提供了更为具体的选择工具。根据这个模型的性质和特点，国家为实现收入的均衡增长，当利率很低时，可以实行扩张性的财政政策；当利率很高时，可以实行扩张性货币政策。同时，在任何情况下，都必须是财政政策与货币政策相配合，既要产品市场均衡，也要货币市场均衡，不能顾此失彼。

任务五　熟悉总需求-总供给模型

一、总需求

（一）总需求函数和总需求曲线

1. 总需求函数

总需求（Aggregate Demand，AD）是经济社会对产品和劳务的需求总量。总需求由消费需求、投资需求、政府需求和国外需求构成，即 $AD=C+I+G+NX$。消费、投资、出口也被称为刺激经济增长的“三驾马车”。

经济师考点

总需求的含义

总需求函数是指产品市场和货币市场同时达到均衡时的物价水平 P 与均衡国民收入 Y 之间的依存关系。总需求函数可以表示为：$Y=f(P)$。

在其他条件不变的情况下，当物价水平 P 提高时，均衡国民收入 Y 减少；当物价水平 P 下降时，均衡国民收入 Y 增加。两者的变动方向相反。

经济师考点

总需求曲线

2. 总需求曲线

总需求曲线是表明产品市场与货币市场同时达到均衡时总需求与价格水平之间关系的曲线。总需求曲线为一条向右下方倾斜的曲线，即价格水平上升，总需求减少，价格水平下降，总需求增加，如图 8－21 所示。

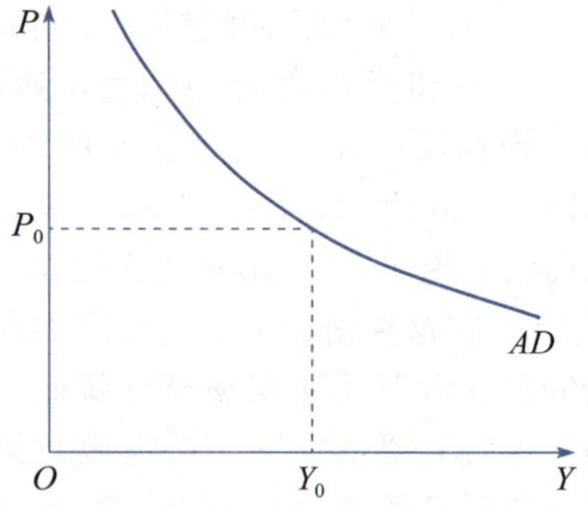

图 8－21 总需求曲线

为什么总需求曲线向右下方倾斜？我们可以通过财产效应、利率效应和汇率效应来进行分析。

（1）财产效应。财产效应说明物价水平如何通过对财产的影响来影响人们的消费。人们持有的财产可以分为名义财产与实际财产。名义财产是用货币数量表示的财产，实际财产是用货币的购买力表示的财产。这两种财产与物价水平相关，用一个公式来表示就是：

$$\text{实际财产}=\frac{\text{名义财产}}{\text{物价水平}}$$

在名义财产既定的情况下，随着物价水平的上升，消费者所拥有的实际财产会下降，消费者会减少消费支出，从而导致总需求的减少；相反地，随着物价水平的下降，消费者所拥有的实际财产会增加，消费者会增加消费支出，从而导致总需求的增加。这种关系可以简单地表示为：物价水平下降→实际财产上升→消费支出增加→总需求上升。

（2）利率效应。影响投资需求的因素很多，其中最为重要的就是利率，无论是用自有资金投资还是贷款投资，利率都是衡量投资成本的一个重要因素。人们投资的目的是利润最大化，在利润率不变的情况下，如果利率上升，则利润率减少，投资需求就减少；反之，如果利率下降，则利润率上升，投资需求增加。

利率效应是指物价水平通过影响利率的变化从而影响投资的变化导致总需求的变化。利率取决于实际货币供求量，当实际货币需求量稳定时，利率就取决于实际货币供给量。实际货币供给量与名义货币供给量的关系可以表示为：

$$\text{实际货币供给量}=\frac{\text{名义货币供给量}}{\text{物价水平}}$$

名义货币供给量由中央银行决定，一定时期内，在名义货币量不变的情况下，物价水平的上升导致实际货币供给量的下降，从而导致利率的上升，利率上升导致投资减少，总需求减少；反之，当物价水平下降时，实际货币供给量增加，利率下降导致投资增加，总需求增加。这种关系可以简单地表示为：物价水平下降→实际货币量增加→利率下降→投资增加→总需求增加。

（3）汇率效应。汇率效应是指物价水平通过影响汇率的变化从而影响净出口导致总需求的变化。汇率上升引起一国进口增加，出口减少，从而净出口减少；汇率下降引起一国进口减少，出口增加，从而净出口增加。

在资本自由流动的情况下，根据汇率效应的分析，一国物价水平上升，导致利率上升，利率上升会吸引外币流入，外币的流入导致对本币需求的增加，在自由汇率制度下，对本币需求的增加导致本币价格上升，即汇率上升，从而净出口减少，总需求减少。这种关系可以简单地表示为：物价上升→利率上升→汇率上升→净出口下降→总需求下降。

总之，在不同的价格水平下，消费、投资和净出口都会因此发生相应的变化，从而导致总需求的增加或减少，总需求曲线向右下方倾斜表示一般价格水平与总需求的反向变动关系。

（二）总需求曲线的移动

物价水平变动对总需求的影响，用同一条总需求曲线的上下移动来表示。当然，影响总需求的还有其他因素。当物价不变而其他影响总需求的因素变动时，总需求曲线平行移动。使总需求曲线发生移动的主要因素如下：

（1）自发总需求的变化。自发总需求变动会引起总需求曲线的移动，如图 8－22 所示。当自发总需求增加时，总需求曲线平行向右上方移动，**AD_0 上升到 AD_1，表示在相同的价格水平下，社会的总需求增加了**，如自发投资支出的增加或政府支出的增加，会引起总需求曲线向右移动，引起国民收入增加。当自发总需求减少时，总需求曲线向左移动，**AD_0 下移到 AD_2，表示在相同的价格水平下，社会的总需求减少了**，如自发投资支出的减少或政府支出的减少，引起 AD 曲线向左移动。

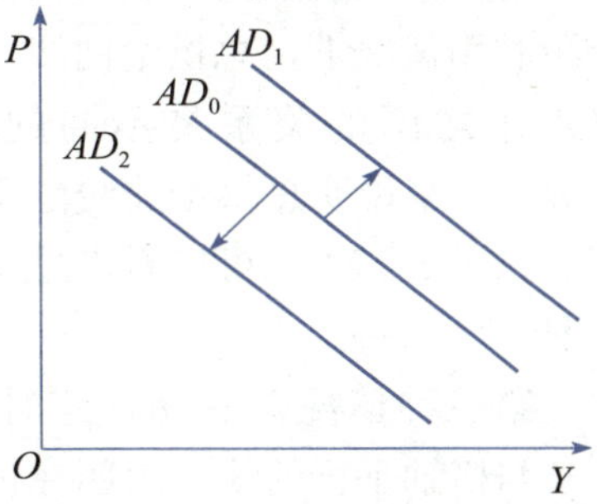

图 8－22 总需求曲线的移动

（2）自发储蓄的变化。自发储蓄的增加会引起 AD 曲线向左移动，自发储蓄的减少会引起 AD 线向右移动。因此，自发储蓄变化对国民收入变化的影响，在量上与自发投资变化的作用相同，在方向上则相反。

（3）货币供给的变化。在国民收入未达到充分就业国民收入的区间（中间区间），货币供给增加会引起总需求曲线 AD 向右移动，货币供给减少会引起总需求曲线 AD 向左移动。由此可见，在中间区间，货币供给与国民收入正向相关，货币供给增加会使国民收入增加，货币供给减少会使国民收入减少。

二、总供给

（一）总供给函数

经济师考点
总供给的含义

总供给（Aggregate Supply，AS）是经济社会的总产出，总供给主要由劳动力、生产性资本存量和技术状态所决定。

总供给函数表示总产量和一般价格水平之间的关系，其几何图形表现为总供给曲线。价格水平影响总产量的基本过程如下：

（1）价格水平的变化影响实际工资。若名义工资不变，则实际工资与价格水平成反比。

（2）实际工资的变化影响劳动市场的供求。劳动供给与实际工资呈同方向变动，劳动需求与实际工资呈反方向变动；劳动供求决定实际就业量。因此，若其他条件不变，实际工资就通过劳动市场影响就业量。

（3）就业量的变化影响总产量。若其他条件不变，总供给随就业量的增加而增加；反之，总供给随就业量的减少而减少。

（二）总供给曲线

经济师考点
总供给曲线的特征

总供给曲线是表明产品市场与货币市场同时达到均衡时，总供给与价格水平之间关系的曲线。它反映了在每一既定的价格水平下，所有厂商愿意提供的产品与劳务的总和。

总供给取决于资源利用的情况。在不同的资源利用情况下，总供给曲线，即总供给与价格水平之间的关系是不同的。我们可以用图 8－23 来说明总供给曲线的不同情况。

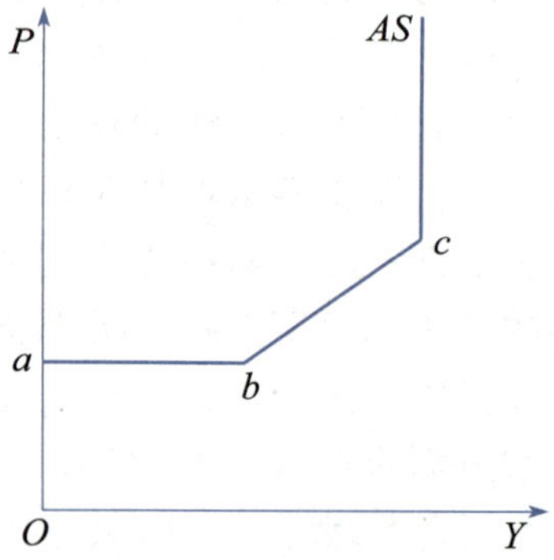

图 8－23　总供给曲线

从图 8－24 中可以看出总供给曲线有 3 种情况：

第一种情况：a—b，这时总供给曲线是一条与横轴平行的线，表明在价格水平不变的情况下，总供给可以增加。这是因为资源还没有得到充分利用，社会上存在着一部分闲置资源，所以，总供给数量会随着总需求的增加而增加，即可以在不提高价格的情况下，增加总供给。这种情况是凯恩斯提出来的，所以这种水平的总供给曲线被称为“凯恩斯主义总供给曲线”。

第二种情况：b—c，这时总供给曲线是一条向右上方倾斜的线，这表明总供给与价格水平呈同方向变动。这是因为在资源接近充分利用的情况下，产量增加会使生产要素的价格上升，从而成本增加，价格水平上升。这种情况是短期中存在的情况，所以这种向右上方倾斜的总供给曲线被称为“短期总供给曲线”。

第三种情况：c 以上，这时总供给曲线是一条垂线，这表明无论价格水平如何上升，总供给也不会增加。这是因为资源已经得到了充分的利用，即经济中实现了充分就业，总供给已无法增加。在长期中总是会实现充分就业的，因此，这种垂直的总供给曲线被称为“长期总供给曲线”。

（三）总供给曲线的移动

在资源条件既定，即潜在的国民收入水平既定的条件下，凯恩斯主义总供给曲线和长期总供给曲线是不变的，但短期总供给曲线是可以移动的。可用图 8－24 来说明短期总供给曲线移动的情况。

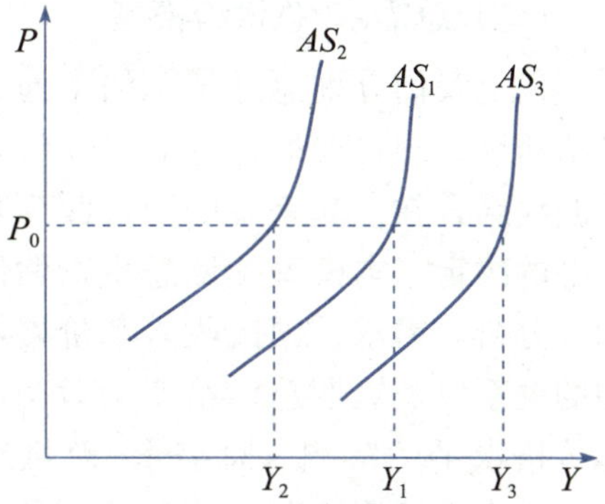

图 8－24 短期总供给曲线的移动

造成总供给曲线移动的因素有很多，其中最重要的是投资要素价格水平的变动、生产率的变动、劳动和资本供给的变动以及对风险态度的变化。

首先，在其他条件不变的情况下，由于工资、原材料价格、能源价格水平提高，厂商获利的可能性就会降低。如果商品的价格水平不变，厂商只能以调整产量来适应市场的变化。成本上升，产量下降；相反，成本下降，产量增加。这意味着在同一价格水平，产品供给量增加或者减少。

其次，在其他条件不变的情形下，生产率提高，则单位投入可以生产更多的产品，这意味着产品的单位成本逐步下降。如果价格水平不变，竞争厂商为占有更多的份额，必然会增加产出量，导致总供给曲线向右移动；反之，则向左移动。

再次，生产要素供给的增加，也会引起总供给曲线的移动，生产要素的增加意味着在价格水平不变的基础上生产能力将会扩大，这必然导致总供给曲线向右移动；反之，资源的减少，总供给曲线向左移动。

最后，对风险的感知和承担风险意愿的变化也会导致总供给曲线的移动。生产过程总是伴随着风险，当宏观经济进入衰退期时，风险增加，而厂商承担风险的能力和意愿却在下降，例如，厂商并不清楚衰退将持续多久，也不知道经济的复苏能否恢复对它们生产的特定产品的需求。如果衰退是未预期到的或者比预期中的时间要长，那么厂商将会有超额的存货，即超过它们意愿持有的储备。它们已经为这些产品支付了工资却没能够把产品销售出去收回任何现金。厂商很清楚，如果它们继续生产而销售停留在低水平上，它们的现金状况将会很快恶化。作为应对措施，厂商将会减少任一价格水平下愿意供给的数量，因此当经济进入衰退时，厂商愿意供给的数量将会减少，即总供给曲线向左移动。

除了上述四种主要因素外，天灾人祸也会导致总供给曲线的移动。例如地震和战争会极大地减少经济中的资本存量，结果是任一数量的劳动所能生产的仓储数量都会减少，这将导致总供给曲线的向左移动。

经济师考点

国民收入与价格水平的决定

三、总需求-总供给模型分析

（一）总需求-总供给模型

以上我们分别总结了总需求曲线和总供给曲线。现在我们把总需求曲线与总供给曲线结合在一起来说明国民收入与价格水平的决定。本模型按照总供给曲线的不同，分析总需求、国民收入和价格水平之间的关系以及短期总供给变动对国民收入和价格水平的影响。总需求-总供给模型是分析宏观经济情况与政策的一种很有用的工具，可以用图 8－25 来说明该模型。

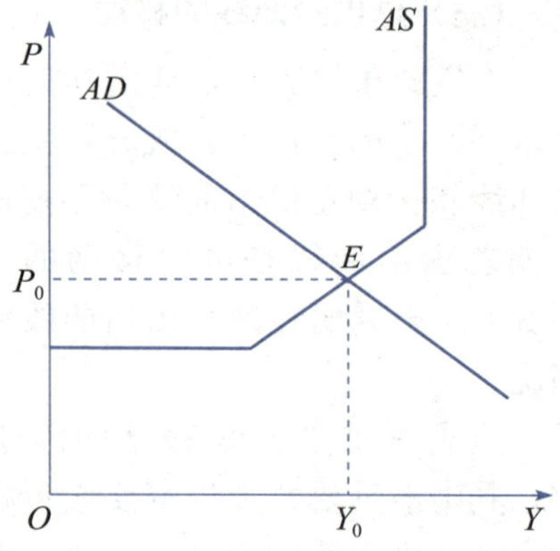

图 8－25 总需求-总供给模型

在图 8－25 中，总需求曲线 AD 与总供给曲线 AS 相交于 E，这时就决定了均衡的国民收入水平为 Y_0，均衡的价格水平为 P_0。

（二）总需求与总供给均衡的变动

从图 8－25 可知，总供求均衡点决定均衡国民收入和均衡价格总水平，均衡点的位置又取决于 AD 曲线和 AS 曲线的位置，AD 曲线和 AS 曲线的任何移动都将导致均衡点的变动，而凡是价格总水平以外的其他因素所引起的总供求的变动都会引起 AD 曲线或 AS 曲线的移动，从而导致均衡国民收入的变动。

总需求与总需求对均衡国民收入与价格的影响

1. 总需求曲线移动对国民收入与价格水平的影响

在总需求-总供给模型中，假定总供给曲线 AS 不变，总需求变动对国民收入与价格水平的影响根据总供给曲线的不同情况而不同。

（1）凯恩斯主义总供给曲线。

在凯恩斯主义总供给曲线中，总需求的增加会使国民收入增加，而价格水平不变；总需求的减少会使国民收入减少，而价格水平也不变。即总需求的变动不会引起价格水平的变动，只会引起国民收入的同方向变动。可用图 8－26 来说明这种情况。

在图 8－26 中，AS 为凯恩斯主义总供给曲线。AS 与 AD_0 相交于 E_0，决定了国民收入为 Y_0，价格水平为 P_0。总需求增加，总需求曲线由 AD_0 移动到 AD_1，这时 AD_1 与 AS 相交于 E_1，决定了国民收入为 Y_1，价格水平仍为 P_0，这就表明了总需求增加使国民收入由 Y_0 增加到 Y_1，而价格水平未变。相反，总需求减少，总需求曲线

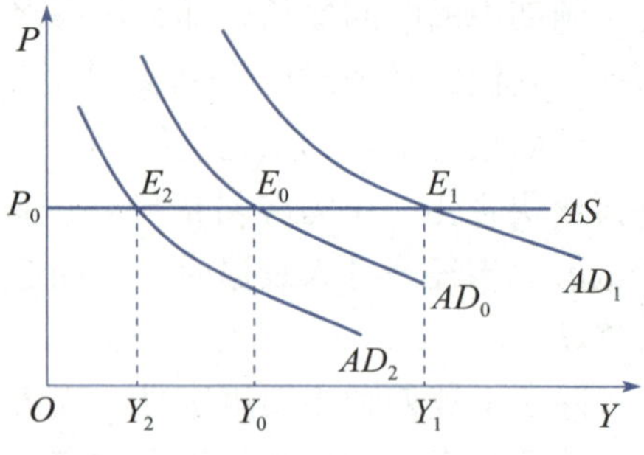

图 8－26 凯恩斯主义总供给曲线

由 AD_0 移动到 AD_2，这时 AD_2 与 AS 相交于 E_2，决定了国民收入为 Y_2，价格水平仍为 P_0，这就表明了总需求减少使国民收入由 Y_0 减少到 Y_2，而价格水平未变。

（2）短期总供给曲线。

在短期总供给曲线中，总需求的增加会使国民收入增加，价格水平也上升；总需求的减少会使国民收入减少，价格水平也会下降。即总需求的变动会引起国民收入与价格水平的同方向变动。可用图 8－27 来说明这种情况。

在图 8－27 中，AS 为短期总供给曲线，AS 与 AD_0 相交于 E_0，决定了国民收入为 Y_0，价格水平为 P_0。总需求增加，总需求曲线由 AD_0 移动到 AD_1，这时 AD_1 与 AS 相交于 E_1，决定了国民收入为 Y_1，价格水平为 P_1，这就表明，总需求增加使国民收入由 Y_0 增加到 Y_1，使价格水平由 P_0 上升为 P_1。总需求减少，总需求曲线由 AD_0 移动到 AD_2，这时 AD_2 与 AS 相交于 E_2，决定了国民收入为 Y_2，价格水平为 P_2，这就表明，总需求减少使国民收入由 Y_0 减少到 Y_2，使价格水平由 P_0 下降为 P_2。

（3）长期总供给曲线。

在这种总供给曲线中，由于资源已得到了充分的利用，所以总需求的增加只会使价格水平上升，而国民收入不会变动。同样，总需求的减少也只会使价格水平下降，而国民收入不会变动。即总需求的变动会引起价格水平的同方向变动，而不会引起国民收入的变动。可用图 8－28 来说明这种情况。

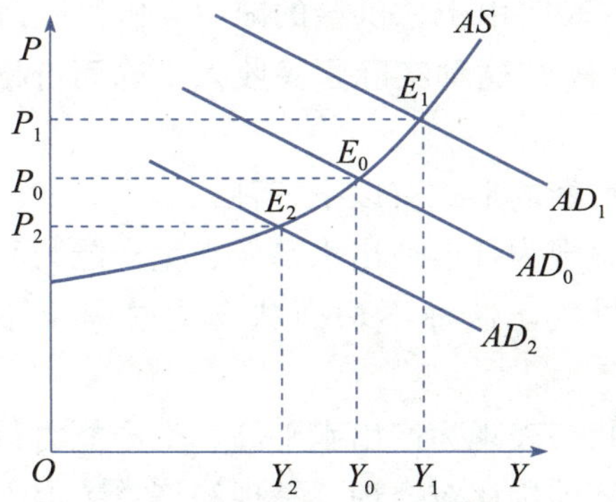

图 8－27　总需求曲线与短期总供给曲线的变动关系

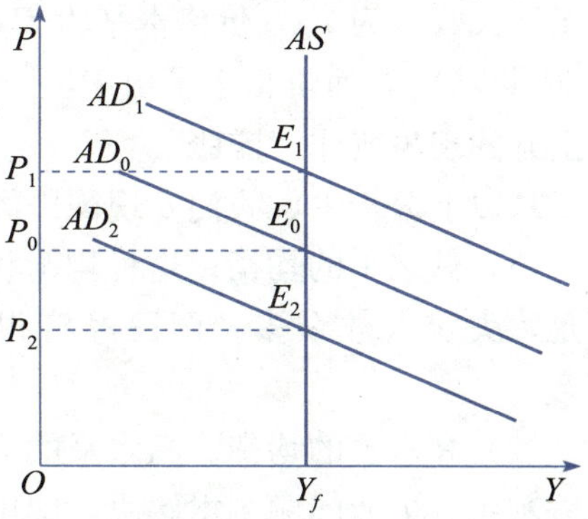

图 8－28　总需求曲线与长期总供给曲线的变动关系

在图 8－28 中，AS 为长期总供给曲线，AS 与 AD_0 相交于 E_0，决定了充分就业的国民收入水平为 Y_f，价格水平为 P_0。总需求增加，总需求曲线由 AD_0 移动到 AD_1，这时 AD_1 与 AS 相交于 E_1，决定了充分就业的国民收入水平仍为 Y_f，价格水平为 P_1，这就表明，总需求增加使价格水平由 P_0 上升为 P_1，而国民收入仍为 Y_f；总需求减少，总需求曲线由 AD_0 移动到 AD_2，这时 AD_2 与 AS 相交于 E_2，决定了国民收入仍为 Y_f，价格水平为 P_2，这就表明，总需求减少使价格水平由 P_0 下降为 P_2，而国民收入仍为 Y_f。

2. 短期总供给曲线变动对国民收入和价格水平的影响

短期总供给是会变动的，这种变动同样会影响国民收入与价格水平，当总需求不变时，总供给的增加，即产量的增加会使国民收入增加，价格水平下降；而总供给的减少，即产量的减少会使国民收入减少，价格水平上升。可用图 8-29 来说明这种情况：

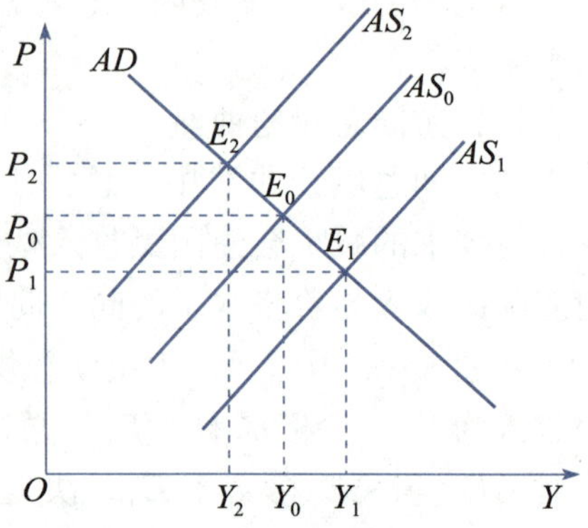

图 8-29 短期总供给曲线变动对国民收入与价格水平的影响

在图 8-29 中，AS_0 与 AD 相交于 E_0，决定了国民收入水平为 Y_0，价格水平为 P_0。当总供给增加时，供给曲线由 AS_0 移动到 AS_1，AS_1 与 AD 相交 E_1，决定了国民收入为 Y_1，价格水平为 P_1，这表明由于总供给的增加，国民收入由 Y_0 增加到了 Y_1，而价格水平由 P_0 下降为 P_1。当总供给减少时，例如摧毁农作物的干旱，要求企业减少排污量，国际石油卡特尔组织通过限制产量提高油价，等等，这些状况的出现都可以称作是不利的供给冲击，因为它们直接抬高了企业的生产成本，总供给曲线会向左上方移动，在这种情形下，我们会发现产出量会由 Y_0 降低到 Y_2，同时价格水平会上升到 P_2，总供给曲线由 AS_0 移动到 AS_2，AS_2 与 AD 相交 E_2，决定了国民收入为 Y_2，价格水平为 P_2，这表明由于总供给的减少，国民收入由 Y_0 减少到 Y_2，而价格水平由 P_0 上升为 P_2。**这种实际国民收入下降而价格水平上升的现象叫作“滞胀”。**

从以上分析中，我们发现国民经济均衡的形式有以下三种：

（1）低水平的均衡。这种均衡状态表现为社会产出水平低、生产能力利用不足，失业人数众多，国民经济很不景气，这种不均衡状态为总需求不足所致。

（2）高水平的均衡。高水平的均衡状态表现为产出水平高、生产能力得到充分利用，失业问题基本解决，国民经济结构比较合理，呈现经济繁荣但不过度的局面。

（3）超能力的均衡。这种均衡状态仅仅表现为货币的均衡，实际上是货币供给过多，可供物资太少，此时总需求与总供给的均衡是通过物价的上涨来实现的，所以通货膨胀严重。

一国应当争取实现第二种均衡，尽量避免第一种和第三种均衡。因为：第一种均衡是国民经济萎缩的均衡；第三种均衡是总供给小于总需求，国民经济过度膨胀的均衡。

四、政府在总供求平衡中的作用

总需求-总供给模型是分析宏观经济情况与政策的一种很有用的工具。当经济中出现总需求与总供给失衡或出现过冷、过热时，政府就要通过各种经济手段设法求得经济的平衡，从而保证经济的正常发展。

（一）经济过冷时刺激总需求

当一国宏观经济不平衡，出现经济过冷时，表现为：一方面有许多产品在仓库里压着；另一方面有大量储蓄在银行里存着，大量劳动力过剩，总供给大于总需求。这时，企业想卖出产品，就得降价。原材料厂家想让生产厂家买它的原材料，必须便宜卖，人家才肯买，否则卖不出去。当生产厂商把商品送到超市时，超市经理会要求先卖掉货物再结账。这种总供给大于总需求的结果导致物价指数只能下降。

当经济过冷时，政府要做的是刺激总需求，即刺激消费，允许贷款买房、贷款买车、贷款上大学；刺激投资，发国债，搞基础设施建设，使水泥的需求增加，钢铁的需求增加，修路的劳动力需求增加；刺激出口，给企业出口退税，拓展外需空间。通过刺激总需求的“组合拳”，消化多余的总供给，使总供给等于总需求，最终使宏观经济得到平衡发展。

（二）经济过热时压缩总需求

我国在 1993 年出现经济过热的情形，那时的需求特别旺盛，供给却显得不足。钢材的价格从 1 000 元每吨涨到 4 000 元每吨。由于需求过度，大家都去抢货。物以稀为贵，谁给的价高，商品就卖给谁。所以在 1993—1996 年，我国政府一直在压缩总需求，控制集团购买力，努力把总需求压下来。

如果总需求控制不住，物价指数就会不断攀升，通货膨胀率也会跟着上涨，人们手中的人民币就会一天比一天不值钱。当通货膨胀失控时，人们会产生心理恐慌，会抢购商品，还会到银行挤兑。经济就会陷入一个恶性循环，甚至崩溃。所以，从 1993 年开始政府努力压缩总需求，增加总供给。

当总供给和总需求不平衡时，只能用价格来平衡。当你看到价格指数上升的时候，你就知道经济开始回暖，总需求超过了总供给，通货开始膨胀了；当你看到价格指数下降时，你应该知道经济开始变冷了，这时总供给超过总需求，通货开始紧缩了。

政府对宏观经济的调控，就是在总需求和总供给上做文章。它不是在刺激总需求，就是在增加总供给。不过，政府改变总需求相对容易，改变总供给相对困难。因为改变总需求，政府只要出台政策就能刺激消费，刺激投资，增加出口；但是改变总供给，政府却不那么容易做到。如果想增加一个钢厂，要先找原材料去建一个钢厂，然后招工人，再进行生产，再快也得一年半载时间。所以，改变总供给很难，它需要一段时间，需要一个周期，改变总需求相对较快。因此，一国政府在短期内调整的是总需求，在长期内调整的是总供给。如果总供给和总需求实在调整不好，就用价格来平衡。

如果一国经济的总供给和总需求不平衡，通过物价指数是可以看出来的，当你看到价格指数开始平稳运行，既不通货膨胀也不通货紧缩时，一个国家的宏观经济就趋于平衡了。

即测即评

扫一扫 练一练

项目九

了解经济增长和经济周期

素养目标：帮助学生理解中国财政政策在促进经济社会发展、平稳经济波动方面的重要作用；引导学生理解高质量发展及新发展理念的重要意义。

知识目标

1. 了解经济周期的成因；
2. 理解经济增长的含义与特征、经济增长的源泉及主要经济增长模型；
3. 理解经济可持续发展的目标和途径。

技能目标

培养学生能熟练运用经济增长源泉分析当前宏观经济政策，学会判断经济周期各个阶段，能够运用乘数-加速数模型分析经济周期的形成机制。

经济师考点

1. 经济增长的含义，经济增长与经济发展的区别；
2. 决定经济增长的基本因素；
3. 经济增长因素分解；
4. 经济增长模型的基本内容；
5. 经济增长方式转变的含义；
6. 经济周期的含义和类型；
7. 我国经济周期的特点；
8. 导致经济周期波动的主要因素；
9. 分析和预测经济波动的指标体系；
10. 经济发展的基本理论；
11. 新发展阶段、新发展理念、新发展格局的含义；
12. 中国“十四五”经济社会主要发展指标；

13. 中国高质量发展的内涵与条件。

知识图谱

- 经济增长和经济周期
  - 经济增长
    - 经济增长与经济发展的区别
    - 经济增长的源泉（基本因素）
    - 经济增长因素分解
    - 经济增长模型
    - 经济增长方式转变
  - 经济周期
    - 经济周期的含义
    - 经济周期的类型
    - 经济周期成因分析
    - 乘数–加速数模型
    - 分析和预测经济波动的指标体系
  - 经济发展
    - 经济发展的基本理论
      - 经济发展的含义
      - 经济发展的核心
      - 可持续发展的含义
    - 中国发展目标
      - “十四五”规划纲要的主要目标
      - “十四五”经济社会主要发展指标
    - 中国高质量发展的内涵与条件

项目导读

党的二十大报告中的经济学问题

习近平总书记在党的二十大报告中对10年进行总结：“我们提出并贯彻新发展理念，着力推进高质量发展，推动构建新发展格局，实施供给侧结构性改革，制定一系列具有全局性意义的区域重大战略，我国经济实力实现历史性跃升。国内生产总值从五十四万亿元增长到一百一十四万亿元，我国经济总量占世界经济的比重达百分之十八点五，提高七点二个百分点，稳居世界第二位；人均国内生产总值从三万九千八百元增加到八万一千元。谷物总产量稳居世界首位，十四亿多人的粮食安全、能源安全得到有效保障。城镇化率提高十一点六个百分点，达到百分之六十四点七。制造业规模、外汇储备稳居世界第一。建成世界最大的高速铁路网、高速公路网，机场港口、水利、能源、信息等基础设施建设取得重大成就。我们加快推进科技自立自强，全社会研发经费支出从一万亿元增加到二万八千亿元，居世界第二位，研发人员总量居世界首位。基础研究和原始创新不断加强，一些关键核心技术实现突破，战略性新兴产业发展壮大，载人航天、探月探火、深海深地探测、超级计算机、卫星导航、量子信息、核电技术、新能源技术、大飞机制造、生物医药等取得重大成果，进入创新型国家行列。”

习近平总书记还在报告中展望：“到二〇三五年，我国发展的总体目标是：经济实力、科技实力、综合国力大幅跃升，人均国内生产总值迈上新的大台阶，达到中等发达国家水平；实现高水平科技自立自强，进入创新型国家前列；建成现代化经济体系，形成新发展格局，基本实现新型工业化、信息化、城镇化、农业现代化；基本实现国家治理体系和治理能力现代化，全过程人民民主制度更加健全，基本建成法治国家、法治政府、法治社会；建成教育强国、科技强国、人才强国、文化强国、体育强国、健康中国，国家文化软实力显著增强；人民生活更加幸福美好，居民人均可支配收入再上新台阶，中等收入群体比重明显提高，基本公共服务实现均等化，农村基本具备现代生活条件，社会保持长期稳定，人的全面发展、全体人民共同富裕取得更为明显的实质性进展；广泛形成绿色生产生活方式，碳排放达峰后稳中有降，生态环境根本好转，美丽中国目标基本实现；国家安全体系和能力全面加强，基本实现国防和军队现代化。”

根据党的二十大报告，你对 2035 年的生活是什么样的预期？这样的目标是怎么实现的？这些问题是宏观经济学中最重要的问题之一。

本项目主要讨论经济增长以及经济周期理论，了解人均实际 GDP 水平和增长率的长期决定因素，了解经济周期的形成原因。

任务一　认知经济增长

一、经济增长

经济师考点

经济增长的含义

（一）经济增长的含义

【案例】2022 年我国 GDP 突破 120 万亿元，增长 3%

国家统计局 2023 年 1 月 17 日发布数据表示，初步核算，2022 年全年国内生产总值（GDP）为 1 210 207 亿元，按不变价格计算，比 2021 年增长了 3%。国民经济顶住压力持续发展，经济总量再上新台阶。

统计数据显示，按年均汇率计算，120 万亿元折合美元约为 18 万亿美元，稳居世界第二位。2022 年我国人均 GDP 达到 85 698 元，比 2021 年实际增长 3%，按年平均汇率折算，达到 12 741 美元，连续两年保持在 1.2 万美元以上。

经济增长是指在一个较长时期内一国国民生产总值不断增加的现象。经济学家一般把经济增长规定为产量的增加，通常用国民收入量和人均国民收入量来度量经济增长。经济增长的程度可以用增长率来描述。经济增长率是末期国民生产总值与基期国民生产总值的比较，也称经济增长速度，它是反映一定时期经济发展水平变化程度的动态指标，也是反映一个国家经济是否具有活力的基本指标。

人们更多关心日常消费和福利，GDP 与一般百姓生活好像有很大距离，这些似乎与人们生活关系不大，但是我们能够消费的总量受我们能够生产的总量约束——要么我们可以直接消费那些产品，要么我们与别的地方生产的产品交换。因此 GDP 是度量人们福利的合理指标，人均 GDP 为 1 000 美元的国家不能使人均消费达到 20 000 美元，尽管在短期内，我们的消费可以偏离我们的生产，但是在长期内，一国的生产和一国的消费将几乎一样。但是我们更关心真实的 GDP——经过通货膨胀因素调整的 GDP，还有人均 GDP——该国的 GDP 除以该国的人口。

各个国家经济发展都会经历不同发展阶段，表 9－1 说明了 13 个国家人均真实 GDP 的数据以及年增长情况。

表 9－1　世界上 13 个国家 GDP 的不同增长情况

国家	时期	期初人均真实 GDP（美元）	期末人均真实 GDP（美元）	年均增长率（%）
日本	1890—2008	1 504	35 220	2. 71
巴西	1900—2008	779	10 070	2. 40
墨西哥	1900—2008	1 159	14 270	2. 35
德国	1870—2008	2 184	35 940	2. 05
加拿大	1870—2008	2 375	36 220	1. 99
中国	1900—2008	716	6 020	1. 99
美国	1870—2008	4 007	46 970	1. 80
阿根廷	1900—2008	2 293	14 020	1. 69
英国	1870—2008	4 808	36 130	1. 47
印度	1900—2008	675	2 960	1. 38
印度尼西亚	1900—2008	891	3 830	1. 36
巴基斯坦	1900—2008	737	2 700	1. 21
孟加拉国	1900—2008	623	1 440	0. 78

注：真实 GDP 以 2008 年美元衡量。

资料来源：曼昆．经济学原理．6 版．梁小民，等译．北京：北京大学出版社，2012：46.

经济状况取决于期初状况及每年的增长率，表 9－1 中，日本在 1890 年并不是富国，人均收入远远落后于阿根廷，经过 100 多年的发展，日本人均收入是阿根廷的 2 倍多，原因在于年均增长率高出了 1.02%。100 多年前中国人均收入和印度基本持平，经过 100 多年的发展，年均增长率高于印度 0.61%，2008 年人均收入是印度的 2 倍多。由于增长率的差别，随着时间的推移，各国按照收入的排序会有很大的变动。

（二）经济增长与经济发展

经济增长是经济活动中的长期趋势，而不是短期现象，其核心是生产能力的长期增长。同时，也应该注意到与经济增长这一概念紧密联系而又有区别的另一个概念，即经济发展。经济增长仅仅是一个量的概念，而经济发展是一个比较复杂的概念。经济发展不仅包括经济增长，还包括国民生活质量的提高、整个社会经济结构和制度结构的总体进步。因此，经济发展反映的是一个经济社会的总体发展水平，其核心是人民生活水平的持续提高，而经济增长集中表现为生产能力的增长。经济发展是一个比经济增长更广的概念。经济增长是经济发展的基础，没有一定的经济增长，就不会有经济发展。

经济师考点

经济增长与经济发展的区别

经济增长与经济发展的区别

【案例】经济增长≠经济发展

经济增长并不一定代表经济发展。批评家们往往会质疑经济增长的实际意义，其原因是经济增长的衡量尺度是 GDP，而 GDP 的增长不一定代表了生产力的发展。

举例来讲，A 国每生产 1 吨钢材需要 2 吨的煤，而同样生产 1 吨钢材 B 国只要 1 吨的煤，那么从 GDP 的角度讲，假设这就是两国全部的经济事件，那么 A 国的 GDP＝1 吨钢材＋2 吨煤，而 B 国的 GDP＝1 吨钢材＋1 吨煤。所以 A 国的 GDP 是大于 B 国的，但是很显然，A 国的生产效率是落后于 B 国的。

二、经济增长的源泉

前面我们论述了经济增长，那么为什么有些国家快速增长，而另一些国家落后了呢？经济增长的良方是什么呢？

（一）经济增长四要素

不同国家的经济增长经由不同的途径，虽然发展途径不同，但所有曾经快速发展的国家都有一些共同点。事实上，研究经济增长的经济学家已经发现：经济增长的“发动机”必定安装在相同的四个“车轮”上，即**人力资源、自然资源、资本和技术**。经济学家经常用生产函数来描述生产中的投入量与产出量之间的关系。产出量是上述四个因素共同作用的结果。一国之所以比另一国家经济发展得好，就是因为不同国家的上述四个“车轮”可能不大相同，即使相同，也会出现“车轮”组合使用的差别。

经济师考点

决定经济增长的基本因素

（二）经济增长的影响因素

对经济增长的详细研究依赖于增长核算。这种核算不同于我们前面所见到的 GDP 核算，它可以区分不同因素对增长趋势所起的不同作用。经济增长的核算一般源于上述经济增长四个“车轮”理论，在此理论下，一国的产出是四种因素的函数，即：

$$Y=Af(K,L,R)$$

式中：Y——产出；

A——技术；

K——资本；

L——劳动；

R——自然资源；

f——产出与各生产要素之间的函数关系。

因为土地等自然资源的数量是常数，因此经济学家研究生产过程中产出与投入要素之间的关系时，在众多的投入要素中，认为劳动、资本和技术是三个主要因素。因此，总生产函数，即总产出与投入要素之间的函数关系，可以用如下公式表示：

$$Y=Af(K,L)$$

式中：Y——产出；

A——技术；

K——资本；

L——劳动；

f——产出与各生产要素之间的函数关系。

根据生产函数公式，可以把经济增长归于三个方面的贡献：资本的贡献、劳动的贡献和技术进步的贡献。因此，经济增长的源泉归结为以下三个方面。

1. 资本

如果工人用工具进行工作，生产率就更高。用于生产物品或劳务的设备、建筑物存量称为物质资本，或简称资本。例如，利用机器设备等能大大提高建筑生产效率。经济增长中一定要有资本增加，英国古典经济学家亚当·斯密就曾把资本的增加作为国民财富增加的源泉。特别是在经济增长的开始阶段，资本增加所做的贡献与劳动和技术相比要大一些，随着经济的进一步发展，资本的相对作用会不断下降。

2. 劳动

劳动是指劳动力的增加。劳动力的增加可分为劳动力数量的增加和劳动力质量的提高。应该说，这两个方面都有促进经济增长的作用。劳动力质量的提高则依靠劳动者科学文化技术水平和健康水平的提高。经济越发展，技术装备越复杂，就越需要高素质的劳动力队伍；经济发展的规模越庞大，就越需要与之相适应的具有一定规模的劳动力数量。从世界各国经济发展的历史来看，在最初的经济发展中，劳动力的增加主要依靠劳动力数量的增加；随着经济的发展，人口增长率不断下降，劳动时间逐渐缩短，从而就需要通过提高劳动力质量来弥补劳动力数量的不足，这已经成为全世界的一个普遍规律。

3. 技术进步

技术进步在经济增长中的作用体现在生产率的提高上，即同样多的生产要素的投入能够提供更多的产出。在工业中，由于先进技术的使用，工厂的劳动生产率大幅度提高。从当今世界各国经济发展进程看，知识进步与发展是技术进步中最重要的内容，它包括科学技术的发展与应用、新工艺的发明与应用等，这是经济增长的根本动力。

案例

应用农业物联网　农田装上“千里眼”“顺风耳”

以上三个方面的影响因素称为经济因素，在现代社会中，非经济因素对经济增长也具有重要的影响作用。非经济因素主要是指政治因素和制度因素，这些都是资本、劳动力和技术充分发挥作用的社会基础条件。纵观历史，世界各国经济增长的差别很大。引起这种巨大差别的原因很多，但首先是制度因素。制度决定人们的经济与其他行为，也决定一国的经济增长。

三、经济增长因素分解

经济师考点

经济增长因素分解

（一）两因素分解法

假定其他因素不变，把经济增长率按照劳动和劳动生产率两项因素进行分解。假定经济增长取决于两个因素，即工作小时数（即劳动时间）的增长率和每小时产出的增长率（即劳动生产率的增长率），可得：

经济增长率＝工作小时数的增长率＋每小时产出的增长率

即：

$$G_Y = G_H + G_P$$

式中：G_Y——经济增长率；

G_H——工作小时数的增长率；

G_P——每小时产出的增长率。

（二）三因素分解法

（1）经济增长率按照劳动投入、资本投入和全要素生产率三个因素进行分解，计算这三个因素对经济增长的贡献份额。

经济增长率＝技术进步率＋(劳动份额×劳动增长率)＋(资本份额×资本增长率)

即：

$$G_Y = G_A + \alpha G_L + \beta G_k$$

式中：G_Y——经济增长率；

G_A——技术进步率；

G_L——劳动增长率；

G_k——资本增长率。

（2）索罗余值。索罗余值，即全要素生产率（TFP），是指将劳动、资本等要素投入数量等因素对经济增长率的贡献扣除之后，技术进步因素对经济增长的贡献份额。我们通过经济增长率的公式，求出技术进步率：

技术进步率＝经济增长率－(劳动产出弹性×劳动增长率)－(资本产出弹性×资本增长率)

即：

$$G_A = G_Y - \alpha G_L - \beta G_k$$

经济师考点

经济增长模型的基本内容

四、经济增长模型

经济学家通过经济增长模型来描述经济增长的机制，探讨影响经济增长的因素，预测经济增长率。现代经济理论中，具有代表性的经济增长模型有哈罗德-多马模型、新古典经济增长模型和新剑桥经济增长模型。

（一）哈罗德-多马模型

1939 年，英国经济学家哈罗德提出了经济增长理论。20 世纪 40 年代中期，美国经济学家多马（E. Domar）也采用了长期动态分析方法对经济增长过程和模式进行了深入研究，提出了多马经济增长模型。由于哈罗德模型与多马模型基本相似，且相互补充，所以人们将其合称为哈罗德-多马模型。

哈罗德-多马模型认为，一个国家的经济增长率是由该国的储蓄率与资本-产量比率二者共同决定的：经济增长率与储蓄率成正比，经济中的储蓄越多，增长就越快；与资本-产量比率成反比，资本-产量的比率越高，生产单位产出所耗费的资本量越大，增长就越慢。因此，如果资本-产量比率不变，则可以通过提高储蓄率来提高经济增长率；如果储蓄率不变，则可以通过降低资本-产量比率来提高经济增长率。

哈罗德-多马模型告诉我们，从短期来看，一个国家的经济增长取决于该国的储蓄率和资本-产量比率。那么一个国家的经济又如何能实现长期稳定增长呢？为了说明这个问题，哈罗德-多马模型还用实际增长率、合意增长率（有保证的增长率）和自然增长率这三个概念来分析经济短期和长期稳定增长的条件。

实际增长率，是实际上发生的增长率，它由实际储蓄率和实际资本-产量比率来决定；合意增长率，是理想的长期增长率，它由合意的储蓄率和合意的资本-产量比率决定；自然增长率，是长期中人口增长和科技进步所允许达到的最大增长率。

哈罗德-多马模型认为，经济的短期波动，是由于实际储蓄率不等于合意增长率：当实际增长率小于合意增长率时，实际储蓄率低于合意储蓄率，形成累积性的投资缩减，进而导致经济收缩；当实际增长率大于合意增长率时，实际储蓄率高于合意储蓄率，则会形成累积性的经济扩张。从长期看，合意增长率与自然增长率不一致，也会引起经济波动：当合意增长率大于自然增长率时，由于合意增长率超过了人口增长和技术进步所允许的最大值，经济将会出现长期的停滞；反之，当合意增长率小于自然增长率时，即没有大到人口增长和技术进步所允许的最大值，经济将会出现长期繁荣。因此，实现经济长期稳定增长的条件是：实际增长率、合意增长率和自然增长率三者相等。

哈罗德-多马模型是一个简单化、理想化的模型，描绘了经济的波动特征，但其劳动与资本完全不能替代的假定是一个极大的缺陷，也成为后来的增长理论修正的出发点。

（二）新古典经济增长模型

20 世纪 50 年代，美国经济学家索洛等人放弃哈罗德-多马模型中资本与劳动不能互相替代的假设，采用资本和劳动可以互相替代但不完全替代的假设，提出了新古典经济增长模型，认为经济增长取决于劳动、资本、资本与劳动在生产中的组合比例以及技术进步。新古典经济增长模型是在哈罗德-多马模型的基础上进行的改进和完善，所以它的假定条件基本上与哈罗德-多马模型一致，只是假定资本-产量比率可变，且考虑技术进步对经济增长的贡献，其他假定条件不定。

新古典增长模型不像哈罗德-多马模型只强调投资对经济增长的作用，它强调资本和劳动对经济增长的共同作用，同时认为技术进步不仅会改变劳动生产率，而且会改变资本-产出比率，并将其作为一个独立的变量加在经济增长模型中。

新古典经济增长模型从资本-产量比率的角度探讨了经济长期稳定增长的条件。这一模型认为，在长期中，实现均衡的条件是储蓄全部转化为投资，即对凯恩斯所说的储蓄等于投资这一短期均衡条件的长期化。这种情况下，如果储蓄倾向不变，劳动增长率不变，则长期稳定增长的条件是经济增长率与资本存量增长率必须相等，如果经济增长率大于资本存量增长率，意味着收入增长快于资本存量增长，从而资本生产率提高。这就会刺激厂商用资本替代劳动，使资本价格提高，从而最终减少资本使用量，最后达到二者相等。可见，通过市场调节，经济在长期中保持经济增长率与资本存量增长率二者相等，从而实现稳定增长。

（三）新剑桥经济增长模型

这一模型是由英国经济学家 J. 罗宾逊、N. 卡尔多等人提出来的。这一模型分析收入分配的变动如何影响并决定经济增长率的储蓄率，以及收入分配与经济增长之间的关系。这一模型有三个假设：一是社会成员分为利润收入者与工资收入者两个阶层；二是利润收入者与工资收入者的储蓄倾向是不变的；三是利润收入者的储蓄倾向大于工资收入者的储蓄倾向。新剑桥经济增长模型认为利润在国民收入中所占的比例越大，储蓄率就越高；相反，工资在国民收入中所占的比例越大，储蓄率就越低。由此可见，这一模型是以研究收入分配与经济增长的关系为重点的。

在新剑桥经济增长模型中，从社会储蓄率的角度探讨了经济长期稳定增长的条件，要使经济按一定的增长率增长下去就必须保持一个一定的储蓄率。社会储蓄率取决于利润收入者与工资收入者的储蓄倾向，以及他们的收入在国民收入中所占的比例。前者是不变的，因此要保持一定的储蓄率就必须使国民收入中工资与利润保持一定的水平。这个过程也是通过价格调节来实现的，如果利润在国民收入中所占的比例加大，则储蓄率提高，投资增加，最终是工资增加，储蓄率下降，这是增长过快的结果；反之，投资减少，最终工资下降，储蓄率上升，这是增长过慢的结果。

经济师考点

经济增长方式转变的含义

五、经济增长方式转变

经济增长方式转变是指经济增长由数量型增长向质量型增长转变。数量型增长方式片面追求数量、产值和速度，致使经济增长质量低、效益差和结构失衡。质量型增长则避免这些弊端，注重经济增长中质量和效益的提高以及产业结构的协调。

经济增长的质量取决于整个经济中的投入质量、运行质量和产出质量。三者之间是相互联系、相互作用的，由于经济增长的连续性，产出质量既受投入质量、运行质量的影响，反过来又会影响投入质量和运行质量。

经济增长方式的改变是多方面的：由不可持续性向可持续性转变；由粗放型向集约型转变；由出口拉动型向内需拉动型转变；由结构失衡型向结构均衡型转变；由高碳经济型向低碳经济型转变；由投资拉动型向技术进步型转变；由技术引进型向自主创新型转变；由忽略环境型向环境友好型转变；由“少数人先富型”向“共同富裕型”转变。

这里要引入中等收入陷阱的概念。那么，什么是中等收入陷阱呢？中等收入陷阱指的是当一个国家的人均收入达到世界中等水平后，由于不能顺利实现经济发展方式的转变，导致新的增长动力不足，最终出现经济停滞徘徊的一种状态。迄今为止，经济发展理论中有关发展中国家摆脱贫困陷阱的文献很多，而对于一个国家如何突破中等收入发展阶段，向高中等收入阶段乃至高收入阶段跨越的系统理论却很少。既有的文献显示，陷入中等收入陷阱的国家主要表现：收入差距过大；人力资本积累缓慢，增长模式转型不成功；金融体系脆弱；劳动力转移困难；民主进程缓慢与腐败。

案例

中国经济发展在面临“中等收入陷阱”的研究

任务二　认知经济周期

经济发展的历史表明：经济的增长方式从来都不是按部就班、一成不变的。一个国家可以享受好几年令人兴奋的经济扩张和繁荣，但也许经济衰退、金融危机会接踵而来，甚至在极少数情况下可能会出现长期的经济萧条，国民产出下降、利润和实际收入减少、大批工人失业、失业率跃升到令人担忧的水平。最后，经济衰退逐渐到达谷底并开始复苏。复苏的步伐可能快也可能慢，有可能恢复不到原先的经济状况，也有可能强劲得足以引发下一轮的经济扩张。一方面，经济繁荣也许意味着持续较长时期内需求旺盛、就业机会充足、生活水平不断上升；另一方面，经济繁荣也可能伴随着通货膨胀、价格上扬和投机猖獗，紧接着便会上演经济衰退。产出、通货膨胀率、利率和就业的波动构成了商业周期，商业周期是所有市场经济的共同特征。自 1825 年英国爆发资本主义历史上第一次生产过剩性经济危机以来，经济周期问题就逐渐成为宏观经济研究的问题之一。

一、经济周期的含义及类型

（一）经济周期的含义

经济周期也称为商业周期，是指一国经济生产和再生产过程中出现的经济扩张和经济紧缩交替更迭、循环往复的一种现象，体现为国民收入及经济活动的周期性波动。经济周期的基本变动规律是国民经济增长态势呈现出繁荣、衰退、萧条和复苏四个不同的变化阶段，并交替循环往复进行。为了便于分析，可以把经济发展的周期性变动的规律用图 9－1 来表示。

经济师考点

经济周期的含义

经济周期的含义和类型

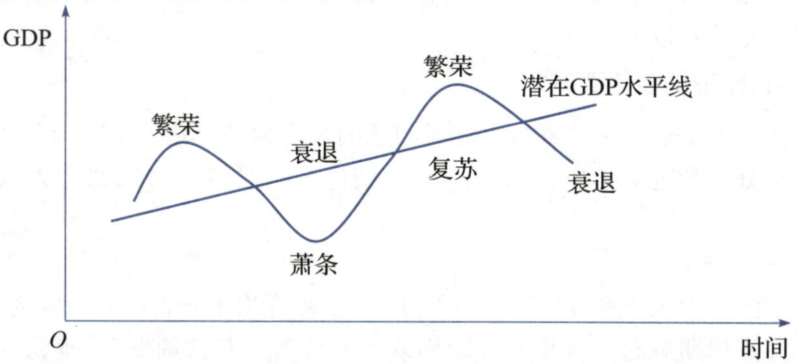

图 9－1　经济周期曲线

对于经济周期的定义，早期的经济学家是建立在实际 GDP（或 GNP）变动的基础之上的。按照经济总量绝对下降或相对下降的不同情况，经济周期可以分为古典型周期和增长性周期。如果经济运行处在低谷时的经济增长为负增长，即经济总量 GDP 绝对减少，通常将其称为古典型周期。根据经济周期理论，经济发展总会呈现为扩张和收缩，但收缩是为了更好地发展。因而，衰退不一定表现为经济总量绝对量的下降，而是表现为经济总量增长率的下降。

如果经济运行处在低谷时的经济增长为正值，即经济总量只是相对减少而非绝对减少，则称其为增长型周期。**我国的经济周期属于增长型周期。**

经济师考点

我国经济周期的特点

在图 9－1 中，正斜率的直线是经济的长期增长趋势线。由于经济在总体上保持着或多或少的增长，所以经济增长的长期趋势是正斜率的。经济周期大体上经历周期性的四个阶段：繁荣、衰退、萧条和复苏。

1. 繁荣阶段（高涨阶段）

在这一阶段，生产迅速增加，投资增加，信用扩张，价格水平上升，就业增加，公众对未来持乐观态度。当就业与产量水平达到最高时，经济就开始进入衰退阶段。

2. 衰退阶段（危机阶段）

在这一阶段，生产急剧减少，投资减少，信用紧缩，价格水平下降，企业破产倒闭，失业急剧增加，公众对未来悲观。萧条的最低点称为谷底，这时就业与产量跌至最低。

3. 萧条阶段

在这一阶段，生产、投资、价格水平等不再继续下降，失业人数也不增加。国民收入与经济活动低于正常水平，即在低水平上徘徊向前。但这时由于存货减少，商品价格、股票价格开始回升，公众的情绪由悲观逐渐转为乐观。

4. 复苏阶段（恢复阶段）

在这一阶段，经济开始从低谷全面回升，投资不断在增加，商品价格、股票价格、利率等逐渐上升，信用逐渐活跃，就业人数也在逐渐增加，公众的情绪逐渐高涨。当产量或产值等相关经济指标恢复到衰退前的最高水平时，就进入了新一轮的繁荣阶段。

经济师考点

经济周期的类型

（二）经济周期的类型

经济学家由于掌握的资料、分析问题的角度和理论基础不同，在经济周期类型的划分和判定工作中得出了不同的结论，一般将经济周期分为以下几种类型。

1. 基钦周期

英国经济学家基钦（J. Kitchin）于1923年提出了一种时间长度为40个月左右的经济周期概念，这是一种短周期，又称为“基钦周期”。基钦认为，经济周期实际上包括大周期和小周期两种，小周期为3.5年（40个月），一个大周期则包括两个或三个小周期。基钦还认为，这种小周期是心理原因所引起的有节奏的运动结果，而这种心理原因又是受农业生产丰歉影响食物价格所造成的。

2. 朱格拉周期

这种经济周期是以法国经济学家朱格拉（C. Juglar）的名字命名的，该周期是以国民收入、失业率和大多数经济部门的生产、利润和价格的波动为标志加以划分的。朱格拉在1862年出版的《法国、英国及美国的商业危机及其周期》一书中提出：资本主义社会中存在着一种9～10年的周期性经济波动，由于该周期与其他类型的周期相比处于中等长度，因此又被称为中周期，有的经济学家还把这种周期称为“主要经济周期”。

3. 康德拉季耶夫周期

苏联经济学家康德拉季耶夫（N. Kondatiev）于1925年提出：资本主义经

济社会中存在着50～60年的周期，又称为长周期。该经济周期理论认为，从18世纪末期以后，经历了3个长周期：第一个长周期从1789年到1849年，上升部分为25年，下降部分为35年，共60年；第二个长周期从1849年到1896年，上升部分为24年，下降部分为23年，共47年；第三个长周期从1896年起，上升部分为24年，1920年以后进入下降期。

4. 熊彼特的综合周期

这种经济周期理论是奥地利经济学家熊彼特（Joseph Schumpeter）在1936年，以他的"创新理论"为基础，对各种周期理论进行综合分析后提出的。他认为，每个长周期包括6个中周期，每个中周期包括3个短周期，其中短周期约为40个月，中周期为9～10年，长周期为49～60年。熊彼特于1939年提出，人类进入工业社会后大约经历了3个长周期，每个长周期都与人类技术创新紧密结合：第一个长周期是1780—1842年，为"纺织机时代"；第二个长周期是1842—1897年，为"蒸汽机和钢铁时代"；第三个长周期是1897年以后，为"电气化和汽车时代"。

5. 库兹涅茨周期

这种经济周期理论是由美国经济学家库兹涅茨（S. Kuznets）于1930年提出的。库兹涅茨认为，在市场经济国家经济发展过程中存在着一种平均长度为20年的经济周期，这种周期性波动在美国的许多经济活动中，尤其是建筑业中表现得特别明显，所以库兹涅茨周期也称为建筑业周期。

（三）中国经济周期的特点

中国自1978年改革开放至2002年大约经历了4个周期，每个周期介于基钦周期与朱格拉周期，如图9-2所示。中国的经济波动既受到世界宏观经济的影响，又受到国内投资周期的影响。中国的经济波动主要是由投资需求不稳定导致的。实际上，投资周期决定了中国经济的经济周期。

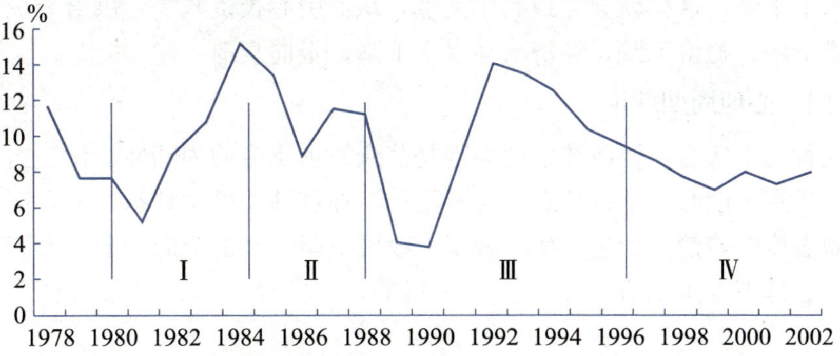

图片来源：环亚经济数据有限公司（CEIC）.

图9-2　中国改革开放以来的经济周期

经济师考点

导致经济周期波动的主要因素

二、经济周期成因分析

从1825年第一次世界性经济危机发生以来，经济学家们就开始研究经济周期，他们并不满足于仅仅对经济周期现象的描述和对经济周期阶段统计资料的整理，而是力图探索经济波动的原因，以期建立起完整的经济周期理论。时至今日，对经济周期原因的理论研究主要有以下几种观点。

（一）消费不足理论

这一理论的代表人物是英国经济学家霍布森。该理论认为，资本主义不合理的分配制度是引发经济周期的原因，经济衰退的原因在于消费不足，而消费不足是由于收入中用于储蓄的部分过多，用于消费的部分太少。收入的分配不均，使富人得到的收入过多，他们的消费却有限，而穷人得到的收入过少，消费也有限。如果收入分配再平均一些，社会消费就不会不足，经济也就不会出现波动。

（二）投资过度理论

这一理论的代表人物是奥地利经济学家哈耶克和米塞斯。该理论认为，经济周期产生的原因不是投资太少，而是投资过度。投资过度是指生产资本品和耐用品部门的发展超过了生产消费品部门的发展。经济扩张时，经济繁荣，导致对生产资料等投资品需求的增加。资本品和耐用品的增长速度比消费速度要快，形成经济结构性失衡；经济衰退时，资本品的下降速度也比消费品的下降速度要快。正是资本品和耐用品的投资过度才造成了整个经济的波动。

（三）货币信用过度理论

这一理论的代表人物是英国经济学家霍特里。该理论认为，经济波动是银行货币和信用波动的结果，因此经济周期是一种货币现象。当银行货币和信用扩张时，就会导致利率下降，从而引起生产扩张，投资增加，供给增加，收入与需求上升，物价上涨，经济活动水平上升，经济进入繁荣阶段，引起通货膨胀，促使下调利率；而如果银行货币和信用紧缩，生产萎缩，投资减少，经济活动水平下降，这样就会导致利率上涨，从而引起投资减少，供给减少，收入与需求下降，物价下跌，经济活动水平下降，走向衰退。

（四）心理周期理论

这种理论认为，经济波动的原因是公众心理反应的周期性变化。当人们对未来持乐观态度时，消费活跃，投资增加，经济处于繁荣状态；当人们对未来持悲观态度时，消费低迷，生产减少，投资下降，经济走向衰退。人们对社会经济的心理态度是乐观与悲观交替进行的，因此经济也是繁荣与衰退交替进行的。

（五）有效需求不足理论

该理论的观点是凯恩斯对经济周期原因做出的解释。他认为，决定就业的各种因素的影响都会导致商业周期的出现，其中消费倾向、灵活偏好和资本边际效率三者为主要影响因素。只有实现充分就业时，经济才会平稳发展，而就业不足必然导致社会有效需求不足，因此产生经济周期性波动也就不可避免。

（六）创新周期理论

该理论认为，技术革命和发明创新不是均匀连续的过程，而是存在高潮阶段和低潮阶段。当创新成功时，能给创新者带来巨大的利润，使其他企业组织竞相仿效，形成创新浪潮；当经济创新处于高潮时，银行信用扩张，投资膨胀，经济活动就进入繁荣时期。随着创新的普及，赢利机会消失，银行信用收缩，投资下降，经济活动就会进入低潮阶段，经济活动走向萧条。正是经济活动过程中的创新活动存在着高潮阶段和低潮阶段，才导致经济上升与下降，形成经济周期。

（七）政治周期理论

这一理论认为，经济波动的原因是政府交替执行扩张性政策与紧缩性政策的结果。政府为了实现充分就业，实行扩张性的财政政策和货币政策，以此实现经济繁荣。但是财政赤字和通货膨胀会导致公众的反对，于是政府又不得不转而实行紧缩性政策，这样也就人为地造成了经济衰退。也就是说，政府干预经济才造成了经济的波动，经济波动周期性的根源在于充分就业与价格水平稳定之间存在着固有的矛盾。

三、乘数-加速数模型

在凯恩斯主义的经济周期理论中，乘数-加速数模型是一个有代表性和有影响的模型。

在宏观经济学中，产量水平的变动和投资支出数量之间的关系被称为加速原理。乘数-加速数模型可以用下面的公式来表示：

$$Y_t = C_t + I_t + G_t$$

式中：Y_t——现期国内生产总值；

C_t——现期消费；

I_t——现期投资；

G_t——现期政府支出。

这个公式说明了，根据凯恩斯主义的国民收入决定理论，现期收入等于现期消费、现期投资与现期政府支出之和（不考虑开放经济中的净出口）。

乘数-加速数模型在试图把外部因素和内部因素结合在一起对经济周期做出解释的同时，特别强调投资变动的因素。假设由于新发明的出现使投资的数量增长，那么，投资数量的增长会通过乘数作用使收入增加。当人们的收入增加时，他们会购买更多的物品，从而整个社会的物品销售量增加。通过上面所说的加速数的作用，销售量的增加会促进投资以更快的速度增长，而投资的增长又使国民收入增长，从而销售量再次上升。如此循环往返，国民收入不断增长，于是，社会便处于经济周期的扩张阶段。

然而，社会的资源是有限的，收入的增长迟早会达到资源所能容许的最大限度。一旦经济达到经济周期的峰顶，收入便不再增长，从而销售量也不再增长。根据加速原理，销售量增长的停止意味着投资量下降为零。由于投资的下降，收入减少，从而销售量也随之减少。又根据加速原理，销售量的减少使得投资进一步减少，而投资的下降又使国民收入进一步下降。如此循环往复，国民收入会持续下降。这样，社会便处于经济周期的衰退阶段。

收入的持续下降使社会最终达到经济周期的谷底。这时，由于在衰退阶段的长时期所进行的负投资，生产设备的逐年减少，所以仍在营业的一部分企业会感到有必要更新设备。这样，随着投资的增加，收入开始上升。上升的国民收入通过加速数的作用又一次使经济进入扩张阶段。于是，一次新的经济周期又开始了。

西方经济学家指出，在社会经济生活中，投资、收入和消费相互影响，相互调节，通过加速数，上升的收入和消费会引致新的投资；通过乘数，投资又使收入进一步增长。假定政府支出为一个固定的量，则靠经济本身的力量自行调节，就会自发形成经济周期，经济周期中的各阶段正是乘数与加速数相互作用而形成的：投资影响收入和消费（乘数作用）；反过来，收入和消费又影响投资（加速数作用）。两种作用相互影响，形成累积性的经济扩张或收缩的局面，这是西方经济学家对经济波动做出的一种解释。他们认为，只要政府对经济干预，就可以改变或缓和经济波动。例如，采取适当政策刺激投资，鼓励提高劳动生产率以提高加速数，鼓励消费等措施，就可克服或缓和经济萧条。

四、分析和预测经济波动的指标体系

经济师考点

分析和预测经济波动的指标体系

经济波动是具有一定周期性的，因此，可以建立一些经济指标来检测、分析和预测经济周期的各个阶段，从而为宏观经济调控提供一定的科学依据。在实际经济分析工作中，分析和预测经济波动的指标主要包括一致指标、先行指标和滞后指标三类（见表 9－2）。所谓一致指标，是指这些指标的峰顶和峰谷出现的时间与总体经济运行的峰顶和峰谷出现的时间一致，可以综合地描述总体经济所处的状态。在我国，一般把工业总产值、固定资产投资额和社会消费品零售总额等视为一致指标。先行指标也称领先指标，通过这些指标可以预测总体经济运行的轨迹，例如制造业订货单、股票价格指数和广义货币 M2 等就属于先行指标；滞后指标是对总体经济运行中已经出现的峰顶和峰谷的确认，如库存、居民消费价格指数等。这些一致、领先和滞后指标，共同构成了经济周期波动的监测、分析和预测指标体系。当然，运用指标体系对经济波动进行监测、分析和预测的准确程度还存在不少争论。

表 9－2　分析和预测经济波动的指标体系

指标类型	含义	举例
一致指标	峰顶和峰谷出现的时间与总体经济运行的峰顶和峰谷出现的时间一致，描述总体经济所处状态	工业总产值、固定资产投资额、社会消费品零售总额

续表

指标类型	含义	举例
先行指标	也称领先指标，可以预测总体经济运行的轨迹	制造业订货单、股票价格指数和广义货币 M2
滞后指标	对总体经济运行中已经出现的峰顶和峰谷的确认	库存、居民消费价格指数

任务三　理解经济发展

经济师考点

经济发展的基本理论

一、经济发展的基本理论

（一）经济发展的含义

经济发展是指发展中国家或地区人民生活水平的持续提高，并伴随着物质资本和人力资本的增长以及技术的进步。经济发展不仅包括经济增长，而且包括经济结构和社会结构的变化。这些变化包括：（1）产业结构的不断优化；（2）城市化进程的逐步推进；（3）广大居民生活水平的持续提高；（4）国民收入分配状况的逐步改善。

（二）经济发展的核心

中国经济发展的核心是人民生活水平的持续提高，以人民为中心是经济发展的基本内核。以人民为中心包含：发展为了人民，发展依靠人民，发展成果归人民共享。

（三）可持续发展的含义

可持续发展，就是“既满足当代人的需要，又不对后代人满足其需要的能力构成危害的发展”。可持续发展观主张经济与社会、人口、资源和环境要协调发展。可持续发展观萌芽于 20 世纪 70 年代，成形于 80 年代，成熟于 90 年代。它是人们对单纯追求经济发展的传统发展观的深刻反思和检讨的结果，是经济发展历程中的一次飞跃。可持续发展观认为：发展经济既要考虑当前发展的需要，又要考虑未来发展的需要，不要以牺牲后代人的利益为代价来满足当代人的利益。在经济发展的同时，不能破坏经济发展所依赖的资源和环境基础。事实上，并不是所有的经济发展都必须以牺牲环境为代价。生态环境问题的解决，除了转变经济发展方式外，还需要相应的经济政策作保证。只要制定出相应的适当的经济政策，完全可以在发展经济的同时，保护我们赖以生存和发展的环境。可持续发展的思想，就是要正确处理经济增长和资源、环境、生态保护之间的关系，使它们之间保持协调和谐的关系，树立和落实创新、协调、绿色、开放、共享的发展理念。

经济师考点

新发展阶段、新发展理念、新发展格局的含义

“十四五”时期我国经济社会发展主要目标

二、中国发展目标

（一）“十四五”规划纲要的主要目标

2021 年 3 月第十三届全国人民代表大会第四次会议通过的《中华人民共和国国民经济和社会发展第十四个五年规划和 2035 年远景目标纲要》（简称《十四五规划纲要》）是指导我国“十四五”时期（2021 年至 2025 年）及截至 2035 年国民经济和社会发展的纲领性文件，它明确了我国经济社会发展的指导思想、主要目标、重点任务、重大举措。《十四五规划纲要》体现了“三个新”，即新发展阶段、新发展理念、新发展格局。新发展阶段是指开启全面建设社会主义现代化国家新征程、向第二个百年奋斗目标进军的阶段；新发展理念是指要贯彻创新、协调、绿色、开放、共享的发展理念；新发展格局是指构建以国内大循环为主体、国内国际双循环相互促进的发展格局。

（1）2035 远景目标是我国将基本实现社会主义现代化，包括经济、社会、政治、文化、生态、文明等各个方面。人均国内生产总值达到中等发达国家水平。

（2）“十四五”时期经济社会发展主要目标包括：经济发展取得新成效、改革开放迈出新步伐、社会文明程度得到提高、生态文明建设实现新进步、民生福祉达到新水平、国家治理效能得到新提升六个方面。

（3）构建新发展格局的战略措施为：加快培育完整的内需体系，及深入实施扩大内需战略，增强消费对经济发展的基础性作用和投资对优化供给结构的关键性作用，建设消费和投资需求旺盛的强大国内市场。

经济师考点

中国“十四五”经济社会主要发展指标

（二）“十四五”经济社会主要发展指标

“十四五”经济社会发展主要发展指标：国内生产总值年均增长保持合理区间，各年度视情提出；全员劳动生产率增长高于国内生产总值增长；全社会研发经费投入年均增长 7%以上，常住人口城镇化率提高到 65%；单位国内生产总值能源消耗和单位二氧化碳排放分别降低 13.5%、18%；主要污染物排放总量持续减少，森林覆盖率提高到 24.1%；城镇调查失业率控制在 5.5%以内；居民人均可支配收入增长与国内生产总值增长基本同步；劳动年龄人口平均受教育年限提高到 11.3 年；基本养老保险参保率提高到 95%；人均预期寿命提高 1 岁。

需要指出的是，在经济发展类指标中，《十四五规划纲要》并未设定 5 年经济增长速度的预期性指标。这样做主要有两方面考虑：一方面考虑到 5 年内国际环境仍有较大的不确定性，不设定一个具体的经济增长速度目标，有利于更积极、更主动、更从容地应对各类风险和挑战，有利于增强经济发展的灵活性；另一方面考虑到我国经济发展已经进入高质量发展阶段，不设定具体的经济增长目标，更加有利于引导各地区各部门把工作重点放在提高发展质量和效益上。

经济师考点

中国高质量发展的内涵与条件

三、中国高质量发展的内涵与条件

党的十九大报告做出了“我国经济已由高速增长阶段转向高质量发展阶

段”的重大判断，明确提出“必须坚持质量第一、效益优先，以供给侧结构性改革为主线，推动经济发展质量变革、效率变革、动力变革，提高全要素生产率”。党的第十九届六中全会通过的《中共中央关于党的百年奋斗重大成就和历史经验的决议》提出“必须坚持和完善社会主义基本经济制度，使市场在资源配置中起决定性作用，更好发挥政府作用，把握新发展阶段，贯彻创新、协调、绿色、开放、共享的新发展理念，加快构建以国内大循环为主体、国内国际双循环相互促进的新发展格局，推动高质量发展，统筹发展和安全”。党的二十大报告指出，高质量发展是全面建设社会主义现代化国家的首要任务。我们要坚持以推动高质量发展为主题，把实施扩大内需战略同深化供给侧结构性改革有机结合起来，增强国内大循环内生动力和可靠性，提升国际循环质量和水平，加快建设现代化经济体系，着力提高全要素生产率，着力提升产业链供应链韧性和安全水平，着力推进城乡融合和区域协调发展，推动经济实现质的有效提升和量的合理增长。一是构建高水平社会主义市场经济体制；二是建设现代化产业体系；三是全面推进乡村振兴；四是促进区域协调发展；五是推进高水平对外开放。

高质量发展的内涵与特征

（一）经济高质量发展的内涵

经济高质量发展的内涵：一是以人民为中心的发展；二是使创新成为引领经济增长的第一动力；三是可持续的绿色发展；四是城乡之间、区域之间保持协调的发展；五是更加开放的发展。

（二）实现经济高质量发展的条件

实现经济高质量发展需要诸多条件的支撑和保障，主要表现在以下几个方面：

（1）从供给侧来看，我国丰富的劳动力资源和充足的资本供给是实现经济高质量发展的物质基础。

（2）从需求侧来看，城乡居民的收入和财富的不断增长，特别是规模不断扩大的中等收入群体是形成强大国内市场和发挥消费对经济增长拉动作用的基础，也是推动消费需求升级换代优化的基础。

（3）从制度保障来看，“集中力量办大事”的社会主义制度优越性是我国实现经济高质量发展的重要保障。更重要的是，党的十八大以来，党领导人民统筹推进“五位一体”总体布局、协调推进“四个全面”战略布局，特别是全面深化改革，不断为我国经济发展带来新的活力。

（4）从发展动力来看，通过科技创新和体制机制创新“双轮驱动”，构建国家创新体系，为我国实现高质量发展提供强力支撑。

即测即评

扫一扫 练一练

项目十

直面失业与通货膨胀

素养目标：帮助学生加深对市场经济体制与政府宏观调控之间关系的认识，理解我国就业优先政策的基本内容与政策含义。

知识目标

1. 了解通货膨胀的含义和类型；
2. 了解失业的含义和类型；
3. 理解通货膨胀和失业对国民收入的影响；
4. 了解菲利普斯曲线。

技能目标

提高学生应用通货膨胀理论分析、解决实际问题的能力，达到学以致用。

经济师考点

1. 就业者的含义和就业弹性；
2. 失业者的含义及统计口径；
3. 失业的类型；
4. 我国就业和失业问题的特点；
5. 奥肯定律；
6. 价格总水平的含义和度量；
7. 决定价格总水平变动的因素；
8. 价格总水平变动的经济效应；
9. 通货膨胀的含义；
10. 通货膨胀的类型；
11. 通货膨胀产生的原因；
12. 菲利普斯曲线；

13. 通货膨胀的治理。

知识图谱

- 失业与通货膨胀
  - 失业理论
    - 就业与失业的含义
    - 失业的分类
    - 失业造成的影响（奥肯定律）
    - 失业的治理
  - 价格总水平与通货膨胀
    - 价格总水平的含义和度量
    - 决定价格总水平变动的因素
    - 价格总水平变动的经济效应
    - 通货膨胀的含义
    - 通货膨胀的分类
    - 通货膨胀产生的原因
    - 通货膨胀的治理
  - 失业与通货膨胀 —— 菲利普斯曲线

项目导读

两大难题——失业和通货膨胀

曾经有一位诺贝尔经济学奖得主说过，经济学不是单纯的科学，而是“忧伤的科学”。失业和通货膨胀已成为困扰各个国家不同时期发展的两大难题。经济学家们往往将一个社会的失业率和通货膨胀率合称为“痛苦指数”。2008年爆发的国际金融危机，给世界主要经济体都带来巨大的经济冲击，各国失业率居高不下。金融危机让一直以低失业率为傲的美国也陷入泥淖。2009年5月以来，美国失业率一直在9.0%左右，为26年来高失业率持续时间最长的一次。到2010年8月，欧盟27国失业率为9.6%。解决失业问题，降低通货膨胀率成为社会关注的对象和政府各项政策的着力点。2020年5月8日，美国劳工部公布的数据显示，美国4月份非农就业人数减少2 050万人，失业率升至14.7%，创下大萧条以来最高纪录。统计分析显示，美国失业现象遍布各行各业。其中，休闲和酒店行业情况尤为严重，减少了765万个就业岗位。医疗保健、零售和专业服务行业就业岗位减少均超过200万个。

在本项目中，我们将学习关于失业与通货膨胀的基本理论，具体包括二者的定义与测度、分类与成因、危害及治理方法。

任务一 了解失业理论

一、失业和就业的经济学解释

（一）失业的含义及解释

1. 劳动力的含义

劳动力是指16岁以上有劳动能力并正在积极寻找工作，或被暂时辞退等待重返工作岗位的人。判断是否属于劳动力可以参照图10－1。

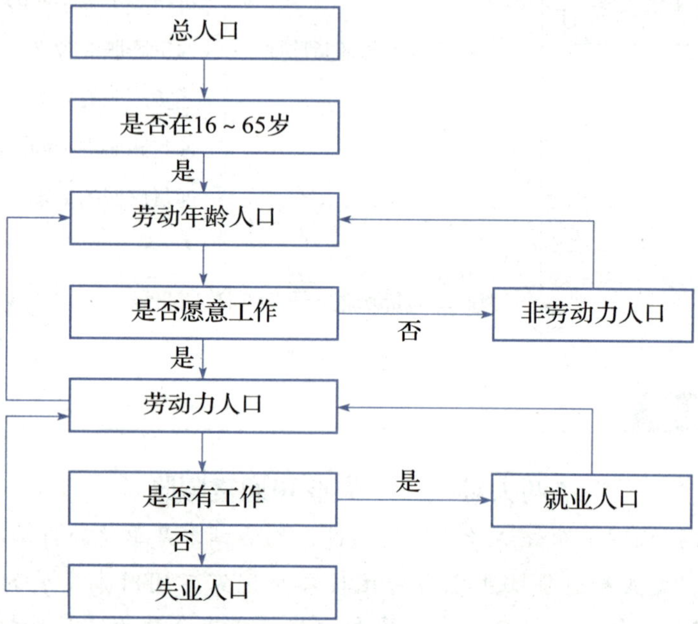

图10－1 劳动力的判别

劳动力的计算公式为：劳动力＝就业者＋失业者。

2. 就业者和就业率、就业弹性

经济师考点

就业者的含义和就业弹性

就业者是指那些从事有报酬工作的人，也包括那些有工作但由于生病、罢工或休假而暂时不在工作岗位的人。另外，没有报酬的家庭成员在家庭企业工作（如在农场工作）也计入就业者之中。就业率的计算公式为：

就业率＝(就业者人数÷成年人口人数)×100%

经济师考点

失业者的含义及统计口径

一个国家或地区一定时期内的就业增长率与经济增长率之间的比值称为**就业弹性**。

3. 失业者和失业率

失业者是指在规定的年龄范围内，有工作能力，而且愿意工作并积极寻找

工作却没有工作的人。具体包括 5 种人员：16 岁以上各类学校毕业或肄业的学生中，初次寻找工作但尚未找到工作者；企业宣告破产后，尚未找到工作的人员；被企业终止、解除劳动合同或辞退后，尚未找到工作的人员；辞去原单位工作后尚未找到工作的人员；符合失业者定义的其他人员。

衡量一个经济中失业状况的最基本指标是失业率。失业率是失业者人数与劳动力总数的比率，即：

$$失业率=\frac{失业者人数}{劳动力总数}\times100\%=\frac{失业者人数}{失业者人数+就业者人数}\times100\%$$

（二）失业的分类

按照失业的原因，可将失业分为三个基本类型：**周期性失业**、**摩擦性失业和结构性失业。**

经济师考点

失业的类型

失业的含义和类型

1. 周期性失业

周期性失业是指总需求相对不足，减少劳动力派生需求所导致的失业，或者说，经济周期中的衰退或萧条阶段因需求下降而造成的失业。

在经济复苏和繁荣阶段，产品市场的需求增加，各厂商争先扩充生产，引起劳动力市场需求增大，就业人数普遍增加，导致失业率下降。在衰退和谷底阶段，产品市场的需求减少，各厂商纷纷压缩生产，大量裁减雇员导致失业率上升，形成周期性失业大军。

2. 摩擦性失业

摩擦性失业是指劳动者处在不同工作之间的过渡阶段，即劳动力的正常流动导致的失业。比如，当人们搬到一个新城市后，很自然地需要寻找新的工作。或者说，摩擦性失业是指劳动者由于某种职业不够理想而想寻找其他职业所引起的暂时性失业。再比如，大学毕业生寻找一个比较理想的工作往往需要花费一段时间，从而导致一时性失业。这些在劳动力流动过程中造成的失业均属于摩擦性失业。一定程度的摩擦性失业是不可避免的。

3. 结构性失业

结构性失业是指因经济结构的变化，劳动力的供给和需求在职业、技能、产业等方面不协调所引起的失业。某些具有劳动力的工人，由于他们所在的产业进入萧条状态而失去工作机会，但他们又不一定能适应新工业部门的技术要求，因而找不到工作。在我国产业结构调整过程中，有的部门将会衰退甚至消失，这时出现的失业就是一种结构性失业。例如，传统矿区的矿业资源被开发完毕之后，原有的大量矿工便面临重新就业的困境，因为他们没有从事其他工作必需的技能，所以出现了结构性失业。结构性失业的存在，必然会引起失业与工作空位并存，即一方面存在着有工作无人做的“空位”，另一方面又存在着有人无工作的“失业”。这种失业的根源在于劳动力市场的结构特点。

（三）自然失业与充分就业

自然失业是指由于经济中某些难以避免的原因所引起的失业。在任何动态市场经济中，这种失业都是必然存在的，如摩擦性失业和结构性失业都属于自然失业。自然失业率是劳动力市场处于均衡状态，价格总水平处于稳定状态时的失业率。弗里德曼将自然失业率定义为处于充分就业状态的失业率。斯蒂格利茨将自然失业率定义为通货膨胀率为零的失业率，又称非加速通货膨胀失业率。

充分就业就是消灭了周期性失业时的就业状态。充分就业并不是指所有劳动力都有工作，在市场经济环境下，失业率是不可能降到零的。如果在现行的市场工资水平下，不存在非自愿失业，则我们认为宏观经济实现了充分就业。

经济师考点

我国就业和失业问题的特点

（四）我国就业和失业问题的特点

我国是一个典型的二元结构经济。二元结构是指发展中国家经济体系中采用现代工业部门和传统农业部门并存的经济结构。我国统计的失业率为城镇登记失业率，而没有计算全国城乡统一的失业率，在计算城镇失业率时，主要以是否具有城镇户口为标准。因此，我国的就业和失业问题也存在二元结构特点。

二、失业造成的影响

经济师考点

奥肯定律

（一）失业的经济损失和奥肯定律

西方经济学理论认为，失业率的上升必然导致社会总产量的下降，相应地导致国民实际总收入的降低。失业率上升引起的社会产量损失不可能在失业率下降时得到挽回，人们不可能指望所有的工人在一年内干出两年的活，失去的将永远失去，这必然使经济付出沉重的代价，制约了经济增长的实现。

奥肯定律

美国经济学家阿瑟·奥肯在 20 世纪 60 年代初提出了美国产出与失业之间的一个数量相关关系，即$\Delta u=-0.5(y-2.25)$。式中，Δu 表示失业率的变化，y 表示经济增长率。这一规律表明：失业通常随经济周期中的产量波动而变化，GDP 相对于潜在 GDP，每下降 2%，失业率大约上升 1%，这就是著名的奥肯定律。

（二）失业的社会性损失

失业的社会性损失是无法用货币指标加以衡量的。失业不仅使失业者及其家庭收入和消费水平下降，而且会使失业者及其家庭承受极大的痛苦和压力，并带来一系列社会问题。

三、失业的治理

因为失业既是一个经济问题，又是一个敏感的社会问题，所以即使是发达国家，其政府也非常重视失业问题的治理。由于失业对市场经济社会发展的巨大影响，可以说失业要比通货膨胀性质还要严重许多，若治理不善，其结果直接影响国家大局的稳定，影响宏观经济的正常运行，因此各国政府都高度重视失业问题的治理。

（一）摩擦性失业的治理

摩擦性失业经常被看成一种自愿失业，其原因就在于这种失业局面的出现往往和求职者的不同要求有关，另外也和用工信息不灵有关，因此对摩擦性失业的治理应该从以下两个方面入手：

其一是对于劳动者来说，劳动者要对自身的情况有很清楚的了解，要清楚自己在社会上的处境和能够胜任的大致的工作岗位。劳动者只有对自身有清楚的了解才能减少寻找工作时需要的时间，同时也会相应减少变动工作岗位的频率。

其二是对于社会而言，社会应该设立较规范的职业介绍机构，定期发布劳动力需求信息，即要以尽可能多的传播途径传播就业的有关信息以达到减少摩擦性失业的目的。

（二）结构性失业的治理

大多数国家在经济增长的过程中都会出现经济结构的变化，而经济结构的变化必然会引起结构性失业。政府要接受伴随经济增长的经济结构变化，制定与其相适应的政策以解决失业问题。主要措施包括：加强基础教育和职业教育，促进高等教育；对青年及成年劳动力进行工作经验训练；对失业者给予训练和再训练；等等。同时，鼓励劳动密集型产业的发展，支持中小企业发展。其目的是按照经济发展对劳动力提出的新要求来调节和改善劳动力供给，进而达到减少失业的目的。

（三）周期性失业的治理

通过前面的讲述，我们知道在三种失业中，周期性失业是由于“有效需求”不足引起的，也就是说，它是由劳动力市场以外的原因造成的，因此对周期性失业的治理不能靠劳动力市场来解决。对于该种失业，国家应该积极干预经济，也就是运用财政政策和货币政策，通过对社会总需求的调节，实现社会总需求等于总供给，达到经济增长和平衡的目标。

（1）在经济萧条时期，社会存在失业，政府就要通过扩张性的财政政策来刺激总需求，以实现充分就业。扩张性的财政政策包括增加政府支出与减税。政府工程支出与购买的增加有利于刺激私人投资，转移支付的增加可以增加个人消费，这样就会刺激总需求。减少个人所得税可以使个人可支配收入增加，从而消费增加；减少公司所得税可以使公司收入增加，从而增加投资，这样也会刺激总需求。

（2）在经济萧条时期，政府还要通过扩张性的货币政策来刺激总需求，包括各类货币政策工具的运用，以实现充分就业。降低法定准备金率，以便商业银行能够在活期存款额不变的条件下扩大放款，增加货币供应量，降低利率，增加总需求；降低再贴现率，促进商业银行向中央银行借款，从而扩大放款，增加货币供应量，降低利率，增加总需求；买进政府债券，增加商业银行的存款，从而扩大放款，增加货币供应量，降低利率，增加总需求。

任务二　揭开通货膨胀的面纱

经济师考点

价格总水平的含义和度量

一、价格总水平

（一）价格总水平的含义和度量

价格总水平，也叫一般价格水平，是指一个国家或地区在一定时期内全社会各类商品和服务价格变动状态的平均或综合，一般用价格指数来度量。我国目前采用居民消费价格指数（CPI）作为衡量价格总水平变动的基本指标。

经济师考点

决定价格总水平变动的因素

（二）决定价格总水平变动的因素

决定价格总水平变动的因素包括货币供给量、货币流动速度、总产出、总需求和总供给。

（1）价格总水平与货币供给量 M、货币流通速度 V 和总产出 T 的关系式为：

$$MV=PT\text{（费雪方程式）}$$

或：

$$P=MV/T$$

式中：M——一定时期内货币的供给数量；

V——货币流通速度；

P——价格总水平；

T——各类商品的交易数量。

价格总水平 P 的值取决于 MV 和 T 的相互关系。

运用微分方法推导，可以得出价格总水平的决定方程为：

$$\pi=m+v-y$$

式中：π——价格总水平变动率或通货膨胀率；

m——货币供给量变动率；

v——货币流通速度变动率；

y——GDP 变动率。

即

$$\text{价格总水平变动率}=\frac{\text{货币供给量}}{\text{变动率}}+\frac{\text{货币流通速度}}{\text{变动率}}-\text{GDP 变动率}$$

（2）总需求和总供给。一般来说，价格总水平和总需求呈反方向变动。从短期来看，价格总水平和总供给呈同方向变动。从长期来看，总供给变动与价格总水平无关。

价格总水平是由总需求和总供给共同决定的。如果总需求的增长快于总供给的增长，价格总水平就有可能上升；反之，如果总需求的增长慢于总供给的增长，价格总水平就有可能下降。

（三）价格总水平变动的经济效应

经济师考点

价格总水平变动的经济效应

价格总水平变动的经济效应主要包括以下四种：

（1）价格总水平变动对工资的直接影响。实际工资的变动与名义工资的变动成正比，与价格总水平变动成反比。即：

$$\text{实际工资变动率}=\text{名义工资变动率}\div\text{价格总水平变动率}$$

（2）价格总水平变动对利率的直接影响。当名义利率不变时，实际利率与价格总水平变动成反比，当价格总水平不变时，名义利率与实际利率相等。即：

$$\text{实际利率}=\text{名义利率}-\text{价格总水平变动率}$$

（3）价格总水平变动对汇率的直接影响。本国价格总水平上涨率高于外国价格总水平上涨率，本币贬值，外币升值。

（4）价格总水平变动的间接效应。价格总水平变动会间接影响企业生产决策、收入分配结构和经济增长。

二、通货膨胀的含义与分类

（一）通货膨胀的含义和衡量

1. 什么是通货膨胀

经济师考点

通货膨胀的含义

通货膨胀的含义和类型

通货膨胀就是通货供应量过度增加导致物价持续上涨，货币不断贬值的过程。以下两种情况不属于通货膨胀：

一是通货膨胀是指总体物价水平持续、普遍地上涨，局部或个别产品的价格上涨，以及季节性、偶然性和暂时性的价格上涨，都不属于通货膨胀。

二是通货膨胀是与纸币发行过多联系在一起的，资源短缺、商品质量提高等原因引起的价格上涨，不能算通货膨胀，只有当纸币发行量超过了宏观经济过程的实际需要量，才能成为通货膨胀。

2. 如何衡量通货膨胀

（1）消费价格指数。

消费价格指数，是一篮子产品的现期价格与基年价格之比。它反映的是一定时期内城乡居民所购买的生活消费品价格和服务项目价格变动趋势与程度的相对数，是对城市居民消费价格指数和农村居民消费价格指数进行综合汇总计算的结果。计算公式为：

$$\text{消费价格指数}=\frac{\text{现年对市场篮子的货币总支出}}{\text{基年对市场篮子的货币总支出}}\times 100\%$$

【课堂练习】

2010 年购买一组商品所花费的支出是 857 元，2020 年购买同样的商品，支出是 1 174 元，求 2010 和 2020 年的 CPI。

解： 以 2010 年为基期，则 2020 年的消费物价指数是：

$$CPI=\frac{一组固定商品按当期价格计算的价值}{一组固定商品按基期价格计算的价值}\times100\%=\frac{1\,174}{857}\times100\%$$

$$=137\%$$

$$CPI_{2020}=137\%$$

$$CPI_{2010}=100\%$$

（2）生产价格指数（PPI）。该指数是根据企业而不是根据消费者所购买的商品的价格变化状况编制的。它反映了包括原材料、中间品及最终产品在内的各种商品批发价格的变化。由于生产价格指数反映了企业经营成本的变动，因此为企业广泛关注；同时，由于企业经营成本的上升最终往往要在消费品的零售价格中反映出来，因此生产价格指数在一定程度上预示着消费价格指数的变化。

（3）国内生产总值平减指数。该指数是一个涵盖面更广的价格水平指标，它反映了一国生产的各种最终产品（包括消费品、资本品以及劳务）价格变化状况。它等于按照当期价格计算的国内生产总值（即名义值）与按照基期价格计算的国内生产总值（即实际值）的比率。例如，某国 2020 年的 GDP 按照当年价格计算为 12 000 亿美元，而按照 2015 年价格计算则为 10 000 亿美元；则 2020 年的 GDP 平减指数为 120。虽然这个指数能够较为全面地反映总体价格水平的变化趋势，但是编制该指标所需的大量数据不易收集，因此难以经常性统计公布，一般只能一年公布一次。

经济师考点

通货膨胀的类型

（二）通货膨胀的分类

通货膨胀可以根据多种情况进行分类，根据通货膨胀的严重程度，一般可以把通货膨胀分为三种类型，分别是温和的通货膨胀、急剧的通货膨胀和恶性的通货膨胀。

1. 温和的通货膨胀

温和的通货膨胀也称低通货膨胀，它的特点是价格上涨缓慢且可以预测。我们可以将其定义为年通货膨胀率在 10%以下的通货膨胀。在温和的通货膨胀阶段，物价相对稳定，人们对货币比较信任，也愿意持有货币，这主要是因为这些货币的价值在一个月或一年当中不会有很大的变化，人们确信自己买卖的商品的相对价格变化不会太大，大多数工业国家在过去的十年间都经历过温和的通货膨胀。

2. 急剧的通货膨胀

急剧的通货膨胀也称奔腾式的通货膨胀，它的特点是市场的总价格水平以每年 20%、100%甚至 200%的两位数或三位数的数率上涨。这种较大水平的物价的持续上升会持续较长的时期，许多拉丁美洲国家，如阿根廷和巴西，在20世纪的七八十年代就曾经历年率达50%～700%的通货膨胀。

3. 恶性的通货膨胀

恶性的通货膨胀也称超级通货膨胀，它的特点是在这种局面下，各种商品的价格以每年百分之一百万甚至百分之万亿的惊人速率持续上涨，经济处于无法维持的状态。

三、通货膨胀的影响

（一）通货膨胀对收入和财富分配的影响

（1）有利于债务人而不利于债权人。

（2）有利于雇主而不利于工人。

（3）有利于政府而不利于公众。

（二）通货膨胀对经济效率的影响

（1）对经济形势会发生扭曲的判断。

（2）会引起货币使用的混乱。

（3）极度通货膨胀会导致经济崩溃。

通货膨胀的影响和原因

四、通货膨胀产生的原因

经济师考点

通货膨胀产生的原因

（一）需求拉动型通货膨胀

总需求的变动是影响通货膨胀的重要因素之一，而我们知道，货币供给增加、投资、政府支出或净出口的变化都会使总需求发生变化，所以由总需求变动而引起的通货膨胀就是需求拉动型通货膨胀。这种通货膨胀使物价上升以平衡总供给与总需求，也就是说，由于需求方的货币竞相追逐有限的商品供给，从而将物价提拉起来。由于失业率下降，劳动力变得稀缺，工资随之被抬高，所以通货膨胀会加速到来。

对需求拉动型通货膨胀通常有两种解释：一是由于对产品和劳务的需求超过了现行价格条件下可能的供给，因此导致物价上涨；二是由于太多的货币追求太少的货物而导致物价上涨。具体如图10-2所示。在上面引起总需求移动的因素中，除货币供给具有持续的扩张能力，可能引起总需求曲线持续上移外，其余因素都有一定限度，不可能使总需求曲线持续上移。例如，政府购买的增加不可能是无止境的，它受到一国财政收入的制约。税收的减免更是如此。同样，消费者和企业的支出也受到一国国民收入的制约，出口的扩张受到国际市场容量和贸易政策

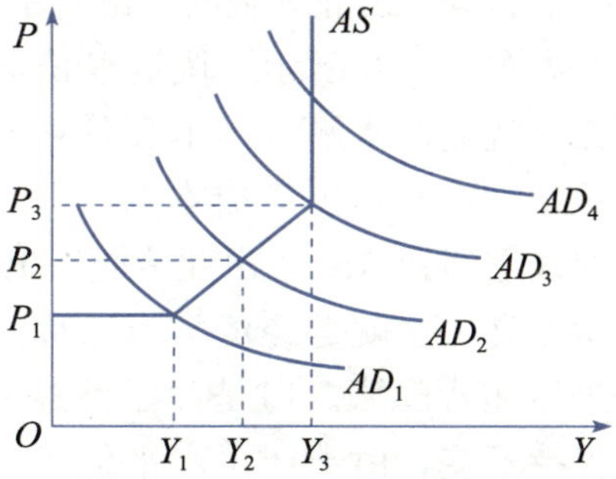

图10-2　需求拉动型通货膨胀

的制约。因此，这些因素往往只能导致价格水平的一次性上升，而不能导致价格水平的持续上升，即通货膨胀。所以，货币供给的扩张是需求拉动型通货膨胀的唯一根源。20 世纪 20 年代初在德国出现的通货膨胀就是对需求拉动型通货膨胀的最好佐证。当时的德国中央银行曾印制了数万亿马克的纸币，这些纸币都涌入市场寻求相应的商品。而当时的德国社会并没有能力提供与其巨大的货币发行量相等值的商品，于是导致德国当时的物价成 10 倍的上涨，货币当然就变得不值钱了。

（二）成本推进型通货膨胀

如果说通货膨胀仅仅是由于总需求过大而产生的，那么它应该是在经济达到充分就业后。因为当经济中还存在大量的闲置资源的时候，抱怨总需求过大显然是没有道理的。但我们在现实中却屡屡发现，当许多国家的失业率居高不下时也会出现很高的通货膨胀，尤其是 20 世纪 70 年代，西方发达国家普遍经历高失业和高通胀并存的“滞胀”局面。这种情况下的通货膨胀显然是无法通过需求过度加以解释的。因此，许多经济学家转而从供给方面寻找通胀的根源，提出了“成本推进”的通货膨胀理论，即认为通货膨胀的原因在于成本上升导致了总供给曲线的上移。

导致成本上升的原因有很多，例如农产品的歉收会导致以农产品为原材料的工业成本上升，但成本推进论者主要关注的是由于经济中某些垄断性因素导致的成本上升。他们着重论述了两种类型的成本推动：工资推动和利润推动。前者是指在一些发达国家中，工会力量日益强大，作为一个垄断性的组织，工会提高了工人的谈判能力，使得工人有可能获得高于均衡水平的工资，这种过高工资的要求推动了总供给曲线上移，从而造成工资推动的通货膨胀。后者是指一些垄断组织控制了某些重要的原材料的生产和销售，它们为了获得更高的利润而提高价格，使得总供给曲线上移，从而导致通货膨胀。其中最典型的是，在 1973 年至 1974 年，石油输出国组织历史性地将石油价格提高了 4 倍，到 1979 年，石油价格又再一次提高，这两次石油提价对西方发达国家产生了强烈的影响，由此导致的经济萧条被称为“石油危机”。

如图 10－3 所示，假设经济起初位于充分就业的水平，产出和价格水平分别是 Y_1 和 P_1，由于成本的上升，总供给曲线上移到 AS_2，由此造成产出缩减，物价上升。这就是经济学家所称的成本推进型通货膨胀。但是，如果总需求曲线保持不变，由于产出水平低于充分就业的水平，劳动力市场如果有足够弹性，工资下跌、成本降低会使总供给曲线回移到 AS_1 水平，最终总体价格水平并没有上升。但是如果政府对这个短期的失业感到难以忍受，采取扩张货币政策的

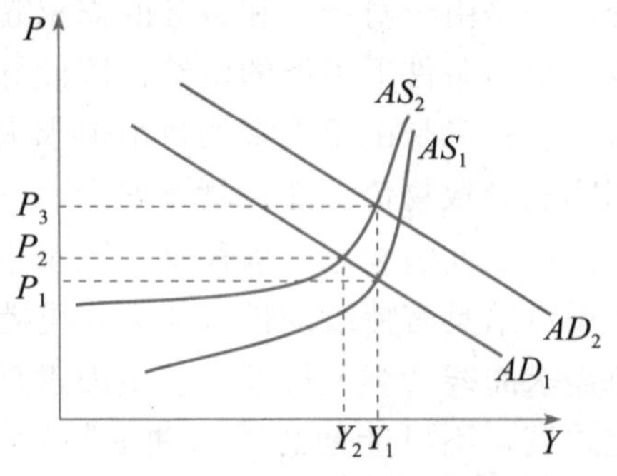

图 10－3　成本推进型通货膨胀

办法来使总需求曲线右移到 AD_2，以使经济尽快达到充分就业均衡点，那么总体价格水平就会进一步上升。由于总体价格上升抵消了工资的上升，工人会进一步要求提高工资，所以总供给曲线就存在进一步向上移动的压力。其结果是，政府往往被迫再一次对高失业做出反应，这样，总供给曲线和总需求曲线一次次交替上升导致了价格水平的持续上升，即通货膨胀。

由此可以看出，成本推进型通货膨胀仅仅是物价上涨的最初原因，政府为了维持其就业和产出水平而采取的扩张性政策才是价格水平持续上升的根本原因；同时，政府利用财政手段来扩张需求的能力是有限的，只有货币才有持续的扩张能力。因此，成本推进型通货膨胀主要是一种货币现象。

（三）结构性通货膨胀

除了总量因素外，许多经济学家还从结构方面寻找产生通货膨胀的原因。这些经济学家相信，即使在总供给和总需求相对平衡的条件下，某些结构性因素也可能导致通货膨胀，即结构性通货膨胀。这些结构性因素包括如下几项。

1. 瓶颈制约

有的国家由于缺乏有效的资源配置机制，使得资源在各部门之间的配置严重失衡，有些行业生产能力过剩，另一些行业，如农业、能源、交通部门则严重滞后，形成经济发展的“瓶颈”。当这些瓶颈部门的价格因供不应求而上涨时，便引起其他部门甚至是生产过剩部门的连锁反应，形成一轮又一轮的价格上涨。

2. 需求移动

社会对产品和服务的需求不是一成不变的，它会不断从某一部门转移到另外一个部门，而劳动力及其他生产要素的转移则需要时间。因此，原先处于均衡状态的经济结构可能因需求的移动而出现新的失衡。那些需求增加的行业，价格和工资将上升，但是需求减少的行业，由于价格和工资刚性的存在，却未必会发生价格和工资的下降。其结果是，需求的转移导致了物价的总体上升。

3. 劳动生产率增长速度的差异

部门间劳动生产率增长速度的不同会引起总体物价水平的上升，这是结构性通胀论者提出的一个命题。其基本的逻辑是，一国经济可根据劳动生产率增长速度的差异划分为不同的部门，如果不同部门内的货币工资增长率都与本部门劳动生产率增长速度一致，则价格水平就可以维持在原有的物价上。但是，落后部门的工人往往要求与先进部门具有相同的货币工资上涨率，由于这一压力，货币工资的整体水平便与先进部门的劳动生产率同比例增长。其结果是，落后部门的生产成本上升，并进而造成物价整体水平的上升。

结构性通货膨胀理论标志着人们对通货膨胀成因认识的进一步深化，特别是许多发展中国家，经济结构的失衡和部门间劳动生产率的差异确实存在，并在促成通货膨胀方面扮演着重要的角色。但是结构性通货膨胀的发生同样要以货币扩张为条件，因为在货币总量不变的条件下，这些结构性因素也只能导致相对价格的变化，而不是整体价格的上涨。

经济师考点

菲利普斯曲线

五、通货膨胀与失业的关系——菲利普斯曲线

1958 年，经济学家菲利普斯根据英国 1861—1957 年的统计资料做出了一条曲线，最初反映失业率与货币工资率之间的变化关系。失业率越低，工资增长率越高，说明二者之间存在负相关关系。后来，该曲线用于显示失业与通货膨胀之间的交替关系：通货膨胀率高时，失业率低；通货膨胀率低时，失业率高。这条曲线就是著名的菲利普斯曲线，它从一个方面说明了降低通货膨胀率与减少失业率两个目标间存在矛盾。菲利普斯曲线一直是有争议的，但大多数经济学家认为，在短期内，通货膨胀率与失业率之间存在交替关系。

20 世纪 70 年代，西方国家出现了高通货膨胀率与高失业率并存的滞胀现象，打破了菲利普斯曲线的结论。美国经济学家弗里德曼和菲尔普斯根据适应性预期理论修改了菲利普斯曲线。他们认为，在短期中，工人来不及调整通货膨胀率的预期，预期的通货膨胀率可能低于以后实际的通货膨胀率。这样，工人得到的实际工资可能小于先前预期的实际工资，从而使实际利润增加，刺激了投资，就业增加，失业率下降。在此前提下，通货膨胀率与失业率之间存在交替关系。短期菲利普斯曲线正是表明在预期的通货膨胀率低于实际的通货膨胀率的短期中，失业率与通货膨胀率之间存在交替关系。所以，向右下方倾斜的菲利普斯曲线在短期是可以成立的。

但是，在长期中，工人将根据实际发生的情况不断调整自己的预期。工人预期的通货膨胀率与实际上的通货膨胀率相一致，其结果是菲利普斯曲线不断向右移动，把每一条短期菲利普斯曲线上实际通货膨胀率与预期通货膨胀率相等的那一点连接起来，形成一条垂直线，即长期菲利普斯曲线。在长期，由于预期通货膨胀率与实际通货膨胀率一致，因此通货膨胀率与失业率不存在交替关系。

经济师考点

通货膨胀的治理

六、通货膨胀的治理

（一）运用财政政策治理通货膨胀

在财政政策方面，政府主要采取紧缩性财政政策。通货膨胀时期，由于总需求大于总供给，存在需求过度，因此政府可以采取紧缩性财政政策抑制总需求，以实现物价稳定。由于财政政策主要包括政府支出与税收，因此紧缩性财政政策主要从减少政府支出和增加税收入手，主要内容有：

（1）减少政府预算，压缩政府公共工程支出和政府购买。政府公共工程支出和政府购买是政府财政支出的重要组成部分。通过削减政府预算，压缩政府公共工程支出和政府购买，能够抑制政府投资，减少政府对商品和劳务的需求，缓和通货膨胀的压力；同时也能因减少政府财政支出而减少财政赤字。

（2）降低政府转移支付水平，减少社会福利费用。除了失业救济金、养老金等福利费用外，其他福利、津贴等都要随经济的过热而压缩。在许多国家，社会福利费用在政府支出中占重要地位。通过减少社会福利费用，可以减少居

民的可支配收入，从而抑制消费需求的膨胀，缓和通货膨胀的压力。

（3）增加税收。税收在政府收入中占有非常重要的地位，通过增加税收，可以增加政府收入，弥补财政赤字；同时增加税收以后，企业和居民的实际收入减少，从而也减少了企业的投资支出和居民的消费支出，最终可以控制总需求的膨胀。另外，对部分商品开征特别消费税。通货膨胀时期，不同商品的供求矛盾不同，因此可以考虑对部分需求特别旺盛的商品开征特别消费税，通过这些商品的高税率来限制其过度膨胀的需求。

（二）运用货币政策治理通货膨胀

在货币政策方面，政府主要采取紧缩性货币政策。通货膨胀时期，由于总需求大于总供给，存在需求过度，因此政府可以采取紧缩性货币政策抑制总需求。由于货币政策主要包括中央银行三大货币政策工具和利率政策等，因此，紧缩性货币政策主要从这些政策入手，具体内容包括：

（1）提高商业银行的法定存款准备金率。通过提高商业银行的法定存款准备金率，可以减少商业银行贷款的发放，继而通过银行创造货币的机制减少货币供应量，从而提高利率，最终减少社会总需求。

（2）提高再贴现率。通过提高再贴现率，可以减少商业银行向中央银行的借款，从而减少商业银行的货币供应量，这就势必带来银行信贷的紧缩和利率的上升，有利于控制银行信贷的膨胀，最终减少社会总需求。

（3）通过开展公开市场业务卖出政府债券。中央银行在公开市场上卖出各种政府债券，能够从商业银行和公众那里收回货币，从而减少货币供应量，进而促进利率的上升，最终减少社会总需求。这是最重要且经常被利用的一种抑制通货膨胀的政策工具。

（4）直接提高利率。法定存款准备金率、再贴现率、公开市场业务是通过变动货币供应量以间接影响利率，最终影响社会总需求。为了抑制通货膨胀，中央银行有时会通过直接提高利率来收缩信贷。因为利率的提高会增加信贷资金的使用成本，从而减少信贷的发放；还可以吸收储蓄存款，减少消费和投资，以减轻通货膨胀的压力。

（三）运用供给管理手段治理通货膨胀

紧缩性财政政策和紧缩性货币政策主要是从需求方面抑制通货膨胀，在通货膨胀比较严重的时候，现代经济学还主张采用其他一些政策措施，着重从供给方面来抑制通货膨胀，并与财政政策、货币政策相结合，起到对通货膨胀的综合治理作用。这些政策主要包括：

（1）收入政策。根据成本推进型通货膨胀理论，通货膨胀是由于成本增加，特别是工资成本的增加引起的。但财政政策和货币政策被认为不足以对付这种通货膨胀，因此，有些西方经济学家建议通过对工资和物价进行调控来抑制通货膨胀。因为这项政策控制的重点是工资，所以又称为收入政策。

（2）指数化政策。指数化政策是为了消除通货膨胀造成的一部分人受益、另一部分人受害的分配不公的不利影响，维持社会原有利益分配格局。具体做法是定期根据通货膨胀率来调整工资、利息、债券收益以及其他收入的名义价值，以使其实际价值保持不变。指数化政策主要包括工资指数化和税收指数化等措施。

即测即评

扫一扫　练一练

项目十一

了解经济开放与国际收支

素养目标：帮助学生理解国内国际“双循环”和“一带一路”建设在现阶段对国内经济发展的积极意义及对形成良好国际环境的重要作用。

知识目标

1. 掌握具有代表性的国际贸易理论；
2. 了解世界贸易组织、世界银行和国际货币基金组织；
3. 了解国际收支及国际收支平衡表的含义；
4. 理解国际收支不平衡的表现形式及调节方式。

技能目标

能够分析国际贸易的影响因素；能够分析国际收支顺差和逆差对一国经济发展的影响。

经济师考点

1. 国际贸易理论的内容及演变；
2. 影响国际贸易的因素；
3. 政府对进出口贸易的干预政策；
4. 倾销与反倾销的含义及类型；
5. 建设更高水平对外开放型经济新体制的内涵、措施。

知识图谱

- 经济开放与国际收支
  - 国际贸易理论
    - 绝对优势理论
    - 比较优势理论
    - 要素禀赋理论
    - 规模经济贸易理论
  - 影响国际贸易的因素
  - 国际贸易政策
    - 政府对进出口贸易的干预政策
    - 倾销与反倾销
  - 国际收支
    - 国际收支平衡表
    - 国际收支顺差和逆差
    - 国际收支不平衡的调节
  - 中国更高水平对外开放型经济新体制
    - 内涵
    - 措施

项目导读

一国（地区）要达到的宏观经济目标之一就是国际收支平衡。自古以来，互联互通就是人类社会的追求。随着通信、交通和贸易政策等领域所发生的革命性的进步与发展，各国的经济命运已经被逐渐地联系在一起。没有一个国家能够在外部经济完全隔绝的状态下生存，国际贸易对世界每一个国家都产生巨大的影响。美国的电脑、德国的机器、中国的新能源汽车等商品都在跨国界交易，股票、债券等金融产品更是跨越国界以闪电般的速度在全球经济中出现。2020 年 11 月 12 日，习近平总书记在浦东开发开放 30 周年庆祝大会上指出："对外开放是我国的基本国策，任何时候都不能动摇。" 2023 年 11 月在上海举行的第六届中国国际进口博览会，短短 6 天里按年计意向成交金额达到 784.1 亿美元，创历届新高。

本项目将解释一个国家为什么要与其他国家进行贸易，研究国际贸易的基础是什么，回答为什么国际贸易可以双赢的问题。

任务一 了解国际贸易理论

一、开展国际贸易的原因

开展国际贸易的主要原因：一是国家之间进行贸易是因为不同的自然资源分布在世界上的不同地区；二是进行国际贸易对专业化生产有利；三是规模经济。

二、国际贸易理论

经济师考点

国际贸易理论的内容及演变

（一）亚当·斯密的绝对优势理论

1776年，英国经济学家亚当·斯密在其代表作《国民财富的性质和原因的研究》中提出了绝对优势理论。亚当·斯密认为，每个国家由于先天或后天的条件不同，都会在某一种商品的生产上有绝对优势，如果每一个国家都把自己拥有的全部生产要素集中到自己拥有绝对优势的产品的生产上来，然后通过国际贸易，用自己产品的一部分去换取其他国家生产上具有绝对优势的产品，则各国资源都能被最为有效地利用，每一个国家都能从中获利。

（二）大卫·李嘉图的比较优势理论

国际贸易理论的演变

1817年，英国经济学家大卫·李嘉图在《政治经济学及赋税原理》一书中提出了比较优势理论。该理论的核心是：决定国际贸易的因素是两个国家产品的相对生产成本，即“两利相权取其重，两弊相衡取其轻”。当每个国家都生产它最擅长生产的商品时，所有的国家都能获得好处，因为每个国家生产商品的数量都会增加，而无须增加所需的劳动和其他资源的使用量。

（三）赫克歇尔-俄林理论（要素禀赋理论）

赫克歇尔-俄林理论是瑞典经济学家俄林在瑞典经济学家赫克歇尔的研究基础上形成的，并在1933年出版的《地区间贸易与国际贸易》一书中提出。该理论认为各国间要素禀赋的相对差异以及生产各种商品时利用这些要素的强度的差异是国际贸易的基础，强调生产商品需要不同的生产要素，不同商品生产需要不同的生产要素配置；认为一国应该出口由本国相对充裕的生产要素所生产的商品，进口由本国相对稀缺的生产要素所生产的商品，而且，随着国际贸易的发展，各国生产要素的价格将趋于均等。

（四）规模经济贸易理论

1985年，美国经济学家克鲁格曼与以色列经济学家赫尔普曼在其合著的《市场结构和对外贸易》一书中提出：规模收益递增为国际贸易直接提供了基础，当某一产品的生产发生规模收益递增时，随着生产规模的扩大，单位产品成本递减而取得成本优势，由此导致专业化生产并出口这一产品。规模经济贸易理论属于当代贸易理论。传统的贸易理论一般不考虑生产规模的变化，或假设规模报酬不变，而规模经济贸易理论认为这一假设是不完全的。另外，传统的国际贸易理论假设各国生产的产品是同质的，国际市场是完全竞争的。而克鲁格曼认为，工业产品是类似的，但不是同质的，大多数工业产品的市场是不完全竞争的。

三、国际经济组织

（一）世界贸易组织

世界贸易组织（World Trade Organization，WTO）是一个独立于联合国的永久性国际组织。世界贸易组织的基本原则是：非歧视原则，包括最惠国待遇和国民待遇；促进公平竞争原则；透明度原则；市场准入原则；互惠原则；经济发展原则。

目前，世界贸易组织在国际贸易乃至整个世界经济中发挥着巨大的作用，成为推动贸易和经济增长的一个重要力量。

（二）世界银行

世界银行集团是联合国系统下的多边发展机构，它包括五个机构：国际复兴开发银行、国际开发协会、国际金融公司、多边投资担保机构和国际投资争端解决中心。国际复兴开发银行于 1946 年开始运作，其宗旨是：通过向中等收入国家和信用好的贫困国家提供贷款和分析咨询服务，促进公平和可持续的发展，创造就业，减少贫困，应对全球和区域性问题。国际开发协会于 1960 年成立，其宗旨是：通过向世界上最贫困国家提供无息贷款和赠款，促进其经济发展，减少不平等现象，提高人民生活水平。国际金融公司于 1956 年成立，其宗旨是：帮助和促进发展中国家私营部门发展。

（三）国际货币基金组织

国际货币基金组织（International Monetary Fund，IMF）是政府间国际金融组织。国际货币基金组织的宗旨是稳定国际汇兑，消除妨碍世界贸易的外汇管制，在货币问题上促进国际合作，并通过提供短期贷款，解决成员国国际收支暂不平衡时产生的外汇资金需求。

四、影响国际贸易的因素

经济师考点

影响国际贸易的因素

影响出口贸易的因素：（1）自然资源的丰裕程度；（2）生产能力和技术水平的高低；（3）汇率水平；（4）国际市场需求水平和需求结构。

影响进口贸易的因素：（1）一国的经济总量或总产出水平 GDP，其数值越大，进口贸易额越大；（2）汇率水平；（3）国际市场商品的供给情况和价格水平的高低。

五、国际贸易政策

经济师考点

政府对进出口贸易的干预政策

（一）政府对进出口贸易的干预政策

政府对进出口贸易的干预目的主要是保护国内产业免受国外竞争者的损害，维持本国的经济增长，维护本国国际收支平衡。政府对进出口贸易的干预包括进口贸易的干预和出口贸易的干预，见表 11－1。

表 11－1　政府对进出口贸易的干预政策

对出口贸易的干预		对进口贸易的干预——出口补贴	
关税限制（壁垒）	征收高额关税	直接补贴	—
非关税限制（壁垒）	进口配额制、自愿出口限制、歧视性公共采购、技术标准和卫生检疫标准	间接补贴	出口退税、出口信贷

（二）倾销与反倾销

经济师考点

倾销与反倾销的含义及类型

1. 倾销的含义

倾销是指出口企业以低于正常价值的价格向进口国销售产品，并因此给进口国产业造成损害的行为。

2. 倾销的类型

倾销包括掠夺性倾销、持续性倾销、隐蔽性倾销和偶然性倾销四种。掠夺性倾销，是指出口企业为在国外市场上达到排除竞争对手、获取超额垄断利润的目的，在短期内以不合理的低价向该市场销售产品，一旦竞争对手被排除，再重新提高产品销售价格的行为；持续性倾销，是指出口企业为长期占领市场，实现利润最大化目标而无限期地持续以低价向国外市场出口产品的行为；隐蔽性倾销，是指出口企业按国际市场的正常价格出售产品给进口商，但进口商则以倾销性的低价在进口国市场上抛售，其亏损部分由出口企业予以补偿；偶然性倾销，是指出口国国内存在大量剩余产品，为处理这些产品而以倾销方式向国外市场抛售。

3. 反倾销

反倾销措施属于贸易救济措施，对倾销商品征收反倾销税。世界贸易组织规定，对出口国某一产品征收反倾销税必须符合以下要求：（1）该产品存在着以低于正常价值水平进入另一国市场的事实；（2）倾销对某一成员国的相关产业造成重大损失；（3）损害与低价倾销之间存在因果关系。

任务二　了解国际收支

开放经济活动按其性质可划分为两大方面：一是商品市场的开放和流通；

二是资本市场的开放和流通。前者主要包括商品和劳务在国家或地区之间的流动，主要探讨国际收支问题；后者主要包括投资和借贷在国家或地区之间的流动，主要探讨汇率问题。

一、国际收支平衡表

国际收支是一国在一定时期内（通常是一年内）对外国的全部经济交往所引起的收支总额的对比。国际收支集中反映在国际收支平衡表中。

二、国际收支平衡表的内容

（一）经常项目

经常项目主要反映一国与他国之间实际资源的转移，是国际收支中最重要的项目。经常项目包括货物（贸易）、服务（无形贸易）、收益和经常性转移四个账户。

1. 货物和服务账户

货物和服务账户主要记录货物和劳务的进出口情况，出口导致货币的流入，记为贷方（+）；进口导致货币的流出，记为借方（－）。

一国货物及服务的出口与进口之间的差额就是该国的贸易差额，它由国际收支平衡表上商品及服务账户相加而得。所得为正，该国贸易顺差，代表商品及服务的出口大于进口；所得为负，该国贸易逆差，代表商品及服务的出口小于进口。

2. 收益账户

收益账户记录了由于生产要素的流入流出所派生出的资金流动，它主要由流入或流出一国的工资、利息和利润组成。

3. 经常性转移账户

经常性转移账户是指在无对等经济价值报偿的情况下，本国居民对非本地居民给予或接受实质的资源或金融资源，主要包括汇款、捐款、官方援助等。

（二）资本与金融项目

资本与金融项目反映的是国际资本流动，包括长期或短期的资本流出和资本流入，包括借款、贷款和投资。

（三）误差与遗漏账户

误差与遗漏是一个人为的平衡账户。由于国际收支平衡表按照复式记账原理编制，借方和贷方金额必须相等。但是由于统计数据无法避免错漏，借贷方不能自动平衡，于是建立了误差与遗漏账户人为地使国际收支平衡表平衡。

三、国际收支顺差和逆差

（一）国际收支顺差

国际收支顺差表示持有国外资产的增加。对一个经济处于成长中的发展中国家来说，持续性的长期顺差（指 3～10 年内），表示一国经济国际竞争能力的增强或对外经济联系开放度的扩大及该国国际经济地位的提高。

对于经济发展已经成熟或者趋于成熟的国家而言，持续性的国际收支顺差会导致很多经济问题，其中最重要的是本币升值，国内出口减少，并因此影响经济增长和就业。因而，国际收支顺差并非都有益，须做具体分析。

（二）国际收支逆差

（1）如果持续性的国际收支逆差源于贸易赤字，则是极坏的事情，它意味着资本项目不能有结余，不能吸引或利用足够的外资和外债。

（2）当国际收支逆差源于资本项目时，利弊不是很明确。

四、国际收支不平衡的调节

国际收支不平衡可能会对该国经济产生许多不利影响，因此政府需要对国际收支进行调节，具体可采用以下方式。

（一）市场调节机制

国际收支不平衡会引起国内某些经济变量的变动，这些变动反过来又会影响国际收支。国际收支的自动调节是指由国际收支不平衡引起的国内经济变量变动对国际收支的反作用过程。

1. 货币-价格机制

货币-价格机制是指国内货币存量与一般物价水平变动，以及相对价格水平变动对国际收支的影响。这一调节过程可用图 11－1 来描述。国际收支顺差的情况正好相反。

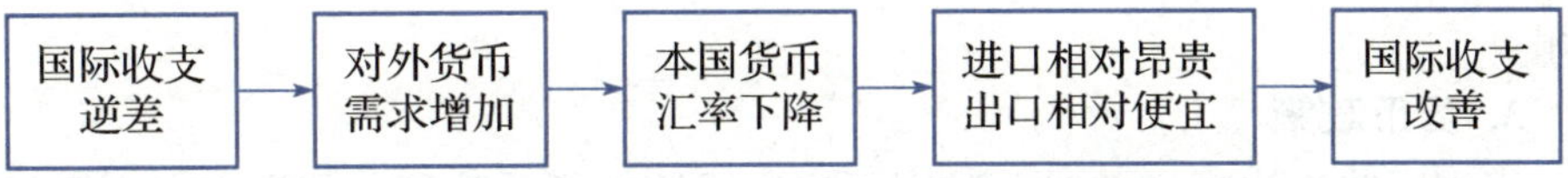

图 11－1　货币-价格机制的调节过程

2. 收入机制

收入机制是指当一国国际收支不平衡时，该国的国民收入、社会总需求会发生变动，这些变动反过来又会削弱国际收支的不平衡。

当国际收支出现逆差时，对外支付增加，国民收入下降，引起社会总需求下降，从而进口需求下降，因此国际收支得到改善。收入机制的调节过程如图 11－2 所示。

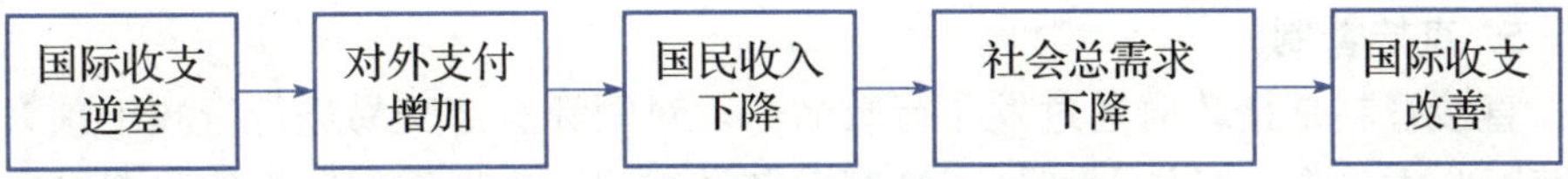

图 11－2　收入机制的调节过程

3. 利率机制

利率机制是指当一国国际收支不平衡时，该国的利率水平会发生变动，利率水平的变动反过来又会对国际收支不平衡起到一定的调节作用。

当一国国际收支发生逆差时，该国的货币存量（供应量）相对减少，利率上升。而利率上升，表明本国金融资产的收益率上升，从而对本国金融资产的需求相对上升，对外国金融资产的需求相对减少，资金外流减少而资金内流增加，国际收支因此得到改善。利率机制的调节过程如图 11－3 所示。

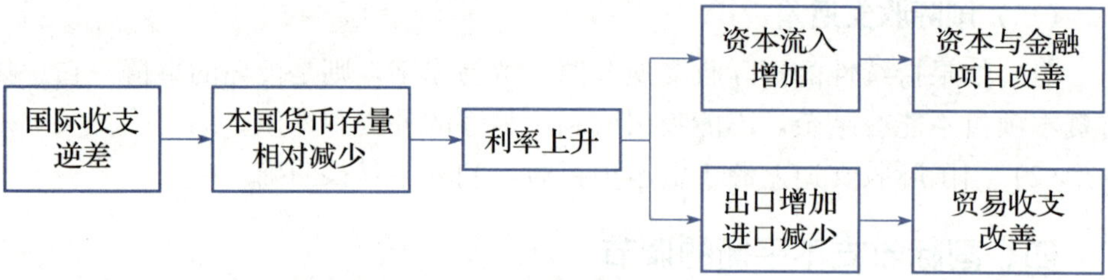

图 11－3　利率机制的调节过程

（二）国际收支失衡的政策调节

1. 外汇缓冲政策

外汇缓冲政策是指一国政府通过中央银行在外汇市场上买卖外汇来消除国际收支不平衡所形成的外汇供求缺口，避免汇率的急剧变动和进一步影响本国经济。

2. 财政政策

当一国出现国际收支逆差时，政府可采用紧缩的财政政策，迫使投资和消费减少，物价相对下降，从而有利于出口，改善贸易收支及国际收支。反之，当一国国际收支顺差很大时，政府可实行积极的财政政策，增加进口及非贸易支出。

3. 货币政策

当国际收支出现逆差时，政府可实行紧缩的货币政策，即提高中央银行贴现率、提高存款准备金率、在公开市场上卖出政府债券，使市场利率上升，以吸引外国资金的流入和减少本国资金的流出，从而改变资本账户以改善国际收支；国际收支盈余时刚好相反。

4. 汇率政策

汇率政策是指一国通过汇率的调整来实现国际收支平衡的政策措施。当国际收支出现赤字时，实行本币贬值政策，从而使国际收支得到改善；国际收支盈余时刚好相反。

5. 直接管制

直接管制是指政府通过发布行政命令，对国际经济交易进行行政干预，以求国际收支平衡，具体包括外汇管制和贸易管制。直接管制通常能起到迅速改善国际收支的效果，能按照本国的不同需要，对进出口贸易和资本流动区别对待。但它并不能真正解决国际收支平衡的问题，只是将显现国际收支赤字变为隐性国际收支赤字。一旦取消管制，国际收支赤字会重新出现。

以上各种调节国际收支失衡的政策都有一定的缺陷，因此一国要想成功地调节国际收支失衡，核心问题是：当国际收支失衡时，根据国内经济的状况，正确使用并搭配不同类型的调节政策，以最小的代价达到国际收支平衡与均衡。

任务三　理解中国更高水平对外开放型经济新体制

改革开放 40 多年来，我国经济发展成就巨大，目前，我国已成为世界第二大经济体、世界货物贸易第一出口大国，利用外资和对外投资规模都位居世界前列。

一、中国对外贸易快速增长的原因

加入世界贸易组织以来，我国对外贸易增长速度较快，这取决于多方面的因素：（1）加入世界贸易组织为我国经济融入国际市场提供了重要的基础；（2）我国逐步下调关税水平有力地促进了进出口的不断扩大；（3）我国的各项改革不断深化，为我国的企业和产品的竞争力不断提高提供了不竭的动力；（4）我国丰富的劳动力资源提供了显著的人口“红利”。

二、建设更高水平对外开放型经济新体制

经济师考点

建设更高水平对外开放型经济新体制的内涵、措施

（一）建设更高水平对外开放型经济新体制的内涵

建设更高水平对外开放型经济新体制，就是要进一步打通国内国际两个市场，高效利用国内国际两种资源，促进国内国际要素资源有序自由流动、全球高效配置。要在构建双循环新发展格局中实现更高水平的对外开放，并把它作为双循环新发展格局的重要内容。一方面，通过制度和规则建设，实施更大范围、更宽领域、更高层次的全面开放；另一方面，我们要在扩大对外开放的进程中进一步重视国家经济安全，处理好利用外资和国家安全的关系。

（二）建设更高水平对外开放型经济新体制的措施

（1）努力保持进出口稳定增长，采取积极措施拓展海外市场，积极推动进出口市场多元化。

（2）进一步重视提高产品质量和服务水平，提高我国产品的国际市场竞争力。

（3）通过优化进口结构积极扩大进口。

（4）重视外资引进质量，落实好我国鼓励利用外资的政策。

（5）积极支持我国企业“走出去”，扩大对外投资的规模，优化对外投资的结构，保护好我国企业在境外投资的安全和合法权益，构建双循环新发展格

局，推进高水平对外开放。

（6）在维护和推进经济全球化的进程中发挥更大的作用，更好地和我国在世界经济和贸易中的重要地位相匹配，建设性地参与全球经济治理，继续发挥我国推动世界经济和贸易增长的引擎作用。

即测即评

扫一扫　练一练

项目十二

熟悉财政政策与货币政策

素养目标：探索和践行习近平总书记强调的“积极的财政政策要更加积极有为”和“稳健的货币政策要更加注重灵活适度”。

知识目标

1. 了解宏观经济政策的含义和目标；
2. 掌握财政政策的内容和工具；
3. 掌握货币政策的内容和工具。

技能目标

掌握乘数效应和挤出效应；掌握财政政策和货币政策的配合使用。

经济师考点

1. 财政政策的类型、工具；
2. 财政政策工具的运用；
3. 货币相关理论；
4. 货币层次的划分；
5. 货币供给机制；
6. 数字货币的特点；
7. 中国数字人民币的特点；
8. 数字人民币与支付账户余额的区别；
9. 货币政策工具的内容；
10. 货币政策实施的基本原则；
11. 财政政策与货币政策的使用及效应。

知识图谱

- 财政政策与货币政策
  - 宏观经济政策
    - 宏观经济政策目标
    - 宏观经济政策工具
  - 财政政策
    - 财政政策含义
    - 财政政策类型
      - 自动稳定的财政政策
      - 相机抉择的财政政策
    - 财政政策主要工具
      - 税收政策
      - 公债政策
      - 公共支出政策
    - 财政政策工具的运用
      - 扩张性财政政策
      - 紧缩性财政政策
      - 中性财政政策
    - 财政政策对总需求的影响
      - 乘数效应
      - 挤出效应
  - 货币政策
    - 货币政策含义
    - 货币相关理论
      - 费雪的传统货币数量说
      - 凯恩斯的货币需求理论
      - 弗里德曼的现代货币数量说
    - 货币层次和供给机制
      - 货币层次
      - 货币供给机制
      - 数字货币
      - 银行体系
    - 货币政策工具
      - 公开市场业务
      - 再贴现政策
      - 法定存款准备金率政策
    - 货币政策对总需求的影响
  - 财政政策与货币政策的配合
    - 宏观经济政策选择
    - 财政政策与货币政策混合使用

项目导读

2023 年 12 月 11 日至 12 日，中央经济工作会议在北京举行。会议要求，2024 年要坚持稳中求进、以进促稳、先立后破，多出有利于稳预期、稳增长、稳就业的政策，在转方式、调结构、提质量、增效益上积极进取，不断巩固稳中向好的基础。要强化宏观政策逆周期和跨周期调节，继续实施积极的财政政策和稳健的货币政策，加强政策工具创新和协调配合。

积极的财政政策要适度加力、提质增效。要用好财政政策空间，提高资金效益和政策效果。优化财政支出结构，强化国家重大战略任务财力保障。合理扩大地方政府专项债券用作资本金范围。落实好结构性减税降费政策，重点支持科技创新和制造业发展。严格转移支付资金监管，严肃财经纪律。增强财政可持续性，兜牢基层“三保”底线。严控一般性支出。党政机关要习惯过紧日子。

稳健的货币政策要灵活适度、精准有效。保持流动性合理充裕，社会融资规模、货币供应量同经济增长和价格水平预期目标相匹配。发挥好货币政策工具总量和结构双重功能，盘活存量、提升效能，引导金融机构加大对科技创新、绿色转型、普惠小微、数字经济等方面的支持力度。促进社会综合融资成本稳中有降。保持人民币汇率在合理均衡水平上的基本稳定。

要增强宏观政策取向一致性。加强财政、货币、就业、产业、区域、科技、环保等政策协调配合，把非经济性政策纳入宏观政策取向一致性评估，强化政策统筹，确保同向发力、形成合力。加强经济宣传和舆论引导，唱响中国经济光明论。

资料来源：“学习强国”学习平台，2023-12-12.

任务一　认知宏观经济政策

经济学家认为，宏观经济政策目标包括经济增长、充分就业、物价稳定和国际收支平衡。宏观经济政策不是仅考虑某一个目标，而是要考虑如何同时达到这些目标。政策调控的理想状态是较低的失业率、较低的通货膨胀率和国际收支平衡下的经济高增长。当经济“太热”时，政府“踩刹车”，限制消费、减少投资，把“过热”的经济压下来；当经济“太冷”时，政府“踩油门”，刺激消费、加大投资、增加出口，让经济回升。这些举措的目的都是实现宏观经济目标。

一、宏观经济政策目标

（一）经济增长

促进经济增长是国家宏观经济政策的首要目标。经济增长意味着在一定时期内社会所创造的人均产量或人均实际国内生产总值的增长。无论是哪个国家的政府，经济活动的最终目的都应该是向百姓提供尽可能丰富的商品和劳务，使他们的生活质量持续提高。经济增长率的高低是各国实力和潜力的显现，也是充分就业和社会发展的必要条件和物质前提。国际上一般采用国内生产总值（GDP）或国民生产总值（GNP）的平均年增长率来衡量一个国家的经济增长速度。不同国家、同一国家不同发展阶段，其适度的经济增长目标应视具体情况而定。

（二）充分就业

按照凯恩斯主义的观点，充分就业是指社会消除了“非自愿失业”时的就业状况，在接受现有的工资水平和工作条件下，愿意工作的人都能得到就业机会，有工作可做，除了“自愿失业”外。把失业率控制在社会允许的范围之内，或者说把失业率保持在自然失业率的水平，就算实现了充分就业。自然失业率确定多少为合适呢？20 世纪 90 年代以来的事实证明，当失业率低于 6％时，才有可能保持物价稳定。

（三）物价稳定

作为宏观经济政策目标之一的价格稳定，不是指各种商品价格都固定不变，而是指保持一般价格水平的稳定或物价总水平的稳定，维持一个低而稳定的通货膨胀率，以保证经济运行有一个稳定增长的环境。经济学家通常认为 2％～4％的通货膨胀为温和的或爬行的通货膨胀，缓慢而逐步上升的价格运动对经济增长有积极作用。

（四）国际收支平衡

在当今开放的市场经济环境中，长期过大的国际收支赤字或国际收支盈余都会对一国经济产生不利影响。若一国在国际交往中一直处于入超状态，则意味着最终需求的输出，本国货币就会贬值；反之，一国在国际交往中一直处于出超状态，则意味着最终需求的输入，本国货币就会升值。为了维持币值的稳定和国民经济的自主性，应该保持国际收支的基本平衡。

我国的宏观经济目标除以上内容外，还需推进中国式现代化，即人口规模巨大的现代化，全体人民共同富裕的现代化，物质文明和精神文明相协调的现代化，人与自然和谐共生的现代化，是走和平发展道路的现代化。

二、宏观经济政策工具

（一）需求管理政策

需求管理是指通过调节总需求来达到一定政策目标的宏观经济政策工具。它包括**财政政策**和**货币政策**。需求管理政策是以凯恩斯的总需求分析理论为基础制定的，是凯恩斯主义所重视的政策工具。

当有效需求不足时，政府应采取扩张性的政策措施，刺激总需求增长，克服经济萧条，实现充分就业；当有效需求过度增长时，政府应采取紧缩性的政策措施，抑制总需求，以克服因需求过度扩张而造成的通货膨胀。

（二）供给管理政策

供给管理是通过对总供给的调节来达到一定的政策目标。在短期内影响供给的主要因素是生产成本，特别是生产成本中的工资成本。在长期内影响供给的主要因素是生产能力，即经济潜力的增长。供给管理政策具体包括以下内容。

1. 收入政策

收入政策是指通过限制工资收入增长率从而限制物价上涨率的政策，因此，也称工资和物价管理政策。之所以对收入进行管理，是因为通货膨胀有时由成本（工资）推进造成（参见成本推进型通货膨胀）。收入政策的目的就是制止通货膨胀。它有三种形式：一是工资与物价指导线；二是工资物价的冻结；三是税收刺激政策。

2. 指数化政策

指数化政策是指定期地根据通货膨胀率来调整各种收入的名义价值，以使其实际价值保持不变。主要有工资指数化和税收指数化，即根据物价指数自动调整个人收入调节税等。

3. 人力政策

人力政策又称就业政策，是一种旨在改善劳动市场结构，以减少失业的政策。主要有：人力资本投资；完善劳动市场；协助工人进行流动。

4. 经济增长政策

经济增长政策有：一是增加劳动力的数量，提高其质量；二是资本积累，可以通过减少税收、提高利率等途径来鼓励人们储蓄；三是技术进步；四是计划和平衡增长。

任务二　理解财政政策

通常每年12月，国家都会根据当前的经济情况及来年的经济预测，召开全国经济工作会议，谋划来年的宏观经济政策——财政政策和货币政策。在本任务中，我们将学习什么是财政政策以及如何实施财政政策。

一、财政政策工具

（一）财政政策的含义

财政政策是国家调控经济的主要政策之一。财政政策是指政府通过财政收入和财政支出，调节社会总需求，以影响宏观经济活动和经济总量的措施。增加政府支出，可以刺激总需求，从而增加国民收入；反之，则压抑总需求，减少国民收入。税收对国民收入是一种收缩性力量，因此，增加政府税收，可以抑制总需求从而减少国民收入，反之，则刺激总需求增加国民收入。财政政策是国家整个经济政策的组成部分。

（二）财政政策的类型

根据财政调节经济周期的作用，将财政政策分为自动稳定的财政政策和相机抉择的财政政策。自动稳定的财政政策包括累进所得税制度和政府福利支

经济师考点

财政政策的类型

出。相机抉择的财政政策包括补偿政策和汲水政策。补偿政策是指政府有意识地从当时经济状态的反方向调节经济变动的财政政策，以实现稳定经济波动的目的。比如经济繁荣时采用紧缩性政策来调节，经济萧条时采用扩张性政策来调节。汲水政策是指在经济萧条时期进行公共投资，以增加社会有效需求，使经济恢复活力。

经济师考点

财政政策的工具

（三）财政政策的工具

财政政策工具包括税收政策、公债政策、公共支出政策、预算政策、政府投资等。我们主要讨论前三种政策工具。

1. 税收政策

税收是政府为实现其职能，按照法律规定的标准，强制地、无偿地取得收入的一种手段，是一种强有力的财政政策工具。税收是国家财政收入的最主要来源，是发挥其国家职能的重要经济基础。税收总量和税率会影响社会总需求，进而影响国民收入。税收按不同方式有不同的分类。

根据课税对象的性质和作用不同，税收可分为流转税、所得税、财产税、行为税和资源税五大类。**流转税**是我国税制体系中的主体税种，它以商品交换和提供劳务为前提，以商品流转额和非商品流转额为征税对象，包括增值税、消费税、关税；**所得税**是以纳税人的所得或收益为纳税对象的税种，包括企业所得税和个人所得税，所得税征收对生产经营者的利润和个人的纯收入发挥调节作用；**财产税**主要对各种财产征税，例如房产税、车船税；**行为税**主要对某些特定行为征税，例如印花税、土地增值税、契税、车辆购置税等；**资源税**是指以占有和开发国有自然资源获得的收入为征税对象的税种，例如城镇土地使用税、耕地占用税、环境保护税等，资源税主要对因开发和利用自然资源差异而形成的级差收入发挥调节作用。

根据税负是否可以转嫁，税收分为直接税和间接税。直接税是指由纳税人直接负担的税种，例如所得税、财产税等。直接税税源比较固定，适用累进税率，可对经济产生调节作用。间接税是纳税人可将税负转嫁他人负担的税种，例如消费税。间接税税基宽，会随经济发展而增加。

2. 公债政策

公债是政府运用国家信用筹集财政资金时形成的债务，同时是一种重要的财政政策工具。政府发行公债一方面能够增加财政收入，另一方面会影响金融市场的扩张或紧缩，从而影响货币供求和社会总需求。

按筹资主体分类，公债分为中央政府的债务和地方政府的债务。按筹资对象范围分类，公债可分为内债和外债。内债是国内公债，外债是政府向国外举借的债务。

3. 公共支出政策

公共支出是指整个国家中各级政府支出的总和。按照支出方式分类，公共支出主要分为政府购买和政府转移支付两类。

政府购买支出是指各级政府购买物品和劳务以维持政府正常运转的支出。

它的特点是以取得商品和劳务作报偿的支出，它是实质性的支出。例如，国防支出、行政管理支出、科教文卫支出等。

政府转移支付是指政府把筹集到的财政收入无偿地转移给企业或家庭。它的特点是不以取得商品和劳务作报偿的支出。它实际上是社会收入的再分配，将收入在不同社会成员之间进行转移和重新分配，整个社会的收入总量并没有变化。因此在按支出法核算 GDP 时，转移支付不能计入 GDP 中。

二、财政政策工具的运用

经济师考点

财政政策工具的运用

根据财政收支活动对社会经济的效应，财政政策分为扩张性财政政策、紧缩性财政政策和中性财政政策三类。财政政策运用的原则是“逆风向行事”：当社会总供给大于总需求时，政府预算一般采取扩大支出规模、保持一定赤字规模的做法扩大社会总需求；当社会总供给小于总需求时，政府预算一般采取缩小支出规模、保持预算盈余的做法来抑制社会总需求；当社会总供给与总需求基本平衡即经济稳定发展时，政府一般实行中性的预算平衡政策，保持预算收支规模的基本平衡。

（一）扩张性财政政策

财政政策工具的运用

当经济处于萧条状态时，总需求小于总供给，经济中存在失业，在这种情况下，政府就要通过扩张性财政政策来刺激总需求，以实现经济的回升和充分就业。扩张性财政政策是指政府通过减少税收、增加公共支出的方式来增加社会总需求。政府公共工程支出与购买的增加有利于刺激私人投资，转移支付的增加可以增加个人消费，这样就会刺激总需求。减少个人所得税（主要是降低税率）可以使个人可支配收入增加，从而消费增加；减少企业所得税可以使收入增加，从而投资增加，这样也会刺激总需求。1998 年之后，我国实施的“积极的财政政策”就是一种扩张性财政政策。

（二）紧缩性财政政策

案例

增值税转型改革，对保持我国经济平稳较快发展有什么重大意义？

当经济进入繁荣状态时，总需求大于总供给，经济中存在通货膨胀，政府则通过紧缩性财政政策来抑制总需求，以实现物价的稳定。紧缩性财政政策是指政府通过增加税收、减少公共支出的方式来抑制社会总需求。紧缩性财政政策包括减少政府支出与增税。政府公共工程支出与购买的减少有利于抑制投资，转移支付的减少可以减少个人消费，这样就压抑了总需求。

增加个人所得税（主要是提高税率）可以使个人可支配收入减少，从而消费减少；增加企业所得税可以使企业收入减少，从而投资减少，这样也会压抑总需求。我国在 1993 年之后，为了实现宏观经济的“软着陆”所实施的“适度从紧的财政政策”就是一种紧缩性财政政策。

（三）中性财政政策

中性财政政策又称为平衡性财政政策，它是指政府的财政活动对社会总需求没有影响，既不产生扩张效应，也不产生紧缩效应。中性财政政策作用的发挥取决于科学地确定支出的总规模以实现对社会资源的有效利用。

现实经济社会中，总供给与总需求通常是不平衡的，因此政府常常采用扩张性财政政策或紧缩性财政政策，中性财政政策极少采用。

三、财政政策如何影响总需求

政府运用财政政策时会使总需求曲线移动。财政政策的运用可能同时产生乘数效应和挤出效应，因此总需求曲线移动的幅度并不恰好等于财政收支增加或减少的初始金额。

（一）乘数效应

乘数效应是一种宏观的经济效应，也是一种宏观经济控制手段，是指经济活动中某一变量的增减所引起的经济总量变化的连锁反应程度。财政政策乘数反映财政收支变化对国民经济的影响，其中包括财政支出乘数、税收乘数和平衡预算乘数。

案例
基础设施建设的乘数效应

（二）挤出效应

挤出效应是指增加某一数量的公共支出，就会减少相应数量的私人投资，从而总需求保持不变或总需求增加量减少。

政府刺激投资的货币政策和财政政策的选择，实际上是时间顺序和力度的选择，而不是非此即彼的选择。两种政策都需要，财政政策要先行，或者同时实施，但开始阶段财政政策力度要大一些、实施速度要快一些。因为危机一方面会使民间财富缩水，企业和个人资金短缺，投资能力减弱；另一方面，人们收入减少或缩水，购买力下降，消费减少，使得产品没有市场，企业丧失投资动力。

在这种情况下，政府投资是最直接、最有效的拉动经济增长的手段。政府投资先行，基础性设施等领域的开工会给其他领域的投资带来机会，其他企业的产品才会有市场，民间投资才可能被带动。这样一来，货币政策的实施才有了条件，否则，即使利率再低（即企业的融资成本再低），企业也不敢贷款投资，或者贷款后不投入实体经济领域，反而会加剧经济的不稳定。

民间投资是指家庭、个人、金融机构和其他非政府组织的以盈利为目的的投资；政府投资或用于政府自身建设，或用于生产领域和社会事业，包括财政投资、政府部门投资和国有企事业单位国有资产投资等，其中财政投资是各级政府用财政资金进行经济建设。

一般意义上，政府投资可以带动民间投资，也可以挤出民间投资，关键在于对政府投资的范围、结构和力度的掌控。在市场经济体制相对完备的情况下，政府投资应该限定在民间资金不愿意投资的非盈利领域，为公共利益、环境建设和民间投资创造条件，在这种范围内的适时适量的政府投资一定会促进民间投资。而如果政府投资于盈利领域，则会使民间投资获利的机会部分丧失，就会产生对民间投资的挤出效应。

任务三　理解货币政策

一、货币政策

（一）货币政策的含义

货币政策（Monetary Policy）又称金融政策，是指国家通过中央银行调节货币供应量，影响利率，从而间接影响投资和消费，实现宏观政策目标。《中华人民共和国中国人民银行法》第三条规定：货币政策目标是保持货币币值稳定，并以此促进经济增长。

（二）货币相关理论

经济师考点

货币相关理论

1. 费雪的传统货币数量说

经济学家费雪认为货币量是最活跃的因素，会经常主动地变动，而物价则是主要的被动因素。只要货币量发生变化，马上就会反映到物价上，引起物价变动。1911 年，费雪在《货币购买力》一书中提出交易方程式（亦称费雪方程式）：

$$MV=PT$$

式中：M——货币量；

V——货币流通速度；

P——物价水平；

T——商品和劳务的交易量。

费雪方程式反映出货币量决定物价水平的理论。

2. 凯恩斯的货币需求理论

凯恩斯深入细致地分析了人们对货币需求的各种动机，认为经济主体之所以需要货币，是因为存在“流动性偏好”这一普遍心理倾向，即愿意持有具有完全流动性的货币而不愿拥有其他缺乏流动性的资产，以应付日常的、临时的或投机的需要，从而产生货币需求。

凯恩斯的货币需求函数为：

$$L=L_1(Y)+L_2(i)$$

式中：L——货币需求量；

$L_1(Y)$——与收入 Y 相关的交易需求；

$L_2(i)$——与利率相关的投机性货币需求。

3. 弗里德曼的现代货币数量说

经济学家弗里德曼认为，经济中可得到的货币量决定了货币的价值，而且货币量增长是通货膨胀的主要原因。现代货币数量说不是产出、货币收入或物价水平的理论，而是货币需求理论。

弗里德曼强烈反对国家干预经济，主张实行一种“单一规则”的货币政策。凯恩斯主义货币政策与货币主义货币政策的对比见表 12-1。

表 12-1 凯恩斯主义货币政策与货币主义货币政策对比

对比内容	凯恩斯主义货币政策	货币主义货币政策
目标	通过利率调节总需求	通过控制货币量实现物价稳定
机制	货币量→利率→总需求	货币量→物价
手段	公开市场业务、再贴现率、准备金率	单一规则的货币政策

（三）货币层次和供给机制

依据货币流动性的强弱，即以某种金融资产转化为现金或活期存款的能力，可将货币分层。货币层级越高，其转换为现金或活期存款的成本就越低、时间越短，流动性就越强。

经济师考点
货币层次的划分

1. 我国货币的四个层次

我国货币分为 $M0$、$M1$、$M2$、$M3$ 四个层次。$M0$ 为流通中的现金；$M1$ 即狭义货币供应量，等于流通中的现金加上银行活期存款；$M2$ 为广义货币供应量；$M3$ 是根据金融工具创新而设置的货币供应量。其关系如下：

$M1=M0+$企业活期存款+机关团体部队存款+农村存款+个人持有的信用卡类存款

$M2=M1+$城乡居民储蓄存款+企业存款中具有定期性质的存款+信托类存款+其他存款

$M3=M2+$金融债券+商业票据+大额可转让定期存单等

经济师考点
货币供给机制

2. 货币供给机制

在货币供给机制中，中央银行具有信用创造货币的功能，商业银行具有扩张信用和创造派生存款的功能。

（四）数字货币

数字货币是一种基于节点网络和数字加密算法的虚拟货币。2009 年，世界上第一个加密数字货币比特币正式诞生。

经济师考点
数字货币的特点

1. 数字货币的特点

根据发行人的不同，数字货币可分为法定数字货币和私人数字货币。法定数字货币是指中央银行发行的数字货币；私人数字货币是指私人部门发行的以数字加密技术和分布式账本技术为基础的加密数字货币。数字货币的特点是：

（1）匿名性，使用者的个人信息和隐私能够得到较好保护。

（2）安全性，数字货币使用数字签名、安全加密存储等技术，不可重复花费、不可非法复制伪造、交易不可篡改。

（3）可编程性，数字货币采用的区块链技术支持可编程合约。

（4）高效率性，数字货币以区块链形式运行记账，通过公私钥匙进行交易签名验证，可以减少对中介的需求，降低交易成本。

2. 中国数字人民币的发展历程

经济师考点
中国数字人民币的特点

中国人民银行高度重视法定数字货币的研究开发。2014 年，开始对数字人民币发行框架、关键技术、发行流通环境进行专项研究。2016 年，成立数字货币研究所，完成法定数字货币第一代原型系统搭建。2017 年，中国人民银行推动的基于区块链的数字票据交易平台测试成功，由央行发行的法定数字货币已在该平台试运行。

目前，数字人民币已经在部分有代表性的地区开展试点测试。数字人民币是由中国人民银行发行的数字形式的法定货币，由指定运营机构参与运营并向公众兑换，以广义账户体系为基础，支持银行账户松耦合功能，与纸钞硬币等价，具有价值特征和法偿性，支持可控匿名。2022 年 1 月数字人民币（试点版）App 用于商家各大应用商店。中国数字人民币采用“中央银行-商业机构”双层运营体系，其设计具有以下特征：（1）兼具账户和价值特征；（2）数字人民币定位于 $M0$，不计付利息；（3）低成本，中国人民银行不向指定运营机构收取兑换流通服务费用，指定运营机构也不向个人客户收取兑出和兑回数字人民币的服务费；（4）支付即结算；（5）匿名性，遵循“小额匿名、大额依法可溯”的原则；（6）安全性；（7）可编程性。

3. 数字人民币与支付账户余额的区别

经济师考点
数字人民币与支付账户余额的区别

从债权关系来看，数字人民币是中央银行负债，而支付账户余额是支付机构负债；从信用背书关系来看，数字人民币是国家信用，而支付账户余额是商业信用；从法偿性来看，数字人民币具有无限法偿性，而支付账户余额不具有无限法偿性；从货币供应量来看，数字人民币属于 $M0$，而支付账户余额属于 $M2$。

中央银行推进数字货币发行的目的在于降低传统纸币发行、流通的高昂成本，提升经济交易活动的便利性和透明度，减少洗钱、逃税漏税等违法犯罪行为，提升央行对货币供给和货币流通的控制力。未来，数字货币发行、流通体系的建立还有助于我国建设全新的金融基础设施，进一步完善我国的支付体系。

二、银行体系

世界上大部分国家的银行体系主要包括中央银行、商业银行和其他金融机构。普通居民日常生活和工作中打交道最多的是商业银行，但常常会在新闻中听到中央银行调整存贷款利率、调整法定存款准备金率等消息。那么，一个国家的中央银行与商业银行之间有什么关系？中央银行的职能是什么？有什么作用？这些都需要我们进一步学习。

（一）中国的银行体系

中国银行体系由中央银行、监管机构、银行业金融机构和自律组织构成。

中国人民银行是中央银行，在国务院的领导下，负责制定和执行货币政策，防范和化解金融风险，维护金融稳定。它是一国最高的金融机构，统筹管理全国的金融活动，通过实施货币政策影响经济。

国家金融监督管理总局负责对全国银行业金融机构及其业务活动实施监管。

中国的银行业金融机构包括政策性银行（国家开发银行、中国进出口银行、中国农业发展银行）、商业银行、非银行金融机构（金融资产管理公司、信托公司、企业集团财务公司、金融租赁公司、汽车金融公司和货币经纪公司等）。其中，商业银行是通过存款贷款、汇兑、储蓄等业务承担信用中介的金融机构。

（二）银行的职能

在法定货币制度下，货币发行是由权威的中央银行负责的，但经济中的货币供给总量不是简单地由中央银行发行的货币量决定的，还要取决于商业银行体系创造的存贷款量，它们的活动共同形成总的货币供应量。不过，中央银行对货币供给量具有最终决定权。因此当其他条件一定时，我们通常把货币供给看作由中央银行控制的政策变量。

（1）中央银行具有三个主要职能：首先，发行货币、管理国家的黄金和外汇储备。包括中国在内的世界大部分国家的纸币都是由中央银行发行的。但在美国、日本，硬币和辅币由财政部发行。其次，中央银行是银行的银行，为商业银行开户，吸收其存款。中央银行最大的存款来源是商业银行缴存的存款准备金。中央银行通过贷款、贴现、公开市场业务，为各商业银行提供资金支持。它是银行的最后贷款者，为各商业银行之间的交易办理现金结算。最后，中央银行是政府的银行，代理政府预算收支。

（2）商业银行主要业务是接收存款、发放贷款、代客结算、证券经销、票据承兑、保险、担保和咨询等。商业银行是唯一能接收、创造和收缩活期存款的银行。

经济师考点

货币政策工具的内容

三、货币政策的工具

（一）公开市场业务

公开市场业务是指中央银行通过在金融市场上买卖政府债券，以改变商业银行等存款机构的准备金，从而影响商业银行的货币创造能力，以达到扩张或收缩信用、调节货币供应量的目标。中央银行买进政府债券实际上就是发行货币，从而增加货币供应量；卖出政府债券实际上就是回笼货币，从而减少货币供应量。公开市场业务是一种灵活而有效地调节货币量，进而影响利率的工具，因此，它成为最重要的货币政策工具。

（二）再贴现政策

再贴现政策是指中央银行通过提高或降低再贴现率的办法，来干预和影响市场利率及货币的市场供求，从而调节市场货币量的政策。

贴现是商业银行向企业提供资金的一种方式，再贴现是中央银行向商业银行提供资金的一种方式，两者都以转让银行承兑汇票为前提。当商业银行资金不足时，可以用客户借款时提供的票据到中央银行要求再贴现。中央银行向商业银行进行贷款的利率称为再贴现率。

中央银行降低再贴现率，使商业银行得到更多的资金，这样就可以增加它对客户的放款，放款的增加又可以通过银行创造货币的机制增加流通中的货币供应量，降低利率。相反，中央银行提高再贴现率，使商业银行资金短缺，这样就不得不减少对客户的贷款或收回贷款，贷款的减少也可以通过银行创造货币的机制减少流通中的货币量，提高利率。此外，再贴现率作为官方利率，它的变动也会影响一般利率水平，使一般利率与之同方向变动。

（三）法定存款准备金率政策

法定存款准备金是商业银行的存款准备，它包括库存现金和在中央银行的存款。中央银行可以通过变动法定存款准备金率来调节货币供给量。

四、货币政策如何影响总需求

货币供给是使总需求发生变动的重要因素。国家通过货币政策调整货币供给，进而调整总需求。当货币供给增加时，货币需求不变，为了使货币供给与货币需求平衡，国家会降低利率。这说明，为了使人们持有新增加供给的额外货币，利率必然要下降。利率又影响了产品和服务的需求量，而较低的利率降低了借款（贷款）成本和储蓄收益。因此家庭消费增加，企业扩大生产和投资的支出也随之增加。结果是，在既定物价水平下，产品和服务的需求量增加，社会总需求量增加。

五、货币政策的具体运用

经济师考点

货币政策实施的基本原则

货币政策与财政政策一样，实施的基本原则也是“逆经济风向行事”，在不同的经济形势下，中央银行要运用不同的货币政策来调节经济。在萧条时期，总需求小于总供给。为了刺激总需求，就要运用扩张性货币政策。其中包括在公开市场上买进有价证券、降低再贴现率并放松贴现条件、降低存款准备金率等。这些政策可以增加货币供给量，降低利率，刺激总需求。在繁荣时期，总需求大于总供给，为了抑制总需求过度增长，就要运用紧缩性货币政策。其中包括在公开市场上卖出有价证券、提高再贴现率并严格贴现条件、提高存款准备金率等。这些政策可以减少货币供给量，提高利率，抑制总需求。

任务四　理解财政政策与货币政策的配合

一、宏观经济政策的选择

我们选择哪一种政策更有利呢？这涉及许多因素。这里以扩张性财政政策与扩张性货币政策为例分析两者对社会经济产生不同的影响来说明这一问题（见表 12－2）。

表 12－2　财政政策与货币政策的影响

政策工具		国民收入	利率	消费	投资
扩张性货币政策		增加	下降	增加	增加
扩张性财政政策	1. 增加政府购买支出	增加	提高	增加	减少
	2. 减税	增加	提高	增加	减少
	3. 增加转移支付	增加	提高	增加	减少
	4. 投资津贴	增加	提高	增加	增加

从表 12－2 可见，由于不同的政策对社会总需求的影响不同，因此，决策者在决定选择哪种政策时，首先要考虑产生社会总需求不足的主要原因，然后对症下药，以促使经济回升。

经济师考点

财政政策与货币政策的使用及效应

二、两种政策的混合使用

（1）当经济处于大萧条时期，可以采用“双松”组合，即扩张性财政政策与扩张性货币政策混合使用，这样能更有力地刺激经济，减少失业，增加收入。具体做法是：一方面增加政府支出、增加转移支付、发行公债和减税；另一方面增加流通中货币供给量。这样做既可保持利率稳定，又能使总需求增加。

（2）当经济繁荣但出现严重通货膨胀时，可实行“双紧”组合，即紧缩性财政政策与紧缩性货币政策，一起抑制需求，控制通货膨胀。具体做法是：一方面减少政府支出、减少转移支付、增税；另一方面减少流通中货币供给量。这样做利率波动不大，总需求也会减少。

（3）当经济衰退，同时出现一定程度的通货膨胀时，可实施“一松一紧”组合，即扩张性财政政策与紧缩性货币政策混合使用。具体做法是：一方面增加政府支出、增加转移支付、减税；另一方面减少流通中货币供给量。这样做既能刺激总需求又能抑制通货膨胀。

（4）当经济复苏，同时出现一定程度的通货紧缩时，可实施“一紧一松”

组合，即紧缩性财政政策与扩张性货币政策相配合。一方面减少政府支出、减少转移支付；另一方面增加流通中货币供给量。用紧缩性财政政策压缩总需求，用扩张性货币政策降低利率，刺激投资。

财政政策和货币政策混合使用的政策效应见表 12－3。

表 12－3　财政政策和货币政策混合使用的政策效应

政策混合	产出	利率
扩张性财政政策和紧缩性货币政策	不确定	上升
紧缩性财政政策和紧缩性货币政策	减少	不确定
紧缩性财政政策和扩张性货币政策	不确定	下降
扩张性财政政策和扩张性货币政策	增加	不确定

财政政策和货币政策的猛烈程度不同、政策效应“时滞”不同、政策影响范围不同、政策阻力因素不同，因此在运用政策工具时，必须了解这些工具的特点，单独或配合使用。政府在制定宏观经济政策时，要采用相机抉择方式。相机抉择是政府在进行需求管理时，应根据宏观经济活动状态的客观要求和各项政策手段的特点，机动灵活地决定和选择某项或某几项政策手段。

即测即评

扫一扫　练一练

参考文献

[1] N. 格里高利·曼昆．宏观经济学：第11版．卢远瞩，译．北京：中国人民大学出版社，2024.

[2] N. 格里高利·曼昆．经济学原理．梁小民，梁砾，译．北京：北京大学出版社，2015.

[3] 高鸿业．西方经济学.7版．北京：中国人民大学出版社，2018.

[4] 逄锦聚，洪银兴，林岗，等．政治经济学.5版．北京：高等教育出版社，2014.

[5] 韩秀云．推开宏观之窗.3版．北京：中信出版社，2011.

[6] 亚当·斯密．国民财富的性质和原因的研究．郭大力，王亚楠，译．北京：商务印书馆，2009.

[7] 约翰·梅纳德·凯恩斯．就业、利息和货币通论．徐毓枬，译．北京：商务印书馆，1983.

[8] 保罗·萨缪尔森，威廉·诺德尔斯．经济学．萧琛，等译．北京：人民邮电出版社，2008.

[9] 刘华．经济学基础.6版．大连：大连理工大学出版社，2022.

[10] 鲁迪格·多恩布什，斯坦利·费希尔，理查德·斯塔兹．宏观经济学：第13版．王志伟，译．北京：中国人民大学出版社，2021.

[11] 梁小民．西方经济学教程．北京：中国统计出版社，1993.

[12] 董志勇．经济学科课程思政教学设计．北京：北京大学出版社，2022.